中公新書 2434

桜田美津夫著

物語　オランダの歴史

大航海時代から「寛容」国家の現代まで

中央公論新社刊

はじめに

二〇〇四年一〇月から一一月にかけて、オランダで放送された「最も偉大なオランダ人」（**De Grootste Nederlander**）と題するテレビ・シリーズの最終回で、数十万人の視聴者の投票をもとに最終的に選び出されたオランダ史上の偉人ベストテンは以下のようなものであった（括弧内は視聴者の投票数）。

①ピム・フォルタイン（一一万四七四二）
②オランイェ公ウィレム（一一万八六〇）
③ウィレム・ドレース（七万四六三六）
④アントニ・ファン・レーウェンフック（四万一二二二）
⑤デシデリウス・エラスムス（四万六二二一）
⑥ヨハン・クライフ（二万五八四九）
⑦ミヒール・デ・ライテル（一万七六五三）

⑧アンネ・フランク（一万六三五六）
⑨レンブラント・ファン・レイン（一万九九一）
⑩フィンセント・ファン・ゴッホ（六〇〇〇）

ちなみに日本でとくに知名度が高い哲学者スピノザは二一位、法学者グロティウスは三一位、画家フェルメールは六六位となっている。

このトップテンの上位二名については、番組中の投票集計後に到着した八万票近くをさらに加算したところ、ピム・フォルタインが一三万三七二票、オランイェ公ウィレムが一六万一四二四票となり、一、二位が逆転した。実は、電話による投票が殺到して、番組放映中に処理しきれなかったというのが真相であった。

二〇一二年、オランダの一般向け歴史雑誌『ヒストーリス・ニウスブラット』の依頼で、ある調査機関が一八歳以上のオランダ人一〇三三人に対し、八年前にベストテンに選ばれた人物に限って再アンケートを実施した。その結果、一位はあらためてオランイェ公ウィレムになり、以下、ドレース、アンネ・フランク、フォルタイン、レンブラント、ファン・レーウェンフック、デ・ライテル、ファン・ゴッホ、エラスムス、クライフの順になった。

いずれにせよ、この上位一〇人の顔ぶれからは、オランダ人自身の歴史意識について、いくつかの特徴を読みとることができる。

第一に、一九世紀の画家ファン・ゴッホを別にすれば、オランダ人が最も偉大と感じる歴史上の人物は、独立戦争前夜から黄金時代の繁栄に至る一六～一七世紀と、国難を乗り越え新たな国づくりに成功した二〇世紀以降、という二つの時代から選ばれていることだ。

前者に含まれるのが、オランダ人気質を語る際必ず引き合いに出される人文主義者エラスムス、独立戦争の指導者オランイェ公、一七世紀の海軍提督デ・ライテル、微生物研究者のファン・レーウェンフック、そして多芸多才の画家レンブラントである。

二〇世紀以降に含まれるのは、ドイツ占領政府によるユダヤ人迫害の犠牲者アンネ・フランク、第二次世界大戦後の困難な戦後復興に尽力したドレース元首相、最近亡くなったばかりの元サッカー選手クライフ、そして移民排斥を唱え、二〇〇二年の総選挙目前に殺害された異色の政治家フォルタインである。

第二の特徴は、現代の特異な政治家一名、軍人一名、科学者一名、スポーツ選手一名、画家二名に対して、専制政治との闘いや寛容ないし共生の理想と結びついた人物が四名ランクインしていることである（エラスムス、オランイェ公、アンネ・フランク、ドレース）。この四人が選ばれたのは、オランダという国のあり方の根本と多かれ少なかれ関わりがあると見なされたためであろう。

ところで、われわれ日本人が思い浮かべるオランダには、また別のイメージがともなう。長崎、出島、シーボルト、蘭学といった言葉と結びついた、鎖国日本と交流があった唯一の西洋の国というイメージである。オランダは日本の古い歴史と深く関連づけられ、どこか過去の存在という印象がつきまとう。

だが、言うまでもなくオランダは、今日もなお独特の光彩を放ち続けているのである。

本書では、小国でありながらもしばしば世界の注目を集めるいまのオランダという国が、いったいどのようにして形づくられてきたのかを、努めて事実本位に描き出していく。歴史上の人物たちについては、なるべく本人の言葉を紹介するよう心がけたが、引用文の邦訳は、とくに断りがないものについては筆者自身によるものである。

第1章では、一六世紀のオランダ独立戦争を扱い、第2章および第3章では、一七、一八世紀のオランダ共和国の興隆と衰退を見ていく。第4章では視点を変えて、オランダ人の海外進出およびアジア・日本との関係に焦点を合わせる。第5章からは再び時代順の概観に戻り、第5章は一九世紀オランダ史、第6章および第7章は二〇世紀以降の歴史となる。

なお、オランダ語固有名詞のカタカナ表記については、オランダ北部出身のJ・スホルテン氏による「ゴーダか？　ハウダか？　ガウダか？――オランダ語地名・人名の片仮名表記に関する一考察」という論文（『日蘭学会会誌』第七巻第一号、一九八二年）と、ベルギーのオランダ語圏出身のF・クレインス氏を著者の一人とする『オランダ語の基礎』（白水社、二〇〇四年）を主に参考にした。以下の本文中、表記法が統一されていない場合もあるが、それは主に慣用を優先させたためである。ご容赦いただきたい。

目次

オランイェ・ナッサウ家系図

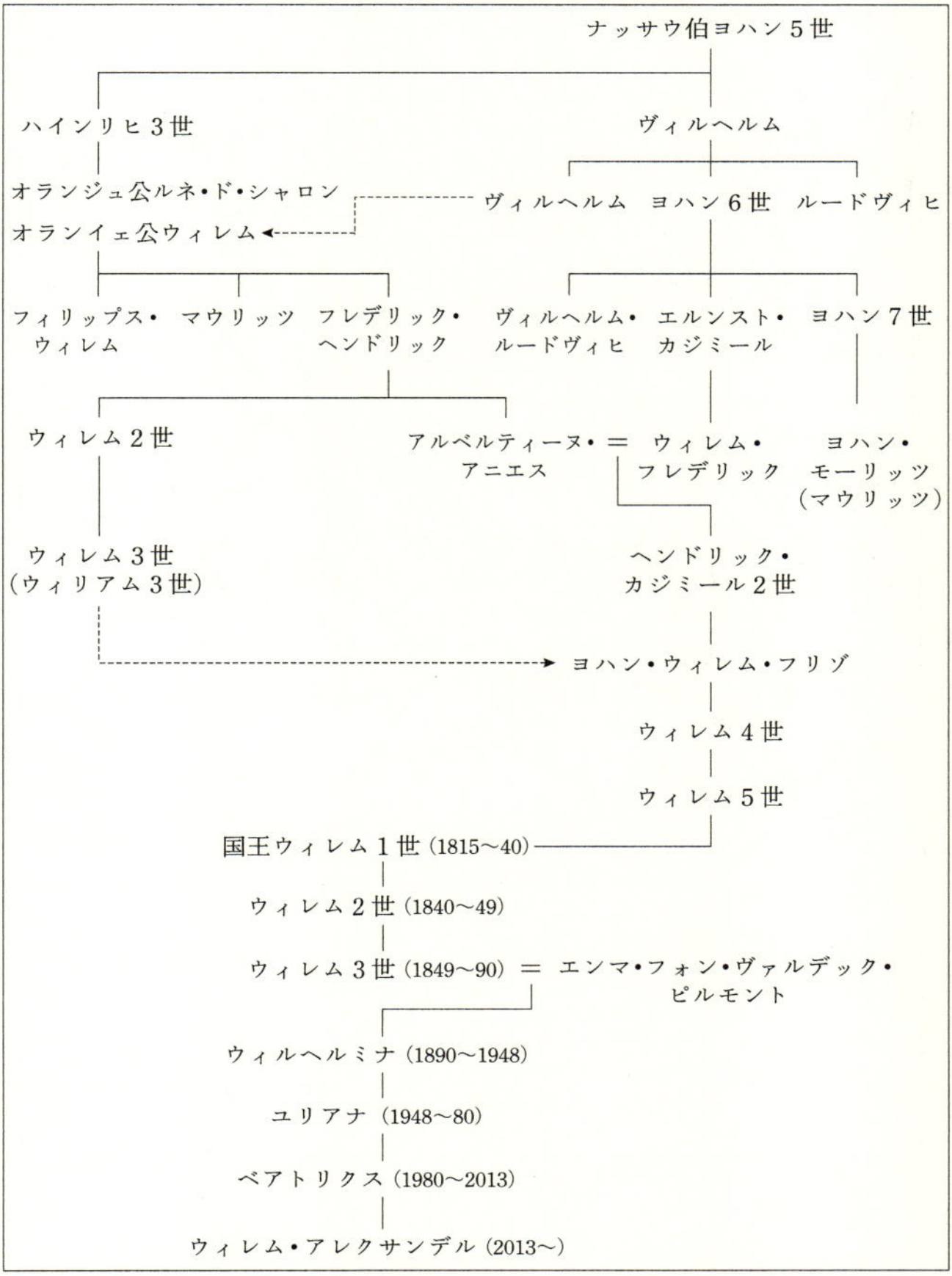

註記：年数表記は王としての在位期間

オランダ（2017年現在）

出典：KLM オランダ航空機内誌『ウィンドミル』所載の地図（1990年頃）および『地図で知るヨーロッパ』平凡社，1996，pp. 50－51 を基に筆者作成

物語　オランダの歴史

低地諸州（16世紀中頃）

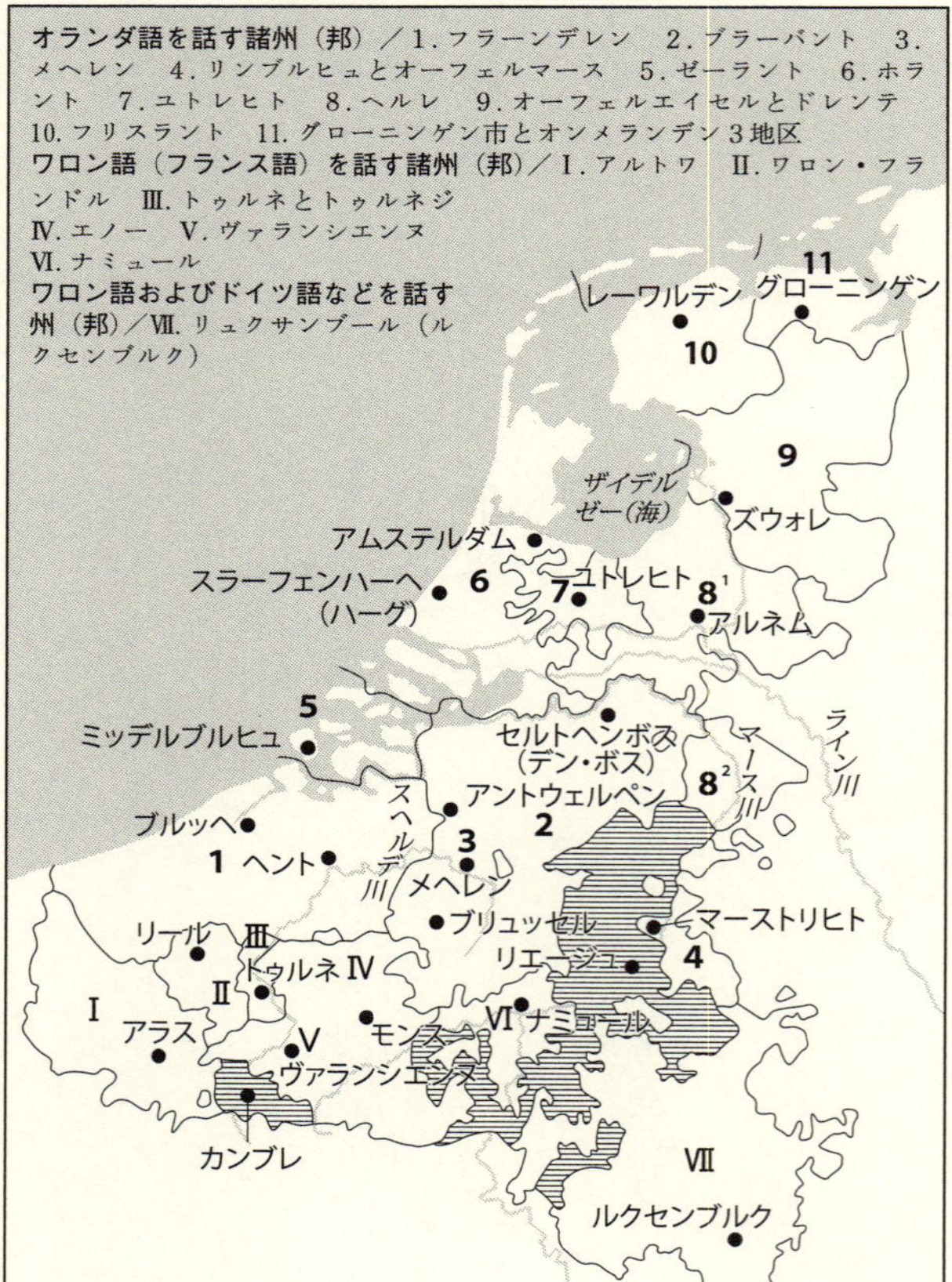

註記：横縞の範囲はハプスブルク家の支配が及ばない地域
出典：A. Th. van Deursen/H. de Schepper, *Willem van Oranje*, Weesp, 1984, pp. 8-9およびP. Geyl, *The Revolt of the Netherlands*, London, 1958, p. 22を基に筆者作成

第1章　反スペインと低地諸州の結集――16世紀後半

1　ハプスブルク家支配――フェリーペ2世の即位

一六世紀、中央集権の試み

一六世紀中頃、今日のベルギー、オランダ、ルクセンブルクを合わせた地域にほぼ相当する「低地諸州《ネーデルランデン》」（Nederlanden）を支配下に置いていたのはハプスブルク家であった。この地域は、フランスのヴァロワ家の傍系であるブルゴーニュ家による支配の時代（一三六三～一四七七年）以降、徐々に一体化が進んでいた。そして一五四三年に低地諸州の統一をほぼ完成させたのが、今日のベルギーのヘント（ガン）市で生まれたハプスブルク家の神聖ローマ皇帝カール5世で、スペイン王としてはカルロス1世を名乗った。

カール5世は低地諸州の統治者ではあったが、ブラーバント公、ホラント伯といった全部で「一七」余りの個別の称号を併せ持っていたにすぎない。低地諸州の「州」とは、あくまでも独立の邦《くに》だったのであり、カール5世はそれぞれの州（邦）の君主だった。

効率的な徴税制度を作りたい君主自身の欲求や、広範囲に活動する商人たちの法の統一性への要請などから、低地諸州でも中央集権へ向かう動きが強まり、カール5世は各州、各地方の既存の為政者層の力を借りつつ、全州の上に中央官制と全国法の網をかぶせていった。もっとも、その網の下では旧来の制度や慣習法が窒息することなく、大部分生き延びていた。

カール5世は、領国を絶えず移動しながら統治した君主である。したがって低地諸州では君主はおおむね不在であった。そこでブリュッセルの中央政府には君主権を代行する「執政」が置かれ、この職には王族のだれか、それもたいていは女性が当てられた。身内なら信用でき、臣民からも君主と同等の権威があると受け入れられやすかったからである。

一五三一年、この執政を補佐すべく中央政府内に国務評議会、枢密評議会、財務評議会という三つの評議会が設置された。このうち全員法律家からなり日常的行政を司る枢密評議会と、国家財政を取り扱う財務評議会とは、専門的・技術的課題を担当する機関であったのに対し、旧来の在地支配層である上級貴族を主要構成員とし、低地諸州の最も重要な問題を審議した「国務評議会」は、ひときわ重みと権威を持つ機関であった。

各州の政治――州総督と州議会

中央政治の段階で君主の仕事を代行したのが執政であるとするなら、各州の段階で「公」

や「伯」としての役割を代行したのが「州総督」である。国務評議会にも名を連ねる上級貴族がこの職に任命された。たとえば、のちにオランダ独立戦争の指導者に転じるオランイェ公ウィレムは、ホラント、ゼーラント、ユトレヒト三州の州総督を兼務していた。州総督は州軍の最高司令官であり、ブリュッセル中央政府とのパイプ役でもあった。

州総督の権限のなかには「州議会」の召集も含まれていた。州議会とは一般に聖職者・貴族・都市代表から構成される身分制議会だが、州によっては、必ずしも三身分の代表がすべてそろっていたわけではない。また州議会内部の力関係も多様で、ホラント州やフラーンデレン州では都市代表が優勢だったが、エノー州では貴族が、ユトレヒト州やアルトワ州では聖職者が支配権を握っていた。

ブルゴーニュ家とハプスブルク家の中央集権政策によって、この州議会の代表を一堂に集めた「全国議会《スターテン・ヘネラール》」も開催されるようになった。低地諸州の君主が初めて数州の代表を召集したのは一四六四年である。君主はこの全国議会で、宣戦講和や後継者問題に関する計画を提示したり、当時一般的な徴税方式であった「御用金」の要請を行ったりした。

カール5世やフェリーペ2世の時代には、フランスやオスマン・トルコと戦うための軍資金を調達すべく、御用金要請のための全国議会が頻繁に開催された。その結果、全国議会は、自身の経済的利害と無関係な徴税への不満から、徐々に君主に対決姿勢をとるようになる。

低地諸州の経済的繁栄の中心はフラーンデレン州とブラーバント州にあった。ここはヨーロッパ最先進地域の一つであり、織物業などの工業と商取引が著しく発達し、人口も稠密《ちゅうみつ》であった。なかでも一六世紀中頃一〇万人ほどの人口を擁するに至ったアントウェルペン市は北西ヨーロッパ最大の国際商都であり、多種多様な商品流通の要になっていた。

同市に駐在していたヴェネツィア大使フェデリーコ・バドエーロは、一五五〇年当時の低地諸州全体の人口を約三〇〇万人と見積もっている。低地諸州がヨーロッパ屈指の人口密集地域であったのは、一四世紀の黒死病《ペスト》大流行の際、この地域だけ著しく死亡率が低かったことに起因する。乳製品や魚から良質の蛋白質を摂取していたおかげで総じて栄養状態がよかったためだという説があるが、確かなことはわからない。

宗教改革の影響——ルター派、再洗礼派、カルヴァン派

低地諸州は、ライン川、マース川、スヘルデ川などの大河川の河口地帯に位置し、多様な財貨が行き交う商業の十字路であった。同様に、ドイツでマルティン・ルターによって始められた宗教改革の思想も、たちまちこの地域に流入し、社会的動揺の原因になった。

人は神への「信仰のみ」で義《ただしい》とされ救われると説くルターの教えは、教会への寄進や贖宥状《しょくゆうじょう》（免罪符）購入などの善行によって天国をかちとろうとするカトリックの教えを全面否定し、宗教改革全体の起動力になった。この新しい思想を信奉した人々が新教徒《プロテスタント》である。

低地諸州で最初に「異端者」として処刑された新教徒はルター派であった。しかしその後、

政府の取り締まりの対象になったのは、幼児洗礼の有効性を認めず成人後宗教的確信に達してからの再洗礼を主張する、スイス起源の再洗礼派であった。このうち霊感だけを頼りに人は何をしてもよいと考える無軌道なグループが弾圧され、穏健な絶対平和主義のメンノー派が主流になった一五四〇年代以降も、再洗礼派は依然異端迫害の主な標的であり続けた。

長期にわたったハプスブルク家とフランス・ヴァロワ家との戦争が一五五九年四月の「カトー・カンブレジ条約」で終息すると、通行の安全が確保されたフランスとの国境を通じて、今度はスイスのジュネーヴに本拠地を置くカルヴァン派が低地諸州に流入し始めた。

ルター派は、カトリックとは違う教会組織の代案を持たず、教会の支配権を世俗君主に委ねてしまう。それゆえ、君主の支持が得られない場合の対応策を知らなかった。他方カルヴァン派は、同じ新教徒でも、自前の教会組織のネットワークを作り上げ、世俗君主による迫害に対しては抵抗権理論をもって反撃する戦闘性をそなえていた。

こうして牧師と俗人の長老を主要構成員とするカルヴァン派の「教会会議」が、南部諸州（現ベルギー）各地に続々と形成される。だが北部諸州（現オランダ）にカルヴァン派が根づくのは一〇年余り遅く、「低地諸州の反乱」（オランダ独立戦争の前半）勃発以後になる。

北部はカルヴァン派が多かったので独立し、南部はカトリックが多かったので再びスペイン王の支配を受け入れたという、昔からよく耳にする説明は事実に反する。オランダとベルギーの宗教の違いやその背景に想定されている国民性の違いなどは、低地諸州の南北分裂の原因というよりむしろ結果であった。分裂以前に北と南に違いがあったとすれば、それは、先進地帯の南のほうが宗派対立が先鋭化していた点だろう。

「異端者」の増大に対し、カール5世は終始厳罰で臨んだ。たとえば一五五〇年の「血の勅令」は、男女を問わず明白な異端者はすべて死刑に処すると定めていた。必ずしも字句どおりに禁令は実施されなかったが、それでも多数の新教徒が犠牲になり、国外に亡命する者も多かった。時には、処刑寸前の受刑者を救出しようとする民衆蜂起も起こった。

この頃、意志強固なカルヴァン派も、対抗宗教改革の精神に忠実なカトリックの異端撲滅論者も、実はごく少数だった。この二つの急進派のあいだに、何らかの理由で態度を保留している非常に大勢の中間派が存在していた。彼らを「中央派」と呼び、その勢力の消長に注目することで、この後に起こる「低地諸州の反乱」の複雑な過程を統一的に説明しようとしたのが、レイデン大学名誉教授の故J・J・ウォルチェルであった。

フェリーペ2世の即位とオランイェ公

一五五五年一〇月二〇～二六日、難問が山積するなか、カール5世の低地諸州君主としての退位式がブリュッセルの宮殿で執り行われた。長年の遍歴の暮らしと暴飲暴食の悪癖ゆえに痛風を患《わずら》う皇帝は、一人では歩くことも難しく、お気に入りの青年貴族オランイェ公ウィレム（一五三三～八四）の肩を支えにして最後のつとめを果たした。

オランイェ公ウィレムは、もともとドイツのナッサウ伯ヴィルヘルムの同名の長男である。当時ナッサウ家はライン川を境に二つの系統に分かれていて、ディレンブルク城に拠《よ》る地方君主にとどまるドイツ・ナッサウ家に比べ、低地諸州のナッサウ家は伯より格上の「オランイェ（オランジュ）公」の称号を持ち、低地諸州に広大な領地を有していた。オランジュ公領は、南フランスのアヴィニョンのすぐ北にある小さな邦であった。

一五四四年、低地諸州側のナッサウ家当主であるオランジュ公ルネ・ド・シャロンが不慮の戦死を遂げる。主君であるカール5世は、当時一一歳だったドイツの従弟ヴィルヘルムを、両親の宗教であるルター派を捨ててカトリックに改宗することを条件に、遺産相続人と認めた。「オランイェ公ウィレム（オランジュ公ギョーム）」の誕生である。皇帝は、立ち居振る舞いに独特の愛嬌があるこの少年を寵愛《ちょうあい》し、つねに身近に置いてその成長を見守った。

フェリーペ2世(1527～98)
異端者を許容するくらいなら全領土を失い百回死んだほうがましと述べたことがある．超大国の支配者の宿命で，「悪の権化」から「スペイン黄金時代の名君」まで，その評価は極端に分裂している

退位式の折、皇帝の反対側には息子のフェリーペ2世が寄り添っていた。スペインで生まれ育った彼は、若い頃から摂政として父王の留守を任され、折に触れて政治の要諦《ようてい》を父から訓導されてきた。カール5世の寝室まで立ち入れたのは、当時二八歳の王太子フェリーペと二二歳のオランイェ公だけであった。

一五五四年に誕生したオランイェ公の長男がフィリップス(フェリーペ)・ウィレムと名づけられたことは、当時の両名の良好な関係を物語る。

まず低地諸州の統治権をフェリーペに託したカール5世は、一五五六年、スペイン王位を同じく息子に、そして神聖ローマ皇帝位のほうは弟フェルディナントに委ねた。こうして、低地諸州はスペイン帝国の領地となった。フェリーペ2世は当面は低地諸州にとどまり、最終盤の対フランス戦争の指揮に当たり、オランイェ公もこれを全面的に支援した。

しかしカトー・カンブレジ条約成立後、低地諸州にスペイン軍を引き続き駐留させようとする国王フェリーペ2世と、これに反対する低地諸州の全国議会との論争で、オランイェ公は全国議会の肩を持った。スペイン軍が異端取り締まりの道具に使われかねないという全国議会の危惧の念を、オランイェ公も共有していたからである。これまで皇帝カール5世への敬愛の念を共有し、良好な関係を保ってきたフェリーペ2世とオランイェ公のあいだに、初めてすきま風が吹いたのである。

2 反抗運動の開始——異端対策をめぐる対立

オランイェ公の転機——フランス国王との会話

一五五九年六月末頃、オランイェ公ウィレムが、カトー・カンブレジ条約を確かなものにすべく、ハプスブルク側の外交使節団の一員としてフランスのパリに赴いたとき、和平条約を祝う催しの一つとして、首都郊外のヴァンセンヌの森で一同うちそろって狩猟が行われた。ところがオランイェ公は偶然、他の要人たちとはぐれて、フランス国王アンリ2世と二人きりになった。伝統的な歴史解釈では、このとき同王が語った言葉が、オランイェ公にスペイン王権に対する反抗を決意させたとされる。その様子をオランイェ公は、一五八一年に公刊された自己弁明書のなかで、自ら次のように語っている。

> 私はかつてフランスにいたとき、アルバ公〔フェリーペの側近。後述〕がフランスや低地諸州をはじめ全キリスト教世界の新教徒を根絶するための手段についていかなる交渉を進めているか、国王アンリ自身の口から聞いたのである。そして王は――王は私が和平交渉の代表者の一人である以上、こうした重要問題についてもすでに承知しているものと早合点していた――私にスペイン王およびアルバ公の助言と意図のあらましを語った。そこで私は、王がその話を途中でやめてしまわないように、私にはまだ聞かされていない部分もあるの

オランイェ公ウィレム1世（1533～84）　オランダ共和国の核になるホラント，ゼーラント両州の反乱を守りぬいたのが最大の功績．闘争のなかで徐々に信仰心を深めたが，神は自ら助くる者を助くという信念も失わなかった

だがというふうに答えた。これに誘われた王は、さらに詳しい話をしてくれた。こうして私は、異端審問官による異端弾圧計画の全貌をすっかり聞き出すことができたのである。〔中略〕私は告白する。このスペインの害虫をこの国〔低地諸州〕から駆除するために最善を尽くすことを本気で決意したのはそのときであったと。

(J. E. Verlaan, *Apologie*)

この弁明書の扱いには実は注意が必要なのだが、二人の会見があったことはほぼ確かなので、オランイェ公の心を動かす何らかの重要な意見交換があったとまでは言ってよいだろう。一五五九年には、もう一つ重要な出来事があった。

同年中にフランスとの和平手続きが完了したので、国王フェリーペ2世は生国スペインに戻ることになった。代理の執政には、フェリーペ2世の腹違いの姉、パルマ公妃マルハレータが選ばれた。

八月二五日、ゼーラント州のフリッシンゲンの港からいよいよスペインに向けて出帆する直前、見送りに来ていたオランイェ公と言葉を交わしていた国王は、その会話を終える間際に、「議会ではない、汝、汝、汝!」(Non los estados, ma vos, vos, vos!)と強い口調でオランイェ公を非難したと言われる。つまりフェリーペ2世は、軍隊駐留問題などで自分に抵抗したのは全国議会ではなく、その背後にいたオランイェ公、君だと断じたのである。

反グランヴェル闘争

とはいえ、これで両者の関係がただちに険悪化したわけではない。実際にオラニェ公が行動を開始するのは、フェリーペ2世がスペインに戻って三年後の一五六二年のことだった。争点になったのは異端問題ではなく、新司教区制の導入問題であり、また批判の標的にされたのも国王本人ではなく、「君側の奸」と目されるアラス司教グランヴェルであった。

フェリーペ2世は、低地諸州の司教区制を政治的な国境線と一致した新しいものに変え、司教も自ら任命することによって、この地方全体の結びつきを強化しようとしていた。

一五五九年七月、教皇勅書の形で新司教区制導入が初めて告知され、二年後新しい線引きが決められた。それによると、低地諸州には新たにユトレヒト、メヘレン、カンブレの三つの大司教区が置かれ、それぞれのもとに計一八の司教区が設けられることになった。また、今後司教の職に就くには神学および教会法の学位が必要とされた。これは、次男以下の子どもたちのために聖職の道を確保してきた上級貴族にとってはゆゆしき問題であった。

この新司教区制の頂点に立つメヘレン大司教に昇格したのが、先に述べたグランヴェルである。彼は国王フェリーペ2世の実質的な代理人で、低地諸州統治の実権を握っていた。彼は国務評議会内の常任メンバーとして万事を決済し、他方、州総督のつとめを果たすべく国務評議会を欠席しがちな上級貴族らは、留守中の決定にさえも共同責任を負わされた。

一五六二年、ついに上級貴族たちが権力闘争を開始する。彼らが結成した「同盟《リハ》」の指揮をとったのはオランイェ公であった。彼は国王への注意深い手紙のなかで、現今の諸問題の根本原因はグランヴェルが行使している広範な権力にあると説き、彼を罷免するよう求めた。オランイェ公が「沈黙公《デ・ズウェイヘル》」という異名を得たのは、おそらくこの頃ではなかろうか。社交家で雄弁でならした彼には不似合いなあだ名ではあるが、そもそも、肝心なことについては口を閉ざして本心を明かさない油断ならない奴として、政敵たち、おそらくグランヴェル自身が悪口として使い始めたものである。

穏健な宗教政策の模索

結局、地中海域での対オスマン・トルコ戦争に忙殺されていたフェリーペ2世が譲歩したことにより、一五六四年、グランヴェルは事実上罷免された。ところが、権力闘争に勝利を収めたばかりの上級貴族の前に、次なる緊急課題が浮上してくる。異端対策問題である。

上級貴族たちは厳格な異端取り締まりを時代遅れと見なしてこれに反対してきた。カトリックと新教徒(ルター派)の共存を認めた一五五五年のアウクスブルクの和議や、カトリックと新教徒(カルヴァン派またはユグノー)の棲み分けを容認する一五六三年のフランスのアンボワーズ和解王令のような対処法こそが望ましいと考えていたからである。

そこで、宗教上の寛容政策と、上級貴族が席を占める国務評議会の権限強化とを、国王に直接要請しにいくことが決定される。代表としてスペインに赴くのはオランイェ公の同志であるエヒュモント伯。彼に託すべきメッセージを議するため一五六四年末に国務評議会が開かれるが、大晦日、オランイェ公は大演説を行い、その最後を次のように締めくくった。

私自身がいかにカトリック信仰に忠実であろうとも、君主が臣民の良心を支配することや、臣民から信仰と礼拝の自由を奪うことには同意しかねるのであります。
（A. A. van Schelven, *Willem van Oranje*）

オランイェ公がこのような予期せぬ直截《ちょくせつ》さで自らの立場を明言したことは、出席者の多くを驚かせた。議長をつとめる法律家のウィグリウスに至っては、この発言に強い危惧と不安を覚え、帰宅後「脳卒中」を起こして倒れてしまったほどである。

一五六五年二月、実際にスペインを訪れたエヒュモント伯を国王フェリーペ2世は大いに歓待する一方、肝心の要請のほうには曖昧な返答で期待だけ抱かせて彼を帰国させる。

それからまもなく一五六五年九月、地中海方面でスペイン軍はオスマン・トルコ軍に対して初めて大勝利を収めた。フェリーペ2世はようやく低地諸州に対して強い態度をとることが可能になった。このように、国王の低地諸州に対する政策は、地中海でのオスマン・トルコの軍事的脅威の増減に応じて、硬軟両路線のあいだをつねに揺れ動いていたのである。

セゴビア書簡の波紋――厳格な異端取り締まり

一五六五年一〇月、セゴビアの離宮「エル・ボスケ（森）」宮から、フェリーペ2世によって異母姉の低地諸州執政マルハレータに送り届けられた手紙、いわゆるセゴビア書簡は、上級貴族たちの期待を裏切るものであった。そのなかでフェリーペ2世は、国務評議会の権限強化は今後の課題として先送りする一方、異端取り締まりに関しては従来の方針に変更がないことを告げ、異端禁止令の字句どおりの実施を重ねて強調していたからである。

異端審問に関しては、異端審問官の手で、これまで行われてきたとおりに、またその職務執行が神の法と人間の法によって彼らに義務づけられているとおりに行われるべきであるというのが私の考えです。〔中略〕そちら〔低地諸州〕の宗教問題が陥っている状況について私が理解している限りでは、いかなる変更も望ましくなく、皇帝陛下〔父カール五世〕の勅令こそが施行されるべきだとあなたに言わざるをえません。過去に生じた害悪がその後も増大し深刻化した原因は、裁判官たちの怠慢と手加減とごまかしにあったと私は考えます。（『世界史史料5』、拙訳）

国王のこの返書に対して、上級貴族のあいだに分裂が起こった。オランイェ公、エヒュモント伯、ホルネ伯らはこうした強硬路線に従うつもりはなく、その後順次、州総督職を辞することを執政に申し出た。その他の上級貴族たちはひとまず待機戦術をとった。

他方、下級貴族たちも、以前から中央政府による彼らの裁判権の侵害や「異端者」の厳格な取り締まりが生む現実的な弊害に対して不満を募らせていた。彼らには、地域住民についてはは自分たちがいちばんよく知っている、地元事情に不案内な中央政府の役人などに杓子《しゃくし》定規《じょうぎ》な処罰をされては困る、との思いがあった。

すでに少数のカルヴァン派下級貴族を中心に集団行動が模索されていたが、セゴビア書簡の内容が伝わると、ついに二〇名ほどの下級貴族が手を組んだ。一五六五年一二月に結成された「盟約《コンプロミ》」である。その後の数百人の参加者のなかにはカトリック貴族も多数含まれていた。

オランイェ派の上級貴族たちは、この下級貴族たちの行動を執政に対する請願運動へと誘導する。その手助けをしたのは、盟約の指導部に加わっていたオランイェ公の弟ルードヴィヒ・フォン・ナッサウだろう。一五六六年四月五日、盟約貴族二〇〇～三〇〇名が、ブリュッセル中央政庁を訪れ、執政マルハレータに対して「請願書」を提出した。

国王へ敬意を込めることを忘れず、丁寧な言葉で綴られた請願書のなかで、下級貴族たちは、宗教問題を討議するための全国議会の開催、異端取り締まりの中止の二つを求めていた。この前代未聞の示威《じい》行動に動転していた執政マルハレータを落ち着かせようとして、財務評議会議長のベルレモンは彼女の耳元でこう囁いた。

怖がらないでください、殿下、ただの物乞いどもにすぎません。(N'ayez pas peur, Madame, ce ne sont que des gueux.)

(G. Mak e. a., *Verleden van Nederland*)

数日後の宴会で、盟約貴族らはその「物乞い」(オランダ語では geuzen と綴りヘーゼンと発音する)を自らの党派名とすることを決議し、「国王万歳! 乞食党《ヘーゼン》万歳!」と何度も唱和した。彼らは以後、托鉢修道士の乞食鉢と乞食袋を党派のシンボルとして用いることになる。

3 オランイェ公の挙兵と海乞食党の役割

聖画像破壊の衝撃

一五六六年四月、盟約貴族の請願に応えて、執政マルハレータは対異端勅令の「緩和」を約束した。つまり、当面、取り締まり担当者たちには慎重な行動を命じるとしたのである。これが、いままで身を潜めていたカルヴァン派信徒らにとって行動の合図になった。彼らはまだ住民のごく一部を占めるにすぎなかったため、五月末には、低地諸州南部一帯の都市郊外で信者を募るための「野外説教集会」を開き始めた。

八月一〇日、フラーンデレン州のステーンフォールデで開かれていた野外説教集会で、カルヴァン派牧師のセバスティアーン・マッテはいつになく激しい調子でカトリックの「偶像崇拝」を断罪した。このあと別の牧師に先導された有志二〇名ほどが近在の修道院に押し入り、そこにあった聖人の彫像・聖画などを打ち壊した。「聖画像破壊《ベールデンストルム》」の始まりである。以後この破壊運動の波は低地諸州南部一帯を覆い、八月一九日には低地諸州最大の都市アントウェルペンを襲い、さらには北部諸州にも拡大して、一〇月八日まで続いた。

一六世紀ヨーロッパの聖画像破壊は、宗教改革が体制化される前の流動的な時期に民衆が主導した現象である。低地諸州では、執政の「緩和」方針により各地の為政者層が明確な指針を示されておらず、彼らの多くは断固たる対抗措置を控えた。その結果、貴重な美術品でもある多数の聖画・聖像が失われていく。

もっとも、賢明な人々が迅速にその種の宝物を隠しおおせた場合もある。ヘント市のシント・バーフ大聖堂にある有名なファン・エイク兄弟作の《ヘントの祭壇画》（一四三二年）も、そのようにして難を逃れた。この祭壇画も破壊されていたら、二〇世紀オランダを代表する歴史家J・ホイジンガも、名著『中世の秋』を執筆できなかったかもしれない。

この運動は主に宗教的動機による。破壊者たちは、カトリックの偶像崇拝が戦乱・疫病・飢饉などの原因だと考えていたし、秋冬に備え、雨風をしのいで自分たちの礼拝式を行える教会建物を確保し、「忌《い》まわしい」偶像を撤去しておく必要があったからである。

エラスムス（1469～1536）
著述家，教育者，非教条的神学者，聖書翻訳出版者，平和主義者，遍歴する国際人など多面性を持つ．結果的にルターの宗教改革を準備し，「エラスムスが卵を産みルターがそれをかえした」と言われる

この予想外の破壊運動に多くの人が困惑し、恐怖を覚えた。盟約貴族のなかの穏健派は徐々に盟約から離れ始めた。そのような折、カルヴァン派ともカトリックの異端撲滅論者とも距離をとる中間の多数派である「中央派」を当時代表していたオランイェ公、エヒュモント伯、ホルネ伯らが事態収拾に乗り出す。彼らは破壊活動の最中の八月二三日、執政マルハレータと、盟約貴族の残存メンバーらとの「協定」を実現し、執政には「都市郊外」での新教徒の礼拝式を認めさせ、盟約貴族には秩序回復への協力と盟約の解散を約束させた。

協定成立後、中央派の上級貴族らは各自の受け持ち地域に向かった。オランイェ公はアントウェルペン市に赴き、聖画像破壊後の秩序回復に当たった。さらに協定での取り決めにとらわれず、カルヴァン派、ルター派にも「市内」の礼拝場所を保証して、カトリックと合わせた三派の融和を実現しようとした。これに異議を唱える同市のカトリック指導層に対してオランイェ公は、「問題は言葉の違いだけである。核心では皆一致しているのだ」と、自分がとった措置の正当性を強調している。

オランイェ公の考え方を形成した要因はさまざまだが、ロッテルダム生まれの人文主義者エラスムス（一四六九～一五三六）の思想との共通性も見逃せない。エラスムスはキリスト教の原型回復に努め、宗教改革前夜のローマ・カトリック教会の悪習や愚行を批判した。それでも彼は教会の統一を最重要視し、相違点ではなく一致点のほうに目を向け、暴力的手段を排し、融和・協調に努めることの大切さを著作や書簡のなかでくりかえし説いている。

中央派の上級貴族たちが現場に赴いているあいだに、執政マルハレータは国務評議会内の反オラニェ派の上級貴族たちを味方につけて優位に立ち、スペインから軍資金も得て強硬策に転じた。一部のカルヴァン派下級貴族が翌年春にかけて小規模な武装蜂起を試みたが、それらはすべて政府軍によって打ち破られた。

中央派の分裂は必至となった。スペイン宮廷内の動静を知りうる立場にいたオラニェ公は、これ以上危険を冒すことを避け、翌一五六七年四月下旬に低地諸州を去り、五月上旬には生まれ故郷のドイツ、ディレンブルクに帰り着く。他方エヒュモント伯やホルネ伯は、すでにマルハレータの政府と妥協していた。こうして、一五六六年夏に始まった騒乱は、翌六七年春までには、執政マルハレータの政府だけの力で沈静化されたのである。

懲罰軍司令官アルバ公

それでもフェリーペ2世は、低地諸州に懲罰軍を送ることを決定する。司令官にはスペイン宮廷内の武断派を代表するアルバ公を当てた。「剛直公」の異名を持つ猛将である。

アルバ公と約一万人の軍隊は一五六七年八月二二日、ブリュッセルに到着する。早くも同月中にマルハレータが自ら執政職を辞したので、アルバ公が後を継いだ。王の血族でない異例の執政の誕生である。スペイン軍はその後も増強され、六万七〇〇〇人ほどに膨れ上がる。

一五六七年九月、前年の騒乱に責任を負う者を罰するため、新執政アルバ公は「騒乱裁判評議会」を設置した。これはのちに「血の評議会」と呼ばれることになる。この特別法廷によって、一五六八年前後に逮捕されたおよそ一一〇〇名の人々が処刑された。このなかには、特権に反して逮捕・拘禁され、大逆罪のかどで、一五六八年六月五日にブリュッセルで斬首されたエヒュモント伯とホルネ伯も含まれる。また、欠席裁判で断罪され財産を没収された者は約九〇〇〇人に及んだ。オランイェ公はこのグループに属していた。

オランイェ公は生まれ故郷のドイツで、自分に一方的に有罪が宣告されたこと、低地諸州の全所領を没収されたこと、一時的里帰りと装うためレーフェン（ルーヴァン）大学に残してきた長子フィリップス・ウィレムをスペインに連れ去られたことを知った。事ここに至って、オランイェ公はついに、他の亡命者らとともに武力闘争を始める決心をする。

一五六八年春以降、オランイェ公の指示に基づき、低地諸州への複数地点からの侵攻が始まる。だが、この挙兵は大部分が失敗に終わった。唯一、弟ルードヴィヒが五月二三日に、グローニンゲン州のヘイリヘルレーの戦いで勝利を収める。この知らせを受けたアルバ公が、間を置かず執行を命じたのが、先のエヒュモント、ホルネ両伯の公開処刑であった。一〇月にはもう一度、今度はオランイェ公自身が陣頭指揮をとってドイツから侵攻を試みたが、彼の軍隊はアルバ公の軍隊と実際に交戦する前に統制を失って敗走した。

この挙兵が「八十年戦争」（一五六八～一六四八）、つまりオランダ独立戦争の起点とされる。それは前半の内乱と見なすべき「低地諸州の反乱」と、後半のオランダ－スペイン二国間戦争とに分けられ、間に「十二年休戦」（一六〇九～二一）が挟まっている。

海乞食党——無統制な亡命者たち

これらの軍事作戦の失敗後、低地諸州からの亡命者のなかに、船を入手して海上生活に活路を見出した人々がいた。彼らは低地諸州の商船や漁船を、スペイン王の支配を受け入れていると言いがかりをつけて襲撃し、沿岸の教会や修道院を略奪することで、かろうじて生計を立てていた。この一群の無統制な亡命者たちを「海乞食党《ワーテルヘーゼン》」（watergeuzen）と呼ぶ。

オランイェ公は、弟ルードヴィヒとともに、彼らに信任状を交付して「私拿捕船《しだほ》」としての大義名分を与えた。私拿捕船とは、君主や国家から許可を得て交戦中の敵国の商船を襲撃し積み荷などを奪うものである。しかし、海乞食党から一種の海軍を造り出そうとするこの試みは、実際にはほとんど成功しなかった。

一五七一年八月、フラーンデレン州オーステンデの漁民は、スペイン兵の助けを借りて海乞食党に属する一三人を捕縛する。それは次のような顔ぶれであった。

ヨハン・フォン・ランスドルプは船長で二八歳前後。ドイツのダルムシュタット生まれ。彼は略奪によって得た利益の一部をオランイェ公に送っていた。ネールケは船長の内妻でホラント州のエイセルステイン出身。ヘルマン・ヤンソーンは会計係でフリスラント州のレーワルデン生まれ。乗組員のなかで唯一読み書きができた。本人の弁によればロンドン近辺で乞食党につかまり服務を強制されたという。コルネーリス・ヘンドリックソーンはホラント州フィアーネンの鍛冶屋だったが、聖画像破壊に荷担したため一五六七年に亡命。オリフィール・アイテル・ウルヘンはフラーンデレン州ヘント出身で元散髪屋。ヤン・ファン・ウィンゲンはフラーンデレン州ロンセ出身で元仕立屋だった。

その他、元の職業不明の者でヘント出身者が二名。フリスラント州のウィナルドゥム出身が二名。ワッデン諸島のアーメラント、ブラーバント州オールスホット、ホラント州デルフトの出身者が各一名であった。彼らは尋問後、一三人全員が処刑された。

一五六九年三月、アルバ公は、低地諸州統治の費用を調達するため、従来の御用金方式に代わる、まったく新しい課税計画を発表した。ところが、このうちの「一〇分の一税」、つまり一〇%という高率の売上税に低地諸州住民の批判が集中する。その中央集権的性格への反発と、外国商品に対する競争力低下の恐れなどのためである。この新税導入計画に加え、聖画像破壊に関わった者に対する慣例無視の厳罰主義、スペイン軍兵士の一般市民宅への分宿などにより、アルバ公はいまや怨嗟《えんさ》の的となった。

海乞食党によるデン・ブリル占領

一五七二年、オランイェ公は新たに低地諸州への同時侵攻作戦を計画した。その際、海側から脅威を与えてアルバ公を牽制する役割を与えられたのが海乞食党である。彼らは当時イングランド南岸の諸港を根拠地にしていたが、取り締まりを迫るアルバ公に配慮したエリザベス女王によって退去を命じられた。こうして、二六隻の船舶と約一一〇〇人の乗員からなる海乞食党船団は、オランイェ公の出撃準備が整う以前に海上に放り出される。

海乞食党は、低地諸州の最北部をめざしたが、風向きに妨げられ、四月一日、仕方なくマース河口の港町デン・ブリル（現ブリレ）の沖合に停泊した。それを海乞食党艦隊と正しく見抜いたのが、ちょうど客を乗せて対岸のマーススライスからデン・ブリルへと漕ぎ進んでいた、スペイン嫌いの渡し守ヤン・ピーテルソーン・コッペルストックであった。

好奇心旺盛な彼は、不安がる客を元の岸辺に戻し、一人で艦隊のほうへ向かい、そのなかに知り合いの海乞食党幹部を見つける。こうしてコッペルストックは、艦隊司令官の要求をデン・ブリル市当局に伝えるという重要な任務を授かった。

海乞食党が求めたのは市の降伏であったが、市当局が回答を引き延ばしたので、市民たちが防備を固め抵抗し始めるのを恐れた海乞食党は、力ずくでこの港町を占領することを決断。上陸して町の北門に火をつけ、古いマストで突き破って市内に侵入する。スペイン守備隊が、フランスからの反乱軍侵入に備えて南方に移動し不在だったのが幸いした。

略奪後は再び乗船して立ち去るつもりだったが、風向きを待つうちに早くもスペイン軍が戻ってきたため、籠城して防戦する羽目になる。四月五日、海乞食党側に立つ町の大工ローヒュス・メーウェンは、スペイン軍のいるポルダー（干拓地）の水門まで見つからぬよう泳いで行き、それを破壊してポルダー内に水をあふれ出させ、スペイン軍を追い払った。

こうしてホラント州の一港市がまぐれ当たりで反乱側の手中に帰すと、その後順次、周辺諸都市も海乞食党に市門を開き、ホラント州、ゼーラント州を中心として北部一帯に反乱勢力の支配地域が拡大した。アルバ公か海乞食党かという負の選択に際し、各都市の為政者層は、商船や漁船を守るには海乞食党と手を組むしかないと判断したのである。

これがのちのオランダ共和国建国の第一歩になった。デン・ブリル市の占領は、英蘭関係史を専門とするイギリス人史家Ch・ウィルソンの表現にならえば、フランス革命における「バスティーユ牢獄襲撃にも匹敵する世界史的事件」であった。

もともと作戦全体のなかで海乞食党は脇役にすぎなかった。一方、オランイェ公の主力軍の侵攻作戦は大幅に遅れて実施されたうえに、またも失敗に終わり、弟ルードヴィヒが計画したユグノー援軍によるフランスからの攻撃も、出撃直前にユグノー指導者らに対する「サン・バルテルミの虐殺」（八月二四日）が発生したため画餅に帰した。結果から見れば、海からの攻撃を成功させるために陸上の主力軍が陽動作戦を展開したようなものであった。

他の選択肢をすべて失ったオランイェ公は、かつて州総督をつとめたホラント州を自分の死に場所と覚悟して、一五七二年秋、五年ぶりに同州に舞い戻る。一五七三年にはカルヴァン派の礼拝式に出席して、徹底抗戦派であるカルヴァン派との結束を固めようとした。

海乞食党員らは各自、故郷の町に帰還して町が反乱側に転ずる手助けをし、また各都市・各州の海軍に加わった。海乞食党は消滅し、以後「乞食党《ヘーゼン》」の名はスペイン政府に反抗する人々の総称となり、宗教的分極化が進むと、最終的にヘーゼン＝カルヴァン派となる。

七月一九日、ドルドレヒト市でホラント州議会が開催された。この会議は、オランイェ公を同州の「合法的な」州総督と認め、海乞食党の船長らが持つ私拿捕許可状をすべて無効とし、カルヴァン派とカトリックの双方に礼拝の自由を認めた。だが、翌年から戦況が厳しくなると、両宗派の同権はすぐに撤回され、カトリックの宗教的自由は奪われてしまう。

とはいえ、ここで最も注目すべきは、本来なら君主もしくは州総督によってしか召集されえないはずの州議会が「自発的に」参集して決議を行ったことである。この自律的な行動こそ真に「革命的」と呼ぶに値する。

レイデンの解放——堤防破壊と救援艦隊の進撃

以上のような北部諸都市への反乱拡大を、アルバ公は軍事力で鎮圧しようとした。見せしめとして、いくつかの都市を徹底的に破壊して住民を虐殺し、長期間の攻囲でハールレムを攻め落としたが、アルクマールの攻撃には失敗した。それは一五七三年一〇月八日のことで、後から振り返ってみると、この戦いが勝敗の転換点だったため、「勝利はアルクマールから始まる」と言われる。スペイン軍は方向を転じてレイデンを次の標的に定めた。

ハールレム攻城戦で疲弊《ひへい》していたスペイン軍は、レイデンには兵糧攻めを選択した。これに対し、飢餓に苦しむ市民たちを救うためにオランイェ公が採用したのが、わざと大規模な氾濫《はんらん》を起こす戦術であった。前もって農民たちを説得したうえで、ロッテルダム周辺でマース川の堤防を壊して北方に広がる平野を水浸しにし、そこに喫水の浅い平底船からなる艦隊を投入してレイデン救援に向かわせるというものである。

レイデンのすぐ南の要塞ランメンスハンスに最後まで陣取っていたスペイン軍は、目前まで水が迫ってきたため、ついに、一五七四年一〇月二日から三日にかけての夜、砦《とりで》を放棄する。火縄の灯りを頼りに撤退するスペイン軍を目撃した少年コルネーリス・ヨッペンソーンは、翌朝大人たちに促されて一人でその要塞に向かい、敵軍の不在を確認した。

レイデンの解放は明らかとなり、オランイェ公が派遣した救援艦隊が町に「ニシン・白パン・チーズ」を運び込んだ。さらに後日、市民たちの奮闘努力に報いるため、反乱地域初の大学、レイデン大学も設立されることになる。

ただ、ここで忘れてならないのは、レイデン解放作戦の本質が農村を犠牲にして都市を救うものだったことだ。大目標のためとはいえ、農村住民にとってわざと洪水を発生させる作戦は災難以外の何ものでもない。当時の「農民たちの悲嘆の歌」のなかにある「スペイン兵が言うことに、ヘーゼン〔乞食党〕助けりゃ縛り首、ところがヘーゼン宣《のたま》わく、スペイン贔屓《びいき》はぶちのめす」という一節からは、農民たちの二重の苦しみが伝わってくる。

人為的氾濫戦術は、こののちもオランダ史のなかで何度か実行されることになるが、もし戦闘が冬なら、せっかくの水の防衛線も凍結して敵の渡河を許してしまいそうである。しかし基本的に冬は双方とも戦闘を控えていたし、仮に当時、冬期の凍った川や運河を利用してスペイン軍が作戦を行おうとしても勝ち目は少なかったと思われる。

一五七二年冬に、アムステルダム近くでホラント州の小艦隊が氷に閉じ込められてしまったことがある。スペイン軍司令官は、これを占領するため氷上に一部隊を送り出した。しかし、ホラントの船乗りたちは艦隊の周りの氷を打ち砕いて、氷で一体化した艦隊を浮かぶ城塞とし、さらに訓練を積んだ火縄銃兵がスケートを履いて自在に移動しながら迎撃してきたため、スペイン兵たちは多数の戦死者を出して早々に撤退せざるを得なかった。やはり、スケートの腕前に関してはオランダ人のほうが圧倒的にまさっていたということだろう。

付言すれば、オランダ人のほうが圧倒的にまさっていた、もっと重要な分野が一つある。それは宣伝術である。たとえば一五七三年、激しい調子で反スペインを訴える反乱側の最新の宣伝文書に対し、アルバ公は、少しでも反論すれば反乱側は再び「一〇万もの無礼な論評を含む七〇〇篇もの落首文」をもって反撃してくると考え、対抗措置を断念したのであった。

そのアルバ公は一五七三年一二月、執政を解任され、ミラノ総督だったルイス・デ・レケセンスが後任となる。彼が二年余りのちの一五七六年三月に急死すると、その後数ヵ月間執政職は空席となり、スペイン軍の統制が失われていく。

ヘントの和平――反乱二州と従順諸州のあいだの協定

反乱二州、つまりホラント、ゼーラント両州との戦いは、他の従順諸州の重荷になり、後者から再び、カルヴァン派にもカトリックの異端撲滅論者にも与《くみ》しない「中央派」が台頭する。上級貴族のアールスホット公ら穏健カトリック勢力がその中心であった。長期の給料不払いに堪えかねたスペイン軍兵士らが、一五七六年七月以降フラーンデレン州一帯で強盗を働き身代金を奪って大暴れすると、平和を求める機運はいっきょに高まった。

かつてのホラント州議会と同様、自発的に集会したブラーバント州議会が主導権を握り、国務評議会を通じて、全国議会への出席を呼びかける招待状を反乱二州以外の全州に発送。大半の州の代表がブリュッセルに集まり、和平の実現をめざすことで一致した。

全国議会はただちにオランイェ公に連絡をとり、反乱二州の代表をヘント市に迎え、一五七六年一〇月一九日から急ピッチで和平協定作りを進める。諸州の協力が進むなか、孤立感を深めたスペイン軍兵士らは、一一月四日に国際貿易都市アントウェルペンを占領し、略奪、放火、殺人など蛮行の限りを尽くす。いわゆる「スペイン人の逆上」である。

一一月八日、反乱二州と従順諸州とのあいだに「ヘントの和平」が最終的に成立する。この和平条約の最大の目的は、言うまでもなくスペイン軍の低地諸州からの駆逐であった。また懸案の宗教問題も、次回の全国議会まで反乱二州はカルヴァン派、その他はカトリックという現状が維持されることになった。これを受けてホラント州、ゼーラント州も全国議会に代表を送った。

4　独立——オランイェ公暗殺とスペイン軍一掃

ドン・フアン・デ・アウストリア

フェリーペ2世は空席になっていた執政職に、やっと王族の一員である腹違いの弟ドン・フアン・デ・アウストリアを選んだ。一五七一年のレパント海戦の勝利の立役者である。一五七六年一一月初旬、彼は当時王党派の唯一の拠点であったルクセンブルクに到着する。

全国議会を代表する中央派との長い交渉の末、ドン・フアンはヘントの和平の承認と全スペイン軍の国外撤収という要求を受け入れ、実際にスペイン軍撤退後の一五七七年五月、ブリュッセルで正式に執政となった。しかし、腹の底では強硬策に切り替える頃合いを計っていたドン・フアンは、早くも七月下旬に、ブリュッセルとルクセンブルクを結ぶ線上にあるマース川沿いの要塞都市ナミュールを、残っていたドイツ傭兵軍を使って突如占領する。出撃基地を確保した彼は、フェリーペ2世にスペイン軍を送り返すよう要請した。

この背信に対しアールスホット公ら中央派は独自に、ドイツ皇帝の息子つまりフェリーペ2世の甥にあたる大公マティアスを新しい執政に選び、オランイェ公を副執政に迎える。

一方スペインでは、ちょうどその頃、オスマン・トルコとの事実上の講和が成立し、かつ新大陸から過去最大量の銀が到着する。「慎重王」とも呼ばれたフェリーペ2世は大胆に行動するゆとりを得た。

フェリーペ2世はドン・ファンの要請に応えてスペイン軍の第一陣を低地諸州に戻し、かつ異母姉の元執政パルマ公妃マルハレータの息子、つまり自分の甥にあたるアレッサンドロ・ファルネーゼ（以下パルマ公）を派遣して、副司令官としてドン・ファンを補佐させた。そのスペイン軍が一五七八年一月末に、ナミュール伯領ジャンブルーで全国議会軍を急襲・撃破すると、低地諸州南東部の諸都市はスペイン軍に対して次々に市門を開いた。

この状況に危機感を覚えたフラーンデレン州やブラーバント州の中産階級や手工業者たちは、スペイン側に寝返りかねない都市為政者層に対する激しい権力闘争を展開し、手工業ギルドを基盤とする軍事評議会が各都市の支配権を掌握した。これを指揮したのが、カトリック教徒を潜在的裏切り者と見なすカルヴァン派である。ホラント州やゼーラント州のなかでも、反乱側に加わった直後のためカトリックによる支配がまだ容認されていたアムステルダムのような都市で、カルヴァン派が市の支配権を奪い取った。

ユトレヒト同盟——闘争継続のための体制固め

対立の激化を抑えるため、一五七八年七月にオランイェ公らが提案したのが「宗教和平」である。その要点は、反乱諸州内のカトリックや、その他のカトリック諸州内のカルヴァン派は、一〇〇家族以上でまとまって申請すれば宗教的自由を認められるというものであった。しかしこの提案は、対立する両極の勢力からまったく見向きもされなかった。

とくに最南部のアルトワ州とエノー州は、この宗教和平案をカルヴァン派による勢力拡大の仕掛けととらえた。一五七九年一月六日、両州は共同宣言書を発表し、ヘントの和平を再確認しつつ、平和の回復、国王フェリーペ2世への忠誠、カトリック教会のみの堅持を訴えた。この両州の協力体制は、歴史上「アラス同盟」と呼ばれることになる。

一五七八年一〇月に病死したドン・ファンに代わって執政となっていたパルマ公は、アルトワ、エノー両州にワロン・フランドル州を加えた計三州と、七九年五月に講和条約を結ぶ。ちなみにアラス同盟を構成したのは、日本では「南部十州」とよく言われるが、そうではなかったのである。

一方、ヘントの和平以降オランイェ公は、全州の結束と並行してライン、マースなどの大河川より北の諸州のより緊密な防御同盟を構築しようとしていた。ドイツから呼ばれヘルデルラント州総督になった弟ヨハン・フォン・ナッサウがその作業に当たる。ただ、弟がいつの間にか熱烈なカルヴァン派に変貌していたことを、兄は十分承知してはいなかった。

パルマ公による南部からの軍事的脅威が増すなかで、一五七九年初め、ユトレヒト市に参集していたさまざまなグループの代表者らは結論を急いだ。こうして一月二三日、北部を中心とする反乱諸州および諸都市が闘争の継続を誓い合った「ユトレヒト同盟」が調印される。

しかし、主要な調印者であるヨハン・フォン・ナッサウ、ホラント州とゼーラント州、二月初めに調印した南部のヘント市などはいずれも非妥協的なカルヴァン派であった。さらに、ヨハンの次に署名した四人のヘルデルラント州貴族は同州議会から権限を与えられておらず、ユトレヒト州は調印したものの州内で意見が二分しており、グローニンゲン州はその農村部だけが署名した。これが「北部七州」の同盟と称されるユトレヒト同盟の当初の姿であった。

副執政として南部で活動するオランイェ公はこの同盟に同意しなかった。その宗教条項にカルヴァン派色が強く出過ぎていたからである。たしかに、同盟規約第一三条末尾には「各人が自己の宗教において自由であることができ、かつ何人《なんぴと》も宗教を理由に追捕されたり審問されたりしない」という、のちに宗教的自由の法的根拠として高く評価される一節が含まれてはいた。しかしこの条文の重心は、各州に宗派の選択権を委ねている点、とくにホラント州、ゼーラント州でのカルヴァン派の支配を自明の前提としている冒頭部分にあった。

オランイェ公が、このユトレヒト同盟をしぶしぶ受け入れたのは五月初めのことだった。その後一五八〇年代末に北部諸州が共和国として独立の第一歩を踏み出すと、同盟規約は、この想定外の国家を構成する諸州の相互関係を定めた唯一の文書になった。その結果、同盟規約は、後から振り返って新しい国家の「基本法」と見なされることになる。

フェリーペ2世への国王廃位布告

さて、このような形勢のなかで、北部反乱側に与していた唯一のカトリック上級貴族でグローニンゲン州総督をつとめるレンネンベルヒュ伯は、カルヴァン派の暴力的改宗政策への嫌悪から、一五八〇年三月二日、グローニンゲン州とともに執政パルマ公側に鞍替えした。中央派を代表していたアールスホット公も最終的には執政と和解する。

他方、同じ中央派の要人であったレーフェン大学教授エルベルトゥス・レオニヌスは、逆にオランイェ公の陣営を選び取った。宗教上の態度保留者はこの後も残るものの、政治上の中央派は姿を消し、分極化が確定した。

この頃、フェリーペ2世は問題の根本的解決を図る決意をした。一五八〇年三月一五日のオランイェ公に対する法益剝奪《はくだつ》宣告、つまり事実上の暗殺指令である。このなかで国王は、低地諸州の反乱をひきおこした張本人はオランイェ公であると断定していた。

オランイェ公は逆襲に転じた。彼は同年末、いまや北部反乱側の代表のみからなる全国議会に『弁明』という文書を提出し、それが翌一五八一年二月に出版され、各国語版にもなる。

この文書のなかで、オランイェ公は自身の功績を列挙する一方、巷間フェリーペ2世に関して流布している根拠の怪しい噂・ゴシップ類も総動員して激しい調子で国王を批判する。たとえば従弟と妹との娘であるオーストリアのアンナを四人目の妻に迎えるために、長子と三人目の妻を殺害したのだと。これは明らかに度を越していると思われるが、直接国王に攻撃の矛先を向ける以上、使える武器なら選別などしている場合ではなかった。

さらにオランイェ公は、劣勢挽回のため外国君主による援助に活路を求め、フランス王の弟アンジュー公を低地諸州の新しい君主として招聘《しょうへい》する。各州でカルヴァン派の影響力が強まりつつあったなかで、カトリック教徒のアンジュー公には当然反対意見も大きかったが、外交面ではオランイェ公の指導力が群を抜いていた。新王を迎えるためには現国王の廃位が必要であり、一五八一年七月二六日、北部反乱側の代表が一堂に会した全国議会で、フェリーペ2世に対する「国王廃位布告」が決議される。その書き出しの一節を見てみよう。

臣民は、君主の利益のために、君主の命令が神の掟に従うものであろうとあるまいと、また正当であろうとあるまいと、そのすべての命令に従い、奴隷のように君主に仕えるべく神によって創造されているのではない。そうではなく、君主は、それなくしては君主も君主たりえないところの臣民のために、正義と道理に従って臣民を統治し、あたかも父がその子どもたちを、また羊飼いが羊たちを守るため身命を賭するときにそうするように、臣民を擁護し慈しむために作られているのである。（『世界史史料5』、拙訳）

カルヴァン派牙城での誤った解釈

この文言は、カルヴァン派の牙城であったスイス、ジュネーヴ市で一九〇九年から制作された「宗教改革者の壁」の一画に、一部を省略して刻まれている。その横にオランイェ公の像が立っているのは、彼を宗教改革の擁護者と見立てているからである。

カルヴァンは主著『キリスト教綱要』(一五三六年)のなかで、暴君に対する抵抗権を控えめに是認した。後継者のテオドール・ド・ベーズは、政府は人民のために作られたのであって、政府自身のために作られたのではないと述べて、抵抗権を人民の権利の一つと見なした。この記念碑は、こうしたカルヴァンや後継者たちによる、暴君に対する抵抗を正当化する理論が、国王廃位布告にも反映していると主張しているのだ。

しかしこれは事実に反する。

レイデン大学名誉教授N・マウトは、君主を羊飼いや父に譬《たと》え、君主は臣民のためにあるのであり、臣民が君主のためにあるのではないと論じるのは、中世のさまざまな帝王学の書にくりかえし出てくる言い回しであると指摘する。

エラスムスもまた、『キリスト者の君主の教育』(一五一六年)のなかで、「そもそも君主という名に値するのは、国民が自分のためにあるのではなく、自分が国民のためにあると考える者のことである」とし、君主は「我が子のためには一命を捧げることも辞さない優しい父

ジュネーヴの「宗教改革者の壁」

親」でなければならないと述べていた（片山英男訳）。つまり、このような語法は、カルヴァン派成立以前から広く使われていたものなのである。

いま一つ強調しておきたいのは、一五八一年七月の国王廃位布告はオランダ独立宣言ではないということだ。たしかに、あえて最も一般的な表現を用い、他の案件とともに目立たぬよう事務的に処理したのは、手続きの重要性が認識されていたからこそである。また、フリスラントの司法官で知性と教養の持ち主だったフォッコ・ラルダが、関連文書に署名する際に心臓発作を起こして気を失い、そのまま議場で亡くなってしまったのは、事の重大さをだれよりも深刻に受け止めていたからである。

しかし、フェリーペ2世からの独立とは言えるとしても、この文書はオランダ共和国の自立を宣したものではない。そこまで至るには、いましばらく試行錯誤の年月が必要になる。

オランイェ公の暗殺

結局、フランス王弟アンジュー公を新しい君主に迎えるという実験は、アンジュー公の力量不足により大失敗に終わる。

一方、もともとアンジュー公を疑っていたホラント州とゼーラント州は、オランイェ公自身をフェリーペ2世の後任に据えようと画策する。渋り続けたオランイェ公も最後には受け入れに傾いていた。だが、一五八四年夏、オランイェ公は五一歳で凶弾に倒れてしまう。

当時オランイェ公は、デルフトの元女子修道院を改装したプリンセンホフで暮らしていた。その近侍のなかに、カルヴァン派を装いまぎれ込んでいた者がいた。狂信的カトリックのバルタザール・ジェラールである。彼は、外交使節団に加わってフランスに向かう前の七月八日、オランイェ公の宮廷付き牧師に衣服がみすぼらしくて困っていると訴えて、幾ばくかの金銭をせしめた。翌日、彼はその金で、ある下士官から二挺の拳銃と数発の弾を購入する。

七月一〇日、プリンセンホフに来て機会をうかがっていたジェラールは、オランイェ公が一階で昼食を終え、二階の執務室に戻ろうとしたところを、外套の下に隠し持っていた銃で至近距離から狙撃した。三発中二発が同公の体を貫通し、弾丸は後ろの壁にも傷跡を残した。慌ててかけつけた身内に見守られながら、オランイェ公はすぐに息を引き取ったという。

これは、拳銃によって国の指導者が暗殺された史上初の事例である。事件から二日後の全国議会から各州議会宛の書簡は、オランイェ公の死去を次のように伝えている。

各位。今月一〇日のわれわれの先の書簡を通じて、諸兄はオランイェ公殿下が致命傷を受けられた旨、すでにお聞き及びのことと存じます。誠に遺憾ながら、その後殿下は息を引き取られました。しかるに殿下は、狙撃後その場に倒れ落ちながら、次のごとく言いお残しになったのです。「神よ、私に憐れみを、神よ、この不憫な民に憐れみを(Mon Dieu, aiez pitié de mon âme, mon Dieu, aiez pitié de ce pouvre peuple.)」

(M. W. Jurriaanse, *Brieven*)

しかし、この有名な最期の言葉を実際にオランイェ公が言ったかどうかについては、近年では否定的な見解のほうが優勢になりつつある。

たとえば二〇一二年に、オランダで最も権威ある新聞『NRC《エヌエルセー》ハンデルスブラット』紙に掲載された「オランイェ公ウィレムは即死した」と題した記事によれば、複数の専門家による四年間の徹底的な共同研究の結果、沈黙公ウィレムは何も言わずに絶命したことが明白になったという。法医学者M・フェルストラーテは、被弾の状況からオランイェ公には言葉を発する余裕などなかったはずだと述べている。

このオランイェ公暗殺事件については、多くの人がオランイェ公の辞世の言葉を疑っていなかった約一〇〇年前のエピソードを書きとめておきたい。かつてレイデン大学のオランダ史担当教授で、ホイジンガの師でもあったP・J・ブロックは、通常の講義はどちらかというと退屈で受講者も少なめであった。だが、このオランイェ公暗殺の場面を語る回だけは講義室が満員になったという。その理由は、ブロック教授が暗殺の一部始終を生き生きと語りながら、いつも感極まって落涙したからである。学生たちは、この教授の姿がどうしても見たかったのである。

軍事革命によるスペイン軍一掃

オランイェ公死後も、北部反乱諸州の指導者たちは、外国君主に「主権」を委ねる試みを続けたが、フランス王アンリ3世には断られ、エリザベス女王は援軍派遣だけは認めたものの、その援軍がまったく期待はずれであった。

北部反乱諸州は外国君主への依存は弊害が大きいとやっと悟り、一五八八年、今後は独力で難局を乗りきる決意を固めた。独立への第一歩を真に踏み出したのはこのときである。

彼らにとっての最大の脅威は、執政パルマ公の南部からの着実な進軍であり、実際一五八五年までに、ライン川、マース川などの大河川より南は完全に執政の支配下に入っていた。ところが、パルマ公が低地諸州での仕事を仕上げようとしていた一五八八年、フェリーペ2世は同公に、無敵艦隊《アルマダ》による対イングランド作戦への参加を命じる。

このアルマダ作戦失敗後の一五八九年一一月、フェリーペ2世は、新教徒のアンリ・ド・ナヴァールによるフランス王位継承を阻止するため、パルマ公にフランスへの進軍を命じた。

彼は同地で一五九二年末、過労と戦傷がもとで死亡する。

こうして北部諸州は、巻き返しのための好機をつかんだ。新しい指導者は、ホラント州法律顧問のヨハン・ファン・オルデンバルネフェルト（一五四七〜一六一九）、ウィレム公の息子で大半の州の州総督をつとめるマウリッツ（一五六七〜一六二五）、その従兄で北部二州の州総督であるヴィルヘルム・ルードヴィヒ・フォン・ナッサウ（一五六〇〜一六二〇）らであった。あとの二人は、ヨーロッパ「軍事革命」の先駆者として知られる。

とくにヴィルヘルム・ルードヴィヒは、撃ち終えた最前列の銃兵が回れ右で最後尾へ移動する火縄銃連続斉射の発明者という世界史上の栄誉を、長篠合戦（一五七五年）で「三千挺三段撃ち」を行ったとされる織田信長と争っている。

新しい指導者たちの奮闘努力の結果、その後一五八八年から九八年までの一〇年間に、大河川以北に展開するスペイン軍はすべて一掃され、これに加えてブラーバント州の北西部が征服されることになるが、なかでもオランイェ公ウィレムの元の居城があるブレダー市の奪回は数ある勝利のなかのハイライトであった。

ブレダーの泥炭船

一五九〇年、当時二二歳のマウリッツは、ブレダー奪回作戦の遂行を部下に命じた。これに協力したのが泥炭運搬船の船長アドリアーン・ファン・ベルヘンであった。「泥炭」とは湿地の枯れ草などが堆積・炭化したのを天日で乾かしてレンガ状に切り分け燃料としたもの。作戦の内容は、泥炭船の船底に厚板を渡して、その上にいつもの半分の泥炭を載せ、船底にできた隙間に兵士を潜ませてブレダー城内に侵入させるというものである。

三月四日、謝肉祭の日の昼前、七五人の兵士が隠れた泥炭船は、マルク川に沿ってブレダーへと進み始めた。この頃ブレダーには約三五〇人のスペイン兵が駐屯しているはずであったが、実際はほとんどイタリア人ばかりの一二〇人ほどがいたにすぎなかった。

夕方に泥炭船がブレダーのすぐそばまで来ると、一人のイタリア人副官が乗り込んできて、できるだけ速やかに荷降ろしするよう促した。南欧出身の将兵たちは皆、ここ数日の時ならぬ寒波に凍えきっていたからである。着岸後、一刻も早く暖をとりたいイタリア兵らが荷降ろし作業を熱心にやりすぎるので、ファン・ベルヘン船長は一計を案じ、彼らに小銭を与え、それで祭日を祝うよう勧めた。彼らは喜んで仕事を中断して立ち去っていった。

そしてその夜、敵兵らが寝静まった頃、共和国軍の「密航者」たちは次々に船から降り立ち、酒と暖気のため無防備状態になっていた敵兵らを降伏させた。連絡を受けたマウリッツ自身も、三月五日の夜明け前、軍隊を率いてブレダーに入城する。

一六世紀版「トロイの木馬」作戦は、かくして成就されたのである。この作戦の発案者が、古代の数々の有名な戦いをレイデン大学の教員たちと研究していたマウリッツなのか、蔵書のなかに『トロイア人の歴史』を持っていて、作戦に船を使用することを生前ほのめかしていた父オランイェ公ウィレムなのか、あるいは第三のだれかなのかは定かでない。

さらにマウリッツは、一六〇〇年のニウポールトの勝利により威信を著しく高め、スペイン側に現れたジェノヴァ人最高司令官スピノラとのあいだで、辺境地帯の争奪戦を繰り広げていく。しかしそれも一六〇六年になると、もはやドロー・ゲームの様相を呈した。

他方、軍事作戦と並んで、ファン・オルデンバルネフェルトを中心に外交努力も進められていた。その成果が一五九六年のフランスおよびイングランドとの「三国同盟」であり、一六〇九年に、難産の末にスペインとのあいだで締結された「十二年休戦」条約であった。前者では、北部諸州はヨーロッパ主要二ヵ国から初めて対等に扱われ、後者では、スペイン政府が北部諸州の連邦国家をついに独立国として承認したのである。

この一六〇九年に、北部反乱諸州——ヘルデルラント、ホラント、ゼーラント、ユトレヒト、フリスラント、オーフェルエイセル、グローニンゲンの七州——はネーデルランデン連邦共和国（オランダ共和国）として実質的に独立を勝ち取ったと言うことができる。

連邦共和国を構成する諸州のうち経済的・軍事的に最も有力な州「ホラント」が日本語の「オランダ」の語源である。オランダ語の Holland はポルトガル語では Holanda と綴り、頭文字のHを発音しないのでオランダという音になる。最初に日本へやって来た西欧人であるポルトガル人からこの呼び名が伝わったことにまちがいあるまい。

本書では以下、新生共和国を単に「オランダ」と呼ぶことにしよう。

第2章　共和国の黄金時代——17世紀

1　特異な国制——ホラント州法律顧問と州総督

古い革袋に新しい酒

オランダを誕生させた「低地諸州の反乱」は、近代初期ヨーロッパ各国で繰り広げられた王権と身分制議会との主導権争いの一つであった。

多くの国では王権の側が勝利を収め、絶対王政へと発展していくが、低地諸州北部では議会のほうが王権を廃して議会主権国家となった。王権の束縛から解放され、自由な経済活動によって他に例を見ない繁栄を築いたオランダの一七世紀は「黄金時代《ハウデン・エーウ》」(Gouden Eeuw)と呼ばれる。

ここではまず、このオランダのユニークな国制(政体)について述べていく。図は反乱以前と以後とで国制がどう変わったか、あるいは変わらなかったかを示している。

「低地諸州の反乱」前後の国制の違い

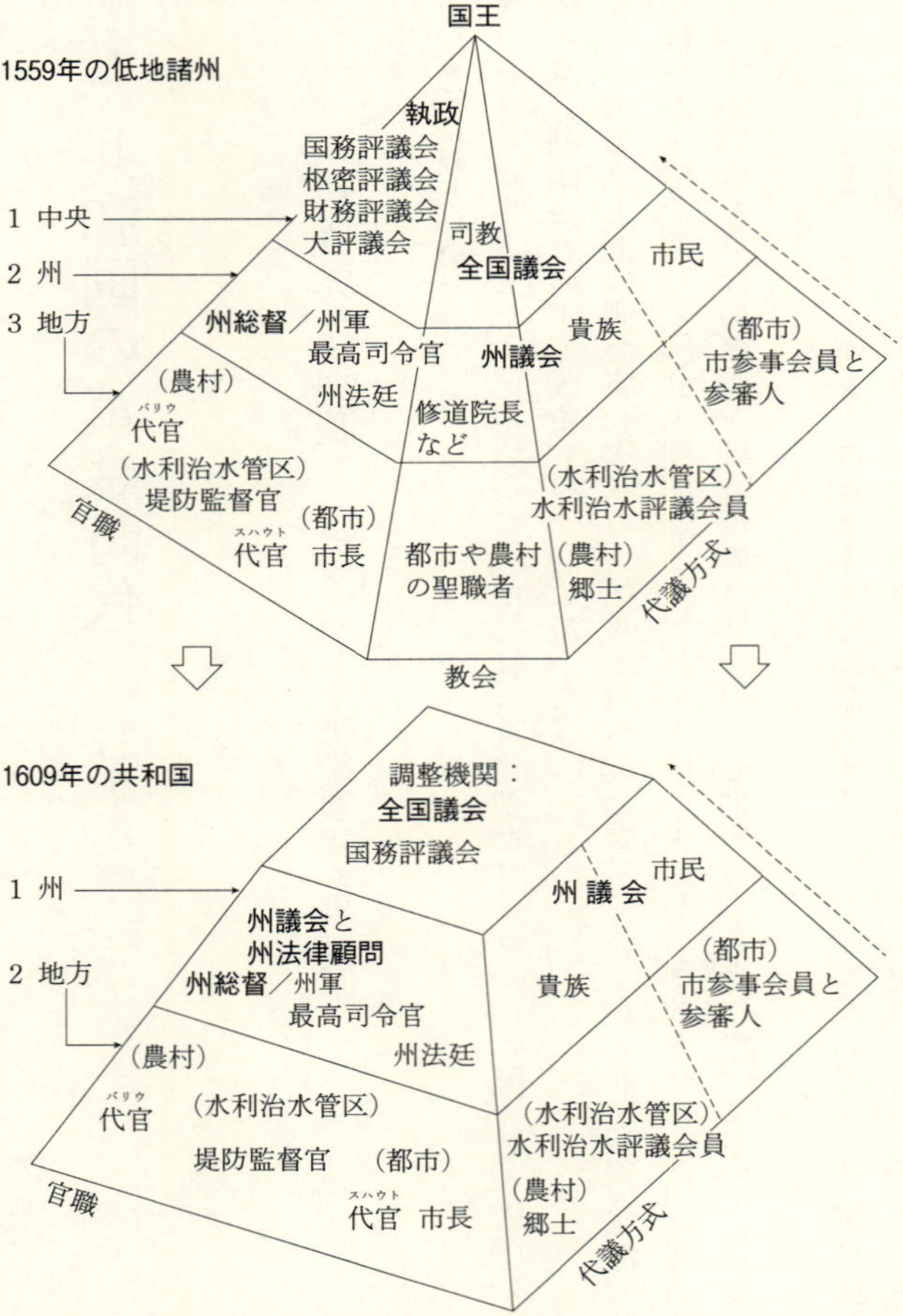

出典：S. Groenveld e.a., *De kogel door de kerk?*, Zutphen, 1983², p.16, 185 を基に筆者作成

上図では、ピラミッド状の社会が上から国王政府の層、州政治の層、地方政治の層と区切られ、角錐の三面では左から官職の面、カトリック教会の面、代議方式の面を表している。下図では、ピラミッド頂上部の国王政府の層が切除され、加えて、僧職位階制を否定するカルヴァン派が勝ちを収めたため、カトリック教会の面も失われている。低地諸州の反乱は、宗教改革をともなう一種の政治革命だったとは言えそうである。しかしそれ以外では、大きな変化は認められない。以前の仕組みがほぼそのまま維持されている。

独立後、主権の担い手になったのは各「州議会」であった。

州議会は、一五七二年以降のホラント州議会のように、単なる諮問機関から統治機関へと姿を変えていた。さらに、全州の調整機関の役割を担った「全国議会」も、一五七六年以降は従属的機関にとどまらず、行政機関として機能し始めていた。いわば、古い革袋に新しい酒が盛られたようなものである。

このような議会の成長を辛抱強く支えたのが、生前のオランイェ公ウィレムであった。今日オランイェ研究の第一人者と目されるロンドン大学名誉教授の故K・W・スワルトは、暴力的手段よりも協力と説得を優先させるオランイェ公は「政治家というものは、協議と粘り強さによって、いかに多くのことを成し得るかを身をもって示すことによって、のちに共和国の指導者となる多くの人々に指針を与えた」と述べている。

オランイェ公という後ろ盾を失った後、自ら主権者として振る舞うようになった州議会は、いつ会議を開くか、何を議題にするかを自律的に決定した。州議会では州内の事柄万般が討議されたが、開催頻度は、唯一定期的に開催されたホラント州議会でさえ年に四回程度で、会期は三～五週間であった。どの州でも州政に日常的に取り組んだのは、別に設けられた何らかの執行委員会であった。ちなみに、ホラント州議会の開催場所はハーグのビンネンホフで、その会議室はいまオランダ国会の「第一院」の議場になっている。

州議会の構成も州によって異なるが、ホラント州を例にとれば、一八の都市から派遣された代議員たちが各市一票で計一八票（反乱前は六票）を行使し、貴族の代議員たちが農村部を代表して一票を投じた。

各州議会の主要な構成員である都市為政者層は、交際範囲や結婚の選択を通じて徐々に閉鎖集団化していく。これをオランダでは「レヘント」層（regenten）と呼ぶ。

他方、すでに完全な閉鎖集団となっていたのが、出自（貴族の生まれ）と特権（娯楽《スポーツ》としての狩猟権）と生活ぶり（地代のみで生活）で他と峻《しゅん》別される旧来の「貴族」たちである。貴族を新たに生み出せる国王がいない共和国では、貴族の数が増えることはない。とくにホラント州の貴族の数は、一六世紀中頃でも州人口の〇・二九％にすぎなかった。とはいえ州議会内で、古参で経験豊富な貴族の代表たちはその数以上の影響力を保持していた。

このように、都市の支配者であるレヘント層と、中世の「戦う人」からいわば「農村レヘント」へと変身した貴族たちとの協力によって、州政治は行われていたのである。

共和国政治の担い手たち

さて問題は、州の外の、連合諸州全体に関わる事柄はどう処理されたのかである。こればかりは各州議会も全国議会に任さざるを得なかった。全国議会を構成していたのはヘルデルラント、ホラント、ゼーラント、ユトレヒト、フリスラント、オーフェルエイセル、グローニンゲンの七州の代表たちであった。

一五八八年、全国議会は、それまでのように迅速に決定を下すため軍隊の後について転々と居場所を変えるのをやめ、ホラント州議会と同じハーグのビンネンホフを恒久的所在地と定めた。その建物のなかのいくつかの質素な部屋が議場になった。各州は望む数だけ代表を送れたが、部屋のなかには大きな州には各六席、小さな州には各三ないし二席の座席しか割り当てられていなかったので、座りきれない人々は立ったまま議事に参加した。

こうして全国議会は、外交、国土防衛、陸海軍の統帥《とうすい》、兵士への給与支払い、共和国財政の基となる各州の「割当額」の徴収、貿易会社の監督、スペイン軍から奪取した南部の全国議会領の直轄統治などに取り組む。

このうち、防衛や条約締結などの最重要問題については全会一致が求められ、なかなか最終決定に至らなかった。各州代表は、州議会の委任事項に拘束され、自由裁量権を持たなかったので、会議が行き詰まるごとに州議会に戻って再協議する必要があった。だが、共和国下の全国議会は経験を積むに従って、こうした時間のかかる手続きを徐々に減らしていく。他方で、周辺諸国では、「法よりも上に立つ」絶対君主の一声が決定的な影響力を持つようになるなか、王のいない低地諸州北部の連邦共和国では、現実に必要とされるリーダーシップはいったいだれがどのように担っていたのか。実は、事実上のリーダーとなりうる可能性を持つポストが二つあった。「ホラント州法律顧問」と「州総督」である。

ホラント州法律顧問とは元来、州から俸給を受け取る一役人である。その本務は州議会で票を数え、討議内容をまとめ、決議事項を記録することだった。ところが、ホラント州議会と全国議会とは同じハーグのビンネンホフ内にあったので、外国から届いた郵便物に目を通し返書の草案を書くといった国レベルの仕事も兼務していた。

つまり、いつもビンネンホフにいて、中庭を横切って二つの議会を往来しているホラント州法律顧問は、あらゆる政務にだれよりも精通していたのである。それゆえ指導的役割を演じる機会があり、事実、その外交手腕でオランダ建国に貢献したヨハン・ファン・オルデンバルネフェルトや、一七世紀中頃の経済的繁栄の守護者だったヨハン・デ・ウィットのようなホラント州法律顧問たちは、事実上の「首相」のような地位を占めるにいたった。

一方、州総督も反乱前からあった職だが、国王の代理として州政治を担当したものが、当の国王が廃されたため、共和国下では州議会に従属するポストになっていた。とはいえ、七州に別々の州総督がいたのではない。通例、北部の一、二州だけはドイツ・ナッサウ家の家系に連なる人物が州総督をつとめ、残る大半の州の州総督職をオランイェ家の当主が兼務していた。つまり州総督とは、その時代のオランイェ家の代表者とほぼ同義だったのである。

州総督は州軍の総司令官として、また一六二五年以降は共和国軍最高司令官として国土の防衛に当たった。州総督は「国父」オランイェ公ウィレムの血筋を継ぐという事実によって、公式の権限を超えた影響力を非公式に行使しうる存在だったのだ。実際、オランイェ公ウィレムの末子フレデリック・ヘンドリックやその孫であるウィレム3世などは、「君主」に匹敵する権力を獲得し、後者はのちのことだがイングランド王「ウィリアム3世」となる。

要するに、ホラント州法律顧問も州総督も、個人的才能や力量をそなえた人物がその地位に就いた場合には、オランダ政治の実質的な主導権を握ることができた。一七世紀のオランダでは、この両者間のある種の権力のシーソーゲームが見てとれるのである。

バターフ人の神話

では、当時のヨーロッパの庶民から学者まで、大多数の人が君主政を当然視していたなかで、オランダの指導者層は共和政という独自の国制の正当性をどう弁護したのだろうか。最も注目すべきは、高名な法学者ヒュホ・デ・グロート（一五八三〜一六四五）すなわちグロティウスが一六一〇年に発表した「バタウィア共和国の古代について」という論考である。

それによると、紀元一世紀頃ライン川下流域に居住していたゲルマン部族バターフ人たち

(ラテン語でバタウィ)こそ、オランダ人の「直接の」祖先であるという。ローマ人に対して果敢に抵抗したバターフ人は、つねに外国勢力から独立しており、最良の人々からなる「議会」(部族集会)による自己統治を行っていたから、共和政こそがホラントの最古の国家形態であった。オランダ共和国の主権が現にそうであるように州議会に帰すべきであることは、こうして歴史的にも証明される。グロティウスはそう主張したのである。

この「バターフ人の神話」は一七世紀中頃になると、オランダ共和国の国制と独立に至る戦いを正当化する最も有力な論拠になった。

一六四四年末、北ドイツのウェストファリア(ヴェストファーレン)地方のオスナブリュック市とミュンスター市にヨーロッパの大半の国の代表が参集して国際会議を開いた。ボヘミア(ベーメン)の新教徒貴族らとカトリックのドイツ皇帝との対決から始まり、周辺諸国が介入して長期化した三十年戦争を終わらせるための和平会議であった。

まず、一六四八年五月一五日には、オランダ-スペイン間で「ミュンスター条約」が結ばれ、八十年戦争に終止符が打たれた。一〇月二四日にはウェストファリア条約が調印され、ついに三十年戦争が終結し、ドイツ国内の宗派選択権の拡大、フランスやスウェーデンの領地獲得などと並んで、スイスとオランダの独立が列国により正式に承認された。

これを祝うため、アムステルダムのダム広場の特設舞台で上演された野外劇の一つは、バターフ人がローマ人との戦いに勝利したことを称えるものであった。一六五〇年代になると共和政讃美がいっそう強まり、一六五五年に完成したアムステルダム市の新市庁舎（現王宮）の市民の間《ま》を飾る連作絵画の主題もまた、ローマ人に対するバターフ人の戦いであった。

さらに一八世紀末、レヘント層と州総督からなる旧体制に闘いを挑んだオランダ愛国者派が樹立した新しい共和国は「バターフ共和国」と呼ばれた。そして二〇世紀、ドイツ占領軍からの解放を祝って、一九四五年六月六日にアムステルダム市立劇場で演じられた劇「自由なる民」の第一幕で演じられたのも、またもやバターフ人たちの戦いであった。

このように、オランダ史のなかで「バターフ人の神話」は、打ち勝ちがたい敵に対する抵抗という文脈でくりかえし人々の意識上に姿を現したのである。

2　繁栄する経済――国際商業の結節点

低地諸州の反乱の勝因

低地諸州の反乱勢力があれほど長期間、国王フェリーペ2世に抵抗を続けられた要因の一つは、彼らが戦費を賄《まかな》うことができる安定した経済力を保持していたことにある。低地諸州はすでに述べたように重要河川の河口地帯に位置し、古くから国際商業の結節点であった。

商業が低地諸州の繁栄の基盤であることをだれよりも熟知していたオランイェ公ウィレムは、心ならずも反乱の指導者となる前の一五六五年に、国王とその取り巻きたちが厳格な異端取り締まりの方針を変えないことを批判して次のように発言している。

この国は小さく、しかも周辺諸国はみな異端者であふれています。臣民は商取引のために方々へ旅しなければなりません。彼らを死刑にしようとするならば、それは残酷であるばかりか、商業を破滅させ、国から住民を絶やすことになるでしょう。

(F. Rachfahl, *Wilhelm von Oranien*)

オランイェ公自身は反乱の行く末を見届けることができなかったが、その後、彼の支持者たちがその遺志を継いで長期にわたるスペイン王権との闘争を戦い抜き、最終的勝利が国際的に承認される頃には、オランダ共和国の経済的繁栄もその頂点に近づきつつあった。

ここからは、一七世紀オランダの経済的実力を、人口動態、農業、工業、漁業、貿易の順に見ていく。

人口動態――都市への集中、南部から北部へ

一五八八年に共和国となった低地諸州の北部一帯では、一六世紀を通じて人口はおおむね増加傾向にあった。なかでも人口が最も多く、共和国財政の五八%を負担できる経済力を有していたホラント州では、一五一四年から一六二二年までのあいだに、都市人口はほぼ三倍に、農村人口はおよそ二倍に増えている。ことに一六世紀後半以降、大都市への人口集中が顕著になり、ホラント州では一七世紀初めには都市人口が農村人口を上回る。人口急増の原因の一つは、各地からの移住者の流入であった。

フェリーペ2世に対する反乱の過程で、北部のホラント州、ゼーラント州では一五七二年以降、少数のカルヴァン派による支配が進んだ。これをスペイン軍が制圧しようとしたため、反乱二州は一五七〇年代前半に戦場と化したが、それ以後は重要な商業ルートをすべて支配下に置き、順調な経済発展を続けた。

他方、一五七〇年代後半になって戦争の被害を直接被った低地諸州南部の産業先進地帯では、一五八五年のスペイン軍によるアントウェルペン市の占領と、北部反乱勢力によるスヘルデ川（同市からの海への出口）の封鎖という対抗措置をきっかけとして、北部諸州への移住に拍車がかかった。

富裕な商人、腕の確かな手工業親方層、熟練労働者などから貧民に至るまで多様な人々が、宗教上の、あるいは物質的な、あるいはその両方のさまざまな理由で、北部のカルヴァン派支配地域へと移住したのである。一五七二年から一六三〇年までの南部住民の北部への移住の全体的規模は、およそ一五万人と推定されている。

また一七世紀前半には、貿易相手として関係が深いスカンディナヴィアや北ドイツからの移住者も増加した。その後ドイツ内陸部からも、三十年戦争の戦禍に苦しめられた人々が安住の地を求めて共和国に逃れてきた。

こうして、オランダの人口は、一六〇〇年頃の約一五〇万人から一六五〇年頃の約一九〇万人へと増加した。都市単位で見ると、最大の都市アムステルダムの場合、一六二二年の約一〇万五〇〇〇人から一六七〇年頃の約二〇万人に、第二の都市レイデンでは一六二二年の約四万五〇〇〇人から一六七〇年頃の約七万二〇〇〇人へと増加している。

農　業――工業用作物、園芸作物、酪農中心へ

この増大する人口を養うために必要だったのが穀物である。しかしオランダ国内での製パン用穀物の栽培は人口増にまったく追いつかず、バルト海地方つまりバルト海に面したドイツ北東部、ポーランド北部、バルト三国（リトアニア、ラトビア、エストニア）などの沿岸諸都市からの大量輸入に頼らざるを得なかった。

穀物は安価になったが、農業生産者の側から見ればこれでは採算が取れず、農業の中心は工業用作物（亜麻《あま》、菜種《なたね》、茜《あかね》、ホップなど）や園芸作物（キャベツ、ニンジン、タマネギなどの野菜や果物）の栽培、牛の肥育と酪農などへと移っていく。このうちチーズは、まぎれもなく国民的食料として国内にも広い市場を持っていた。

工業化以前のこの時代の経済にとって欠くことのできない重要な燃料は、「ブレダーの泥炭船」のあの泥炭であった。

需要が高まる一方の泥炭は一六世紀から盛んに採掘され、ホラント州からユトレヒト州にかけての低い平地には、採掘後いくつもの水たまりができ、それは最後には広い湖沼になった。しかし他方で、一六世紀後半から一七世紀にかけて、都市の出資者たちにより、それらの湖沼の干拓と新たな農地の獲得も行われた。

工　業――風車の増設と多様化

急激な人口増加に話を戻すと、南部からの多数の移住者のおかげで急成長したのは、レイデンの毛織物工業とハールレムの亜麻織物（リンネル）工業であった。

とくにレイデンの毛織物工業は、一五九五年から一六二〇年までのあいだに生産高が倍増した。専門別にいくつかの「ホーフトネーリング」（ギルドの品質保証の機能だけを強化した工業組織）にグループ分けされ、多彩な製品が生み出され、主要な輸出品となった。徹底的な分業が行われ、一六三五年以降は初の工場制手工業も出現し、レイデンは北ヨーロッパで最も重要な毛織物業中心地の一つとなり、その成長は一六七〇年頃まで続いた。

燃料としての泥炭は、船旅に必要なビールの醸造、デルフト焼きのような陶器製造、火災に強い建材としてのレンガの製造などに欠かせないものであった。他方、この時代のオランダ人が最も活用した動力源は風であった。つまり風車の活用である。もともと風車は干拓地の排水と穀物の製粉に使われてきた。ところが一六世紀末頃、アムステルダム北方のザーン地方、つまり現在のザーンダム周辺に新しい工業用風車が登場する。輸入木材を製材する風車と、近郊の干拓地で栽培された菜種や亜麻仁《あまに》から油を搾るための風車である。

この製材用と搾油《さくゆ》用の風車を両方とも発明したのが、コルネーリス・コルネーリソーン・ファン・アイトヘーストであった。彼については「養うべき妻子」を持つ「貧しい農民」だったことしかわかっていないが、彼が風車による製材を可能にした功績は疑う余地がない。彼は風車の回転運動をクランクによって往復運動に変えることに成功し、製材の効率を三〇倍以上に高めたのである。これは近世の「産業革命」と言えるほどの波及効果を持っていた。

一六三〇年、ザーン地方では全部で一二八基の工業用風車が稼働していたが、このうち製材用が五三基、搾油用が四五基であった。一七三一年、この地方の風車の数が史上最多の五八四基になったとき、製材用は二五六基、搾油用は一四〇基に達していた。この製材業と結びついてザーン地方では造船業が急成長を遂げ、それにともなって帆布、ロープ、タール、船用乾パンなどの製造業も盛んになった。

ところで製材用風車は平均五人で動かせたが、一六五〇年頃、四〇人も人手が要る特別な風車が新たに五基誕生した。製紙用風車である。この新型風車が、本章第4節で触れる印刷出版業の隆盛と結びつくが、一七三一年にはこの種の風車も四二基まで増えている。

一七世紀後半、多くの工業部門が足踏み状態に陥っていくなかで、そうした一般的傾向と無縁であったのがザーン地方であった。この地方はヨーロッパ屈指の、そしておそらく世界初の「工業地帯」になり、この国独特の産業景観を形づくっていく。

漁　業——ニシン漁、捕鯨

造船業によって生み出された船舶は、漁業と貿易に用いられていた。オランダ人の漁業の中心はニシン漁であった。

そのニシンの保存方法である塩蔵法を発明したとされるのは、ウィレム・ベーケルソーン・ファン・ビールフリットである。発明の時期は一三八四年とされ、第一級の挿絵画家でもあったホイジンガが自作歴史画集のなかでその瞬間をユーモラスに描いている。もっともいまでは、ニシンの塩蔵法はウィレム・ベーケルソーン以前から存在していたことがわかっており、その加工技術の発展過程のなかで彼が具体的にいかなる貢献をしたのかは定かでない。

ところで、当時の平均的オランダ人の胃袋を満たしていたのは、実は内陸水路で獲れるコイ、スズキ、ウナギなどであって、ニシンではなかった。

ホラント州北部のエンクハイゼンを主な操業基地とし、一二ないし一四人が乗り込んだ漁船およそ八〇〇隻が一六五〇年頃ニシン漁に従事していたが、捕獲された北海産ニシンは、その八〇%が輸出に回されたからである。高品質を維持するため、捕獲から腸《わた》抜き・樽詰め・販売まで厳格な規制が行われていたこのニシン漁は「大漁業」と呼ばれた。また「小漁業」と呼ばれ、ゼーラント州のジーリックセーとホラント州南部のマースライスを拠点とするタラ漁も、その漁獲高の七〇％は輸出されていた。

当時の漁業のもう一つの柱は捕鯨であった。一六一二年、ズウォレ出身のランベルト・ファン・トウェーンハイゼンは、二隻の漁船を使ってスピッツベルゲン島（現ノルウェー領スヴァールバル諸島の主島）付近で初の捕鯨を試みている。二年後、彼も発起人の一人になって一種のカルテルである「北方会社」が設立され、全国議会はこれに捕鯨の独占権を与えた。会社は毎年二〇隻をスピッツベルゲン島へ派遣した。鯨からは鯨油がとられ、石鹼の原料、ランプの油、潤滑剤などになった。またそのひげは装身具や日用品に用いられた。正確な建築画を得意としたピーテル・サーンレダムの《アムステルダム旧市庁舎》（一六五七年）では、真正面の壁に大きな鯨の骨が飾られていて、同市と捕鯨との密接な関係を暗示している。

鯨加工場は最初スピッツベルゲン島にあったが、一六四二年に北方会社の独占権が廃止され、鯨の捕獲が自由になると、漁場は氷で覆われた海域へと後退して同島は操業ルートから外れてしまう。そこで鯨加工場は、国内の捕鯨基地であるアムステルダム、ロッテルダム、ザーン地方に設けられ、「悪臭製造所《スティンケレイ》」というありがたくない通称を頂戴することになる。

要するに漁業は、共和国住民には食料の一部を、貿易商人には輸出品を、そして将来の貿易船の船乗りのためには恰好の訓練の場を提供したのである。

ニシン漁やタラ漁は典型的な季節産業であった。漁民たちはそれ以外の時期、塩・酪農製品・船舶用品などの取引を副業として営んでいた。漁に出て操船術に習熟し、手の空いたときに海運業・沿岸貿易にも従事していくうちに、「フライト船」という新しい大型輸送船の登場にも助けられ、海運業が漁業から分離して一つの独立した商業部門に成長していく。

フライト船とは、ピーテル・ヤンソーン・リオルネが発明したとされる三本マストで船倉の大きな平底船で、一五九五年にホラント州北部のホールンで初めて造られた。

貿易——アムステルダムの発展

一六三六年のヨーロッパ各地からオランダへの輸入額を、多い順に列挙すると次のようになる（単位はグルデン。当時の一グルデンは現在の円で最低でも五〇〇円以上と思われる）。

バルト海地方、一二五〇万（うち四分の三がライ麦）。イングランド・スコットランド・アイルランド、四四〇万（未仕上げの毛織物、石炭など）。南フランス、三〇〇万（塩、ワイン、大麦など）。スペイン・ポルトガル・地中海地方、三〇〇万（羊毛、塩、オリーブ油、乾燥果物、絹など。交戦中も貿易は続いていた）。北ドイツ、二〇〇万（石炭、木材、穀物など）。北西フランス、一七〇万（ワイン、塩など）。ノルウェー、一五〇万（主に木材）。北ロシア、一五〇万（獣皮《じゅうひ》・毛皮など）。

このうちバルト海地方からの輸入額は、ヨーロッパ中からの全輸入額の四一％を占めていた。バルト海貿易が「母なる貿易」と呼ばれるゆえんである。

各地から輸入された商品はホラント州、ゼーラント州の主要貿易都市(なかでもアムステルダム)の倉庫にいったん在庫確保のため保管された。海上貿易はもともと、戦争・海賊・暴風雨・流氷など不測の事態に遭遇しやすく、非常に不安定な事業だったので、この措置によって供給が不規則でも一定の継続的販売が可能になった。

オランダ人はヨーロッパの域内貿易と並んで、早くから大洋を越える遠隔地貿易にも挑戦していくが、この点については、第4章で詳しく触れることにしよう。

外国貿易の発展にともない、振替銀行や取引所などの国際貿易を支える組織も生まれた。一六〇九年設立の「アムステルダム振替銀行」の使命は、さまざまな品質の貨幣が流通する混乱状態に終止符を打つことと、外国への支払いに使う各国通貨を供給することだった。またアムステルダム中心部のダムラク地区の運河上に建てられたヘンドリック・デ・ケイセル設計の「取引所」は、一六一一年から貿易や海運のための常設の商談場所として用いられた。

一七世紀前半のアムステルダムは、こうしてヨーロッパ商業の中心的商品集散地に浮上していく。そのわけは、この国際商業都市が自前の商船団を駆使して自ら富を引き寄せたからであり、隣国イングランドとフランスがともに国内問題に忙殺されていたからである。

3　各宗派の共存——カルヴァン派からユダヤ教まで

休戦期の内部抗争

ここからはオランダの宗教的多様性の実態を見ていくが、当時の各宗派の信者の割合を正確に数値化することは不可能である。ここでは同時代人の若干の証言に基づいて、一七世紀中頃、カトリック、カルヴァン派、その他（他宗派や態度保留者など）がそれぞれ人口の約三分の一を占めていたと想定しておこう。

このうち過半数にも達しないカルヴァン派が、この国の唯一の公認宗教であった。一つの国に一つの宗教という中世以来の大原則は、近代初期のオランダでも生きていた。オラニエ家の州総督だけでなく、レヘント層のほとんどもこの公認教会の成員だった。各地のカルヴァン派の教会会議で俗人の長老をつとめたのもレヘントたちであった。

そのカルヴァン派のなかには三つのグループがあった。厳格派、穏健派、中間派である。厳格派は南部諸州から移住してきた牧師たちに多かった。穏健派はエラスムス的と言ってよいほどの人々で、敵と戦い抜くための便法としてこの教会を選び取っていた。この両極のあいだに幅広い中間派がおり、おそらくレヘント層の多数派はここに含まれていた。

カルヴァン派に特有の教義として「予定説」がある。神によって、この世が始まる前からある者は永遠の救いに、ある者は永遠の断罪に予定されているという教えで、自身の無力感に絶望している者には大きな慰めになり得た。

一六〇四年、この予定説の教義をめぐって論争が起こる。人間の自由意志と相容れないとしてこの教義を斥《しりぞ》けた、最も穏健な立場に立つレイデン大学神学教授ヤコーブス・アルミニウスと、その見解に同意できない同僚で、厳格派を代表する神学教授フランシスクス・ホマルスとのあいだにである。この教義上の論争に政治的対立が結びつく。

宗教よりも政治を優先させるホラント州法律顧問ファン・オルデンバルネフェルトと、レヘント層の一部はアルミニウスを支持した。彼らは宗教上の厳格主義・教条主義に批判的で、財政的理由からも当時継続中のスペイン王権との闘いを終わらせることをめざしていた。これと対立したのが、州総督マウリッツを先頭に押し立てて宿敵に対する闘争継続を熱望する牧師たちと、厳格派に与する一部のレヘントらである。牧師たちは、南部諸州を軍事的に解放して帰郷を果たすことを念願していた。

休戦条約が成立し、独立を勝ちとった一六〇九年にアルミニウスは亡くなったが、その考え方を継承する穏健派の「アルミニウス派」は、翌年、ホラント州議会に建白書《レモンストランシ》を提出して、自己の立場を説明し、州議会による保護を要請した。これに対して厳格派の「ホマルス派」は反建白書《コントラ・レモンストランシ》で応戦した。以来、穏健派はレモンストラント派、厳格派はコントラ・レモンストラント派とも呼ばれるようになる。

なお、「穏健派」(rekkelijken)も「厳格派」(preciezen)も、一七世紀オランダのカルヴァン派教会の歴史に限って用いられる語である。肝心なのは、カルヴァン派教会が両派に真っ二つに分かれていたのではなく、そのあいだに厳格派によって「だれとでもうまくやろうとする人々」(modderaars)と命名された中間派が多数いたということだ。休戦期間に厳格派と穏健派の対立はしだいに深まり、内乱勃発の一歩手前という危機的状況に陥ることになる。

州総督マウリッツによる荒療治

ドイツのディレンブルクで一〇歳まで、熱烈かつ戦闘的なカルヴァン派の叔父ヨハンのもとで養育された州総督マウリッツは、これまで事態を静観してきた。だが一六一八年、ついに厳格派の側に立って荒療治に踏み切り、穏健派の代表であるホラント州法律顧問ファン・オルデンバルネフェルトとその協力者らを逮捕した。一種の超法規的措置である。特別法廷はファン・オルデンバルネフェルトには国家反逆罪で死刑を、グロティウスら協力者たちには終身禁固刑を言い渡す。

さらに「ドルドレヒト全国教会会議」が、スコットランド、イングランド、スイス、ドイツなど各国のカルヴァン派神学者も参加して開催され、レモンストラント派(アルミニウス派)の教義が断罪され、その牧師の多くが国外に追放された。

オランダ独立戦争史の権威J・J・ウォルチェルは、このときマウリッツがとった行動を、「おそらく、内乱を阻止するためにはやむを得なかったであろう」としつつも、ファン・オルデンバルネフェルトに対する「死刑判決もやむを得なかったと言えるかどうかは、はなはだ疑問である」と評している。

一六一九年五月一三日月曜日の朝、七一歳のホラント州法律顧問ファン・オルデンバルネフェルトは、従者のヤン・フランケンにともなわれて、ハーグ、ビンネンホフの中心にあるリッデルザールの前の処刑台に立った。彼は群衆に向かって「諸君、私が大逆罪を犯したなどと信じるな。私はつねによき愛国者として正直に敬虔《けいけん》に生きてきたし、またそのように死ぬのである」と語りかけたのち、跪《ひざまず》いて死刑執行吏に頭を差し出した。

最後の言葉は「手短に、手短に」(Maeck 'et kort, Maeck 'et kort.)であった。これは苦痛を恐れて刑吏《けいり》に素早い処置を請うたものではなく、この期に及んでなお別れの言葉を付け足そうとする従者ヤンを叱りつけたものである。その直後、刑吏の剣が音を立てて振り下ろされ、オランイェ公ウィレムと並ぶ建国の功労者が、同じように悲劇的な最期を遂げた。

グロティウスの脱獄

このとき終身禁固刑を宣告されたレモンストラント派のロッテルダム市法律顧問グロティウスは、のちに「国際法の父」と称えられる卓越した法学者である。その彼がマース川沿いの小島上のルフェステイン城に収監されてしまったのだ。時に三六歳、主著『戦争と平和の法』(一六二五年)も未刊である。では彼はいかにこの窮地を脱したのか。

当時受刑者には妻の同伴が認められていた。グロティウスの妻マリア・ファン・レイヘルスベルヒュもこの牢獄で夫と起居をともにする。しかし彼女だけは週に数回、川向こうの町ホルクム（現ホリンヘム）へ買い物にも行けたので、この機会を利用して夫の脱獄の手はずを整える。グロティウスは、研究に必要な書物を、レイデン大学の友人たちに頼んで木製の長櫃《ながびつ》に入れて送り届けてもらっていた。

マリアはこの長櫃を脱獄に利用することを思いつき、夫に練習させて、小さな鍵穴一つしかないこの長櫃のなかに二時間も閉じ籠っていられるようにした。

対岸のホルクム市が年に一度の縁日で賑わっていた一六二一年三月二二日、計画は実行に移された。グロティウスのベッドは、まるで本人が横たわっているかのように盛り上げられ、彼の衣服がその上に置かれる。下着だけになったグロティウスが長櫃にもぐり込み、妻は運搬役の兵士たちを呼ぶ。荷物に違和感を覚えて不審がる兵士を、機転を利かせて煙に巻いたのは、長櫃に付き添った勇敢なお手伝いエルシエであったという。

その後無事ホルクム市の知人宅に着いて長櫃から出たグロティウスは、今度は大工に変装し、縁日の喧騒に紛れて同市を離れ、最終的にはパリに亡命し

ルフェステイン城

た。妻マリアの愛と智略と勇気が、この世界史上の人物がこれから果たすべき役割を救ったのである。

ところで、この脱出劇に使われた長櫃と称するものが、オランダではアムステルダム国立美術館や当のルフェステイン城などに、両手で数えねばならぬほど展示されている。どれか一つが本物で他は似通った代用品なのか、それともすべてが偽物なのかは知る由もない。

その後グロティウスは、非情な政治の現実に阻《はば》まれて帰国を果たせなかったが、レモンストラント派牧師たちに対する当局の取り締まりはほどなく緩められた。レヘント層のなかには、カルヴァン派教会に属しながらも、レモンストラント派の穏健な考え方に好意を寄せる者が多かったからである。カルヴァン派教会のなかの少数派である厳格派がドルドレヒト全国教会会議で収めた勝利は、実は一瞬のものでしかなかった。

レモンストラント派の帰国と「寛容」

腹違いの長兄フィリップス・ウィレムがブリュッセルで死去した一六一八年以降、オランイェ公の称号を得ていた州総督マウリッツが、正式な結婚をしないまま二五年に世を去ると、同じく腹違いの弟フレデリック・ヘンドリック（一五八四〜一六四七）がオランイェ公を名乗り、州総督職を受け継ぎ、全軍の指揮権を掌握した。

彼はスペインとの係争地域の重要都市を次々に征服していったので、「都市攻略者《ステーデンドウィンゲル》」のあだ名がある。兄に勝るとも劣らぬ軍事指導者だったが、他方で政治的・宗教的には父オランイェ公ウィレムと共通点が多く、国内政治では対立の緩和と宗教的寛容を旨とした。

その結果、早くも翌一六二六年には、アントウェルペンに亡命していたレモンストラント派の指導者たちが相次いで帰国する。ほどなくレモンストラント派は、ロッテルダムやアムステルダムに彼らの教会を獲得した。一六三四年にはアムステルダムに独自の牧師養成のための神学校も開設され、一名（のち二名）の教授が任命された。こうしてレモンストラント派は、カルヴァン派教会から分かれて別個の教会になった。

このレモンストラント派の代表的な知識人としてフィリップス・ファン・リンボルヒュ（一六三三～一七一二）がいる。彼は一六六八年に右の神学校の教授になり、穏健な学風で知られた。主著『キリスト教神学』（一六八六年）では、その副題「信仰の実践とキリスト教的平和の促進をめざして」にも表れているように、できるだけ論争を避け、あらゆる手を尽くしてレモンストラント派の考え方を穏やかで品格ある調子で語ろうとした。またそれより先に出版された史書『異端審問の歴史』（一六八二年）では、中世史上のあらゆる不寛容を批判している。

ファン・リンボルヒュ（1633～1712）　1683年の冬，アムステルダムで凍死した牝ライオンの解剖に招かれ，オランダ亡命中のＪ・ロックと初めて出会った．意気投合した二人は以後良き友人となり，ロックの帰英後も文通が続いた

今日のオランダ共和国史研究の第一人者でロンドン大学名誉教授のJ・I・イズレイルは、一七世紀オランダのレモンストラント教会の発展に尽力したファン・リンボルヒュを「終生の、熱烈な寛容の擁護者」と高く評価している。

「寛容」とは、社会的に確立された基準に異議を唱える他者に対し活動の余地と保障を与えることである。つまり、一七世紀オランダ史の文脈で言えば、自身が信じる宗派の礼拝を自宅内に限って行いうる消極的な「良心の自由」や、公の礼拝式や教義の宣伝なども制約なしに行いうる積極的な「宗教の自由」などを、一定程度まで可能にするのが「寛容」である。その結果生まれるのが複数宗派・宗教の共存である。

一六八三年から八九年までオランダに亡命していたジョン・ロックには、寛容論の名著である『寛容についての書簡』(一六八九年)がある。この著作は、オランダ滞在中のロックとファン・リンボルヒュとのあいだの友情と意見交換の末に生まれたものである。

レモンストラント派教会の信者数は昔もいまもごく少数である。だが、その指導者たちは、暴力を排し融和・協調に努めるエラスムス思想の積極的な再建者、継承者として無視できない思想史的意義を持っている。エラスムスの穏健で理性的な考え方は、グロティウス、アルミニウス、ファン・リンボルヒュらを経て啓蒙思想へと引き継がれたからである。

メンノー派とルター派

オランダの宗教的多様性の実態を、ひきつづき見ていきたい。

まずメンノー派である。第1章で述べたように、かつての再洗礼派のなかから無軌道な人々が排除された後、一六世紀中頃までにその主流は、聖書に従って剣をとらない（兵士として軍務に就かない）、誓いも行わない（市民の宣誓を拒否し公職にも就かない）メンノー派となっていた。メンノー派という宗派名は、生き延びた再洗礼派をまとめあげ命がけで指導した、フリスラント州生まれの牧師メンノー・シモンス（一四九六〜一五六一）に由来する。

レヘント層の多くがこのメンノー派に対して徐々に寛容になった理由の一つは、彼らの経済的地位の向上であった。たとえば、メンノー派住民の比率が高かったザーン地方では、農業・工業・漁業・貿易などで彼らは富を蓄積し、少数派ながらこの地方の税金の大部分を負担するようになる。ザーン地方の風車群のほとんどを彼らが所有していた。禁欲的で勤勉なメンノー派は、黄金時代の経済的繁栄の一翼を担ったのである。

次にルター派である。一六世紀中、ルター主義は低地諸州にはさほど広まらなかった。それはハプスブルク家政府の厳しい迫害のせいだけではなかった。

キリスト教会には、イエスと弟子たちの最後の晩餐《ばんさん》を再現し、キリストの肉と血としてパンと葡萄酒《ぶどうしゅ》を拝受する儀式がある。霊的傾向の強いルターは、信じる者にとってパンと葡萄酒はキリストの肉と血の実体を含んでいると説き、カトリック寄りの解釈を示していた。パンも葡萄酒もただのシンボルにすぎないと合理主義的にとらえる低地諸州の新教徒住民は、この点でどうしてもルター主義に馴染めなかった。

だが一六世紀末以降、アントウェルペン、ドイツ、北欧諸国からルター派の商人、手工業者、泥炭採掘人などが到来し、故国の君主たちから保護要請がなされると、各市政府も徐々にルター派に寛容になる。一六三〇年代には、アムステルダム市内に外見からも識別できるルター派教会が建設されている。一七世紀後半には、国境警備に当たるルター派のドイツ人兵士らのための教会がセルトヘンボス（現デン・ボス）やマーストリヒトなどに設けられた。

共和国時代のオランダのルター派とは、商人であれ兵士であれ、要するに「外国人」だった。ルター派への宗教的自由が拡大したのは、彼らが商売上の大切なパートナーであり、困難なスペインとの戦いにおける得がたい同盟者だったからである。

ユダヤ教徒

では、キリスト教徒でもないユダヤ教徒（ユダヤ人）たちはどうしていたのか。

一般にユダヤ人は、中世以来、ヨーロッパ・キリスト教社会の最底辺に身を置き、都市生活者として主に金貸しや行商によって生きてきた。しばしばユダヤ人であることを示す特別な記章を身に付けることを義務づけられ、ゲットー内に居住することを強制された。

一六世紀末、オランダ、とくにアムステルダム市にスペイン・ポルトガル系ユダヤ人、いわゆるセファルディムが移住してきた。正確に言うと、ユダヤ教からカトリックに改宗していた「新キリスト教徒」のポルトガル人商人たちである。彼らは母国で強まる異端審問の脅威を避けるため、オランダに逃れてきたのである。その人数は一六一〇年頃でわずか三五〇人ほどであったが、一七世紀中頃には約一四〇〇人になる。

彼らがオランダに迎えられたのは、主にその国際商業上のノウハウや広範な通商網ゆえである。宗教迫害を受ける心配がなく、カトリックにとどまるメリットがほとんどないこの国で、彼らは父祖の信仰、ユダヤ教にしだいに復帰していく。

ユダヤ人が一〇〇家族を超えた一六一〇年代半ば頃から、市当局もしだいに彼らの礼拝所や埋葬地の許可要請を認めるようになる。オランイェ公が一五七八年に提案した宗教和平案には一〇〇家族以上の申請で宗教的自由を認めるとあったが、この規定を当局が思い出してユダヤ人に適用したのか、それともただの偶然の一致なのかは定かでない。

そして一六一九年、ホラント州議会は、ユダヤ人対策を最終的に各都市の自由裁量に委ねた。オランダの指導者層は、ユダヤ人に関する法律をなるべく作らないようにしていた。そこには「すべての事柄を不必要に明確化するのを控える」というエラスムス的な精神態度を見ることができる。エラスムスは、決めごとはできるだけ少なくして、ほかは各自の自由な判断に委ねて争いを減らせと訴えていたからだ。

三十年戦争中の一六三〇年代に入ると、東方からドイツ・ポーランド系ユダヤ人、すなわちアシュケナジムが迫害を逃れて共和国に流入する。彼らはセファルディムの支援を得て、オランダの膨張する経済活動のなかに一定の働き場所、または新たな移住先を見出した。アムステルダム市内に住むアシュケナジムの人数は、一七世紀中頃で一〇〇〇人ほどだが、同世紀末にはセファルディムの数を追い越していく。

ユダヤ人は、政府によって「別の国びと」(aparte natie)と見なされ、オランダ人と同等の市民権は与えられなかった。だが、逆に一国に一宗教という中世以来の通念によれば、ルター派の場合と同じく、「別の国びと」には別の信仰が許されるのは自然なことである。

一六七五年、アムステルダム市南東部にセファルディムが豪壮なユダヤ教会堂《シナゴーグ》(現存)を完成させたとき、市長、市参事会員らはこぞって落成式に参列した。式典の様子を挿絵画家ロメイン・デ・ホーへ(一六四五〜一七〇八)がみごとな版画で記録している。建物内部を描いた作品の上部には、さりげなく「良心の自由、共和国が発展する力」と記されている。

カトリック教徒――厳しい制約とその実態

以上に述べた諸宗派と比べて著しく自由を制限されていたのが、敵と通謀《つうぼう》する恐れありとされたカトリック教徒であった。

建国前の一五八〇年にカトリックのレンネンベルヒュ伯が執政パルマ公側へ鞍替えすると、翌一五八一年、フェリーペ2世に抵抗を続けるすべての地域でカトリックの礼拝が禁止された。このようなカトリック禁止令はオランダ独立後もくりかえし発せられ、公然たる礼拝式は各地で罰せられ、高額の罰金も科せられた。とはいえ、そうした処罰も総じて散発的で、カトリック教徒が拷問台や処刑台に乗せられることはなかった。

カトリック禁止令にもかかわらず、自宅内つまり私的領域での礼拝式はほとんど摘発対象外であった。そのうち罰金前払い方式が定着し、外見はふつうの建物だが、内部には立派なカトリック祭壇が設けられた「秘密教会」が多数造られる。秘密と言いながら、実はだれもがどこにそれがあるか知っていた。いまも残るその代表例が、アムステルダムの「オンゼ・リーフェ・ヘール・オプ・ソルデル」博物館である。この屋根裏教会博物館は二〇一五年九月、六年間の修復期間を経て再オープンした。

このように、諸宗派の地位には明らかな不平等が存在し、これを意識的な「分割統治」の結果とみる見方もある。今日の「信教の自由」には遠く及ばないが、それでも当時の周辺諸国と比べれば、オランダがかなり寛容な国だったと言うことはできる。ではなぜ複数宗派・宗教の共存が曲がりなりにも実現したのだろうか。

もちろんそれは、専制を遠ざけ良心の自由を守ろうとした低地諸州の反乱の成果の一つだった。つまりユトレヒト同盟第一三条末尾での「良心の自由」の保障である。しかし、より重要なのは、中央権力が弱いのに加えて、カルヴァン派以外の人々のほうがオランダ人の多数派を占め、改宗を強制することが事実上不可能だったこと、またカルヴァン派でありながらも穏健さを失わない多くのレヘント層にはそうする意志もなかったからであろう。

絵画に見る諸宗派共存

ところで、オランダにおける複数宗派・宗教の共存を、絵画や素描《そびょう》によってわれわれに伝えてくれるのがレンブラント・ファン・レイン（一六〇六〜六九）である。彼はもともと、神話や聖書の非日常世界を描くことを画業の目標としていた。そのための素材探しに役立ったのが、国際商業都市アムステルダムの多様な異邦人の存在だった。たとえば偶然見かけてスケッチしたアシュケナジム・ユダヤ人の姿は、《放蕩《ほうとう》息子の帰還》（一六六八年頃）のなかの右端の人物にみごとに活かされている。

レンブラント《放蕩息子の帰還》1668年頃　右端に立っている人物のいでたちは，ハールレム市のテイレル博物館収蔵の，アシュケナジムを描いたレンブラントの素描と非常によく似ている

そのレンブラントが描いた同時代人の肖像画のなかには、各宗派の指導者たちが含まれている。ただし、どう探してもカトリックの宗教的指導者の姿は見当たらない。これは、当時のオランダの公的生活のなかで、カトリックの聖職者が本来存在してはならなかったことを示していると言えよう。

もっとも、ふつうのカトリック信者

レンブラント《織物組合の見本検査人たち》1662年　左からカトリック，メンノー派，カルヴァン派（議長），１人おいて，レモンストラント派，カトリック．背景右上の画中画には灯台が描かれているが，これは「良き導き手」を意味する

の肖像なら見つけ出すことができる。レンブラントの集団肖像画の傑作の一つ《織物組合の見本検査人たち》（一六六二年）のなかには、無帽の召使いを除いて五人の組合幹部が描かれている。彼らの所属宗派はすべて判明していて、左からカトリック、メンノー派、カルヴァン派（議長）、レモンストラント派、カトリックである。

鑑賞者の側からもう一人の重要人物が部屋に入ってきたことに皆が気づいた、まさにその瞬間を描くという抑制された演出がこの絵にリアリティを与えている。と同時に、品質管理という組合内で最も重大な責務を分担する同僚たちが、私生活上の宗派の違いを超えて協力し合っていたという現実を、この絵はみごとに表している。

すでに一六世紀末のあるイギリス人旅行家が、オランダの人々は日曜日でも教会より市場のほうに大勢集まると書き残しているが、経済発展にともなう世俗化の進展もまた、かなり早い段階からこの国の宗教的自由の重要な要因であったと言えるだろう。

4　黄金時代の多彩な文化――美術・科学・出版業

第一期――黄金時代絵画の幕開き

オランダの一七世紀が黄金時代と呼ばれるのは、その経済的繁栄もさることながら、その土壌の上に花開いた多彩な文化活動によるところが大きい。とりわけオランダ絵画の一七世紀は、西洋美術史のなかで、イタリア・ルネサンスおよびフランス印象派の時代と並ぶ創造的絵画芸術の時代であった。

オランダ絵画の飛躍が始まったのは一五九〇年代である。ここから一六二一年頃までが黄金時代オランダ絵画の第一期と言える。主に、マニエリスムの影響を受けた豪華で色彩豊かな、エロティシズムあふれる神話画が、ハールレムやユトレヒトで制作された。

しかしそのなかで異彩を放っているのが、アントウェルペンからハールレムに移住してきたフランス・ハルス（一五八一／八五～一六六六）である。彼はモデルの一瞬の生き生きとした表情をカンバスに定着させて永遠化し、従来の記念写真的な集団肖像画を自然な構図に一変させた。《笑う少年》（一六二五年頃）という小品にはハルスの魅力と力量が凝縮されており、笑顔を描いてハルスにかなう者はいない。

のちにハルスを偶像視したのは、作品を一目観ようと一八七〇年代にハールレム詣《もう》でをした、印象派の先駆者マネをはじめとするフランスの画家たちであり、「ハルスのパレットには二七通りもの黒がある」と述べてその絵画を礼讃したファン・ゴッホであった。

ハルス《笑う少年》1625年頃

他方、ユトレヒトで新たに注目を集めたのはカラヴァッジョ風の明暗法を採用した画家たちである。なかでもヘリット・ファン・ホントホルスト（一五九〇～一六五六）の《売春宿の女主人》（一六二五年）は、性的刺激を狙ったものではなく、女主人の姿を通して、金で買える快楽に潜む危険性を劇的に表現したものであった。

第二期――スペインとの戦争の時代

スペインとの戦争が再開された一六二一年から四五年頃までが、一七世紀オランダ絵画の第二期である。

イベリア諸国、レヴァント地方などとの通商が難しくなり不景気が広がると、絵画も小ぶりで値段の安い地味な画題のものが主流になった。外国産の色鮮やかな染料が入手難となったため、すべてのジャンルにわたってほとんど単色の灰褐色・黄褐色の絵が描かれるようになる。たとえば静物画ではウィレム・クラーソーン・ヘダ（一五九四～一六八〇）、風景画ではヤン・ファン・ホイエン（一五九六～一六五六）がその例と言えよう。

他方、それでも高価な絵の具が利用できた画家のなかから、レイデンのヘリット・ダウ（一六一三～七五）のような「細密画」の巨匠が現れる。ダウはレンブラントの最初の弟子であるが、師匠がアムステルダムに移住し様式を変えた後も、教わった細密画法を守り続けた。《若いバイオリニストのいる室内》（一六三七年）はその代表作である。また上野の国立西洋美術館にある《シャボン玉を吹く少年と静物》（一六三六年頃）は、少年の背中にぼんやりと描かれた天使の羽から、夭逝《ようせい》した愛児を悼《いた》む両親による注文品と解せられる。

師匠のレンブラントのほうはこの時代に、オランダ集団肖像画の最高傑作《夜警》（一六四二年）を完成させる。過剰な演出の結果、共同出資者のなかで後景にぼんやりと描かれた

ダウ
《若いバイオリニストのいる室内》
1637年

レンブラント
《夜警》1642年

人、顔の一部が隠れた人などから不満が噴き出し、この作品を境にレンブラントの没落が始まったという有名な説明は、必ずしも正しいとは言えない。この作品には実際の出資者だけでなく多数の架空の人物も描き込まれているからだ。

なおレンブラントは、あらゆるジャンルの絵が描けるオールラウンダーでもあった。弟子の一人カーレル・ファブリティウス（一六二二〜五四）も同じく多芸多才であったが、一六五四年のデルフトの火薬庫爆発事件のため、若くして落命してしまったのは惜しまれる。

当時の大多数の画家は、自身の専門ジャンルの絵に専念するのがふつうだった。たとえば、教会内部を描いたエマニュエル・デ・ウィッテ（一六一七頃〜九二）、建物の外観も忠実に描いたピーテル・サーンレダム（一五九七〜一六六五）、家畜の描写に優れていたパウルス・ポッテル（一六二五〜五四）、家庭内の日常風景を描いたピーテル・デ・ホーホ（一六二九〜八四）、馬・騎兵・小戦闘などがテーマのフィリップス・ワウェルマン（一六一九〜六八）、月夜の風景を描き続けたアールト・ファン・デル・ネール（一六〇三／〇四〜七七）などである。

第三期——百花斉放

一七世紀オランダ絵画の第三期は一六四五年頃から七二年までである。

まず注目すべきは、繁栄の極盛期を迎え市域の拡張と新しい建物の建設が進むなかで、新たな建築画が続々と生まれたことだ。ヘリット・ハウクヘースト（一六〇〇頃〜六一）やヘ

ホッベマ《ミッデルハルニスの並木道》1689年

リット・ベルクヘイデ（一六三八〜九八）などがその筆頭に挙げられよう。

風景画では、ヤーコプ・ファン・ライスダール（一六二八／二九〜八二）や、その弟子メインデルト・ホッベマ（一六三八〜一七〇九）が雄大で詩趣に富む作品を描いた。師匠の作品は《ユダヤ人墓地》（一六五〇年代）のように全体的に暗いのが特徴だが、弟子の《ミッデルハルニスの並木道》（一六八九年）は明朗な画面で一七世紀オランダ絵画の代名詞になっている。

海景画では、英蘭戦争の有名な海戦を描いたウィレム・ファン・デ・フェルデ（子）（一六三三〜一七〇七）や、つややかで色鮮やかな画面を特徴とするルドルフ・バクハイゼン（一六三一〜一七〇八）がこの時代を代表する。

静物画では、ヤン・ダーフィッツソーン・デ・ヘーム（一六〇六～八四頃）、アブラハム・ファン・ベイエレン（一六二〇／二一～九〇）、ウィレム・カルフ（一六一九～九三）らが、いわゆる「豪華な静物画」（pronkstilleven）を制作した。

風俗画ではヤン・ステーン（一六二六～七九）が混乱した騒々しい家庭をユーモアたっぷりに描いた。ヘラルト・テル・ボルヒュ（一六一七～八一）は娼家《しょうか》での愛の値段交渉を描き、繻子《サテン》のリアルな描写に優れていた。ハブリエル・メツー（一六二九～六七）には《手紙を書く男》と《手紙を受け取る婦人》（ともに一六六五年頃）という一対の忘れ難い作品がある。肖像画ではカスパル・ネッチェル（一六三五／三六～八四）がウィレム3世に保護されて洗練された肖像画を描いた。彼には《レース編みをする女》（一六六四年）のような魅惑的な小品もある。

さらに、イタリア・地中海方面との交易が復活したことで、イタリア風景や地中海の港の景色を描いた作品の人気が高まった。この異国情緒に富む絵を制作し続けた画家たちも、まちがいなく黄金時代オランダ絵画の一翼を担っていた。

フェルメール

この第三期の画家に属するヨハネス・フェルメール（一六三二～七五）は、生涯の大半をデルフト市ですごした。とはいえ、彼は市内外の画家仲間の仕事にも目配りし、そこから得た着想を消化して自身の作品のなかに活かしている。文芸批評家T・トドロフが「絵画は世界を模倣するだけでなく、他のさまざまな絵も模倣する」と述べている通りである。

たとえば、アメリカのメトロポリタン美術館の学芸員W・リートケ（二〇一五年地下鉄事故で急逝）によると、G・ハウクヘーストの《説教壇のあるデルフト・アウデケルク内部》（一六五四年頃）は、フェルメールの《窓辺で手紙を読む女》（一六五八／五九年）の構図に影響を与えた可能性が高いという。一目見て両者の共通性は明らかだし、前者の中央の白い円柱が後者の手紙を読む女性に置き換えられたとの見立ても意表をつくものではない。最初この絵には、手紙が恋文であることを暗示するキューピッドの画中画が右上方に描かれていたが、これはのちに塗りつぶされ、寓意《ぐうい》の要素が取り払われた。

また、リートケが同じく示唆しているように、ファン・ホントホルストの《売春宿の女主人》の女主人の姿と男性の金銭提示のしぐさを取り除き、背景を窓辺の明るい室内に変えれば、フェルメールの《兵士と笑う女》（一六五八／五九年）になり得るだろう。

他方、フェルメールの傑作の一つ《絵画芸術》（一六六六／六七年）は、画家が歴史の女神を描く、つまり歴史画を描く、それに対し女神は手元の歴史書に画家の名を刻んで永遠のものにするという相互作用、つまり絵画芸術という抽象観念に具体的な形を与えたもので、典型的な寓意画である。フェルメールの場合、作品中から意味を排除しようとする方向性と、反対にたっぷり意味を込めようとする方向性とが並存している。

フェルメール《真珠の耳飾りの少女》1665／66年

一六七二年の「災厄《さいやく》の年」（後述）を経て、オランダ黄金時代の絵画は急速に衰退する。これ以降が第四期である。国の経済状況と絵画芸術の盛衰がぴったり歩調を合わせていた。

とはいえ、一七世紀オランダ絵画はいまや永遠の生命を得て、世界中に熱烈なファンを持つ。アメリカの推理小説作家A・エルキンズは『一瞬の光』のなかで、主人公の美術館学芸員ノーグレンにマウリッツハイス美術館を訪ねさせ、心を落ちつけ頭を冷やすにはオランダ絵画の「美しい、平和な、秩序正しい世界」を観るのがいちばんだと独白させている。

わたしはゆっくり足を運んだ。立ちどまったのは二度だけで、一度はフェルメールの

《デルフト眺望》、絵画における光の表現を革新した、あのすばらしい都市風景に敬意を表するためだった。そして、もう一度は、彼のもっと単純な《真珠の耳飾りの少女》の前だった。この絵には特にこれといった功績はなかったが、ただ胸が痛くなるほど美しかった。〔中略〕彼女の澄《す》んだ、茶色の目は、わたしが一歩進むごとにちゃんとあとについてきた。

（秋津知子訳、作品名を一部変更）

わが国でも黄金時代オランダ絵画は人気が高い。二〇一二年に東京都美術館と神戸市立博物館で開催された、フェルメールの《真珠の耳飾りの少女》（一六六五／六六年）を含む「マウリッツハイス美術館展」は、同年世界中で開かれたすべての絵画展のうちで最多の入場者数を記録している。

自然科学を切り拓いた三人

さて、オランダ人画家たちの観察眼が優れていたのと同様に、オランダの科学者たちの自然を見る目も確かなものだった。ここでは、三人の科学者についてのみ触れておこう。

まずシモン・ステフィン（一五四八～一六二〇）である。フラーンデレンのブルッヘ生まれで、のちレイデンに移住した数学者、物理学者、要塞建築の技術者である。ガリレオ・ガリレイよりも前に、コペルニクスの地動説を支持し、重さの異なる球の落下実験も行った。

ステフィン（1548～1620）
若きI・ニュートンに影響を与えた数学啓蒙書は，ステフィンの著作に依拠していた．ニュートンが，巨人たちの肩の上に立てたから私は少し遠くまで見渡せたと言うとき，彼はその一人だった

終生、州総督マウリッツに軍事的アドバイザー、私的な教師として仕えた。マウリッツのために、風を受けて海岸を走る「帆走戦車《ゼイルワーヘン》」を発明したことでも有名である。

ステフィンはその著作をオランダ語で出版し、オランダ語を学術語として広めた。オランダ語こそ物理学や化学などの研究にふさわしいというのが彼の見解だった。なぜなら、既知の語と語を繋ぎ合わせて新しい複合語を作ることによって、複雑な考えを精妙かつ正確に表現することが容易だったからである。

afkomst（af 下へ＋komst 着くこと）「子孫」「血統」、**evenredig**（even 等しい＋reden 比率）「比例した」、**crijchlist**［**krijgslist**］（krijg いくさ＋list はかりごと）「戦略」、**rechthoekig**（recht 傾いていない＋hoek 角）「直角の」、**vierkantswortel**（vierkant 正方形＋wortel 根）「平方根」などは、ステフィンによる造語のほんの一例である。ほかにも彼はオランダ語の日常語を多数、学術用語として採用している。当時のヨーロッパで学問のための言語であったラテン語を読めない船員や商人たちにも、学術研究の成果を伝えるには、オランダ語で書くのが当然と彼は考えていた。

次にクリスティアーン・ハイヘンス（一六二九～九五）である。ハイヘンスは、一六二九年から四九年までオランダに住んで思索と著述を続けたフランス人哲学者ルネ・デカルトの思想から強い影響を受けた。晩年の著作でハイヘンスは、「彼〔デカルト〕の試みと洞察が、それがいかにまちがっていようと、私がこの同じテーマについて見出したことに至る道を開いてくれた」と認めている。

ハイヘンスの研究対象は幅広いが、そのほとんどがラテン語で発表されている。彼は円の求積法、衝突現象、光学、確率論などの研究を深め、兄の協力も得て改良した望遠鏡を使って土星の環やその衛星タイタンを発見している。他にも火星の斑点、木星の縞模様なども見つけ、惑星の直径を割り出してもいる。その後、精度の高い「振り子時計」を発明し、日常生活だけでなく、正確な計時を必要とする科学分野にも大きな影響を与えた。主著『振り子時計』（一六七三年）は、力学に関する総合的な研究論文である。

ハイヘンスは一六六三年には、イギリスの科学研究の中心「ロンドン王立協会」の会員に選ばれている。その前年、イングランド国王チャールズ2世の勅許《ちょっきょ》を得て正式に発足した王立協会は、開放的で半アマチュア的雰囲気も持ち、紀要を発行して新知識の交換と啓蒙に努めたが、その活動は、当時の科学技術の先進国オランダの協力に負うところが大きかった。

また、一六六六年にフランスで「科学アカデミー」が設立される際には、フランス宰相コルベールが、ハイヘンスをその学術分野の指導者として招聘している（～八一年）。ハイヘンスは、一七世紀オランダが生んだ最も重要な科学者であり、ガリレイやニュートンに匹敵する、いまで言えばノーベル物理学賞クラスの学者であった。

最後に取り上げるのはデルフト生まれのアントニ・ファン・レーウェンフック（一六三二〜一七二三）である。彼は単純な構造の「顕微鏡」を駆使して微生物の観察を行ったことで知られる。同市の公務員だった彼は、いわば「日曜科学者」であった。

ファン・レーウェンフックが自ら改良した顕微鏡の最大倍率は、おそらく五〇〇倍であった。彼は何種類かの顕微鏡を使い分けて原生動物、バクテリア、赤血球、精子などを観察し、克明に図解する作業に夢中になった。その観察結果を自分が知っている唯一の言語であるオランダ語で書簡にまとめ、それを一六七三年以降死ぬまで主にロンドン王立協会に送り続けた。その数およそ五六〇通に及ぶ。その功績により一六八〇年、彼は王立協会によって正式会員とされた。ファン・レーウェンフックは次のような言葉を手紙のなかに残している。


なぜそんなに骨を折るのですか、とか、何の役に立つのですか、とか尋ねる人がいても私は意に介しませんでした。なぜなら、このような人々のために書いているのではなく、学術研究者のためにのみ書いているからです。

私はお金が欲しくて発見をしようと思ったことはありません。私のなかに生まれた衝動によってのみ仕事をしているようなものです。

（C. Dobell, *Antony van Leeuwenhoek and his "Little animals"* 天児和暢訳に依拠）

ファン・レーウェンフックの研究は、目先の実用的目標に促されたものではない。純然たる知的好奇心に駆りたてられたものであった。その結果、素朴経験主義的手法にもかかわらず、彼は「微生物学の父」と見なされ、科学史上に名を残したのである。

印刷出版業——全欧州の過半数を占めた出版物

この章の最後に、当時のオランダの印刷出版業に目を向けてみよう。

一七世紀中の全ヨーロッパの出版物のうち、過半数はオランダで作られたと言われる。これは、早くから低地諸州に印刷術の独自の伝統があり、そのノウハウや人材が、スペイン王権の束縛から解かれた北部オランダに集約されたためである。優れた製紙工業、発達した流通システム、広汎《こうはん》な読者層、この時期のヨーロッパ中のどこよりも許容範囲の広い「出版の自由」などが、外国の印刷出版業者や著述家たちを引き寄せたからである。

オランダ経済史の大家J・ド・フリースと新しい経済社会史研究の開拓者A・ファン・デァ・ワウデの共著『最初の近代経済』によれば、一六六〇年代にオランダ国内で活動していた印刷出版業者の数は少なくとも七八一社であった。このうちアムステルダムには二三三社、最古の大学を持つレイデンが八一社、学校教科書を専門的に扱ったロッテルダムが五一社、同じく大学があるユトレヒトが四六社、新聞・政治パンフレット・法律書などが中心のハーグが四一社であったという。

一七世紀オランダの印刷出版業の具体的状況を探るべく、まず宗派別の出版に注目してみよう。ロッテルダムの出版業者ピーテル・ファン・ワースベルへ（一五九九～一六六一）は、アントウェルペンにいた祖父の代からカルヴァン派で、オランダ語の医術書、数学書、文学書の他に厳格カルヴァン派牧師らの著作を出版した。なお、ピーテルの兄の家系に連なる一八世紀アムステルダムの出版社ヤンソーンス・ファン・ワースベルヘ社から出版されたドイツ人医学者J・A・クルムスの解剖学書の蘭語版こそ、かの『解体新書』の原著である。

低地諸州南部のレーフェン生まれで、一五八〇年にレイデンへ移住して大学関係の印刷出版に深く関わるようになったルイ・エルゼヴィール（一五四〇頃～一六一七）は厳格カルヴァン派だった。そのため初期のエルゼヴィール家の出版目録には、レモンストラント派のグロティウスや、伝統的権威を脅かす合理論を説くデカルトの著作は載っていない。

では、他宗派はどうか。グロティウスをはじめとするレモンストラント派の著者たちの書物を出版したのは、ロッテルダムのヨハネス・ネーラヌス（?～一六七九）だった。ホールンのピーテル・ザハリアス・ハルテフェルトはとくにメンノー派の著作を刊行した。これらの出版人たちは、著者たちに宗教的共感を抱いていたとみてまちがいあるまい。

ユダヤ人たちも独自の印刷出版業を営んだ。ユダヤ人共同体のラビでレンブラントの友人でもあったメナシェ・ベン・イスラエル（一六〇四～五七）は、一六二六年に初の印刷出版所を設立し、翌年からヘブライ語、スペイン語、ポルトガル語の書物を次々に出版した。市内の「新ユダヤ教徒」たちのためのヘブライ語の文法書やユダヤ教の祈禱書などが中心だったが、これらは他国の同胞にも輸出された。

『方法叙説』『神学・政治論』刊行と検閲

ところが、一七世紀中頃以降になると、印刷出版業は宗派を問わないものに変わってくる。寛容の序列が最も低かったカトリックの場合も、とくにアムステルダム市内のいくつかの専門業者が、出版地をケルンと偽装してカトリックの書物を自由に販売していた。さらに、エルゼヴィール家の事業拡大によってアムステルダムにも設けられた印刷所は、一七世紀後半以降カトリック書も手がけたうえに、グロティウスやデカルト、そしてデカルト同様合理論の傾向が強いホッブズなどの著作を、それぞれの論争相手の著作とともに印刷した。

デカルトと言えば、フランス語で書かれた最初の哲学書で、彼の代表作である『方法叙説』（一六三七年）を出版したのは、低地諸州南部のヴァランシエンヌ出身で、父親の宗教的理由でレイデンに移り住んだジャン・ル・メールである。ル・メールは、主に大学関係の印刷業者・書籍販売業者として市内で非常に著名な人物になり、グロティウスをはじめ当時の名だたる学者たちとも付き合いがあった。

さらに、アムステルダムには、あらゆる種類の革新的思想の持ち主たちから最後の拠りどころと頼られる出版業者がいた。ヤン・リウェルツソーンである。アムステルダムで最も自由主義的な出版業者として知られ、西欧哲学史上の巨人の一人バルーフ・スピノザ（一六三二〜七七）の生前の代表作である『神学・政治論』（一六七〇年）を出版したのも彼である。

しかし、デカルトをめぐる賛否の論争は、レイデンでは早くも一六四七年に大学理事会によって禁止されたし、スピノザの『神学・政治論』もほどなく発禁処分になった。オランダの支配者層は台頭する哲学的合理主義や無神論をとくに警戒していた。

しかし当局がさらに目を光らせていた出版分野がある。ホラント州議会は、一六五〇年に外国の権力者を侮辱するいっさいの文書の発行を公式に禁止し、翌年全国議会もそれを追認する。つまり、当時のオランダでは何よりもまず、外国の君主や政府を無用に刺激しないために検閲が行われていたのである。

レイデンの事例

最後に、大学町レイデンの印刷出版業について触れておきたい。それは、一五七五年に創立されたレイデン大学の成長と足並みをそろえ、いわば「ミネルヴァの盾」に守られて発展していった。

大学理事会によってアントウェルペンから招かれたウィレム・シルウィウス（一五八〇没）が最初の重要な印刷出版業者であった。その息子のカーレル・シルウィウスはオランイェ公の『弁明』と「国王廃位布告」を印刷したことで知られる。彼らはレイデン大学御用達の「大学印刷業者」であり、ホラント州議会御用達の「州議会印刷業者」でもあった。

このうち「大学印刷業者」の地位をカーレル・シルウィウスから一五八三年に継承したのが、アントウェルペンから来た当時のヨーロッパ最大の印刷出版業者の一人クリストフ・プランタン（一五二〇頃〜八九）であった。

プランタンが北部のレイデンに営業拠点を移したのは、アントウェルペン市に迫る戦争の脅威から事業を守るためだった。もっとも、一五八五年にアントウェルペンがスペイン軍の手に落ちると、すぐにプランタンは同市に舞い戻る。本来プランタンはスペイン王とカトリック教の支持者だったからである。

しかしプランタンはレイデンに大きな土産を残していった。「プランタン工房《オフィシナ・プランティニアナ》」と呼ばれた彼の印刷所である。ここは、アントウェルペンに対するレイデン支店と位置づけられ、プランタンの娘婿にその経営が委ねられていた。

このレイデン支店は、活字鋳造と印刷と書籍販売が合体した、当時としては稀な複合企業であり、レイデンの目抜き通りブレーストラートの市庁舎に程近い場所に壮大な社屋を構えていた。

レイデン市内を見渡すと、人口比から見てアムステルダムと変わらぬ密度で、しかも大学や市庁舎に近い区域に集中的に大小の印刷出版業者・書籍商などが軒を連ねていた。至る所に本があったことと、この町がもともとオランダの主要な絵画制作地の一つでもあったこととが結びつき、ここに「本」を主題とする静物画という異色のジャンルが生まれていく。先に挙げたデ・ヘームがその先駆者であり、エドワールト・コリール（一六四〇頃～一七〇六以降）がその完成者と言えよう。一九世紀にフィンセント・ファン・ゴッホ（一八五三～九〇）も同様に本を主題とする絵を数点描いているが、もしかすると画家本人が意識するしないにかかわらず、オランダ絵画の伝統の延長線上に生み出された作品かもしれない。

第3章

英仏との戦争、国制の変転——17世紀後半～19世紀初頭

1　イギリスとの海戦、フランスとの陸戦

第一次無州総督時代——ヨハン・デ・ウィットの登場

一六四一年五月一二日、フレデリック・ヘンドリックの息子ウィレム（2世、一四歳）とイングランド王チャールズ1世の長女メアリ（一〇歳）との結婚式がロンドンのウェストミンスター寺院で執り行われた。これは、イングランド国王政府がスペインではなくオランダを同盟国に選んだことを意味し、かつイングランド王家であるステュアート家より格下のオランダのオランイェ家にとっては、威信の増大に繋がるものでもあった。

チャールズ1世がこの結婚を認めたのは、議会との対立が深刻化するなか、新たな政治上・財政上の同盟者を緊急に確保する必要があったからである。事実、「内乱」すなわちピューリタン革命の実際の戦闘は、早くも翌年に火蓋《ひぶた》が切られる。

ヨハン・デ・ウィット（1625〜72）　ウィレム3世との劇的な権力交代にもかかわらず，共に17世紀後半のオランダの独立を守るため全力を尽くした．デカルトやスピノザにも通暁し，保険統計学に関する先駆的著作も遺した

オランダは以後、イングランド国内で相争う王党派と議会派の双方から支援要請を受けることになる。どちらにも荷担せず中立を維持するのがオランダの基本姿勢ではあったが、

一六四七年、数々の戦功によって今日のオランダ国家の原型を作り上げたフレデリック・ヘンドリックが病没する。息子ウィレム2世が後を継いで二〇歳で六州の州総督および共和国軍最高司令官となったが、この若き軍隊指揮官は、翌一六四八年に成立したミュンスター条約、つまり対スペイン戦争の講和に不満であった。戦場でこそ自己を実現できると信じる彼は、一六五〇年七月末にアムステルダム市を急襲し、ホラント州議会内の戦争再開に反対する議員たち六名を捕え、ルフェステイン城に送り込んだ。ここから、拘束された戦争反対派の六人に対して「ルフェステイン派」の呼び名が生まれる。

しかし一一月六日、ウィレム2世は天然痘で急死する。それから一週間余り後に、ただ一人の子ウィレム（3世）が誕生する。翌一六五一年一月、ハーグで国の大方針を議する特別会議「大会議」が、いつもの全国議会の集会室ではなく、リッデルザールの大広間で開かれ、代議員らは今後州総督を置かないことを確認し、共和国軍を七つの州軍に分けることを決定した。「第一次無州総督時代」の始まりである。

新しい時代の指導者になったのは、ルフェスティン派の一人を父に持つヨハン・デ・ウィット（一六二五～七二）である。元ドルドレヒト市法律顧問であった彼は、一六五三年、二七歳の若さでホラント州法律顧問に就任し、君主政の名残である州総督職を置かない「真の自由」体制を打ち立てた。州総督ウィレム２世の専横が招いた、いわば当然の帰結であった。デ・ウィットの指導下で、オランダは、君主国同士の覇権争いから距離を置く中立外交と自由貿易の推進をめざし、その繁栄の絶頂期を迎えることになる。にもかかわらずデ・ウィットは、在任中、意に反してイングランドとの戦争にくりかえし見舞われることになる。

第一次英蘭戦争

オランダの経済的繁栄を羨《うらや》むイングランド商人たちは、内乱下では経済的ライバルに挑戦する余力はなかった。しかし議会派勝利後の一六五一年、保護主義的な「航海法」によって、イングランド議会はオランダに真正面から挑戦してくる。航海法は、イングランドおよびその植民地に搬入される商品の運搬をイングランド船や、その産出国ないし最初の積出国の船に限定しようとするもので、明らかにオランダの海運業に打撃を与えることを狙っていた。

この航海法が導火線になり、翌一六五二年に第一次英蘭戦争が勃発する。かねてからイングランド側は国の周りの海域に対する主権を主張し、そこでイングランド船に遭《あ》ったときには旗を降ろして敬意を示せと高飛車に要求していた。五月二九日、ドーヴァーで、商船を護送中のマールテン・トロンプ率いるオランダ艦隊と、ロバート・ブレーク指揮下のイングランド艦隊が遭遇し、前者が後者の要求に応じず、最初の砲火の応酬がなされた。

準備不足だったオランダ側は二年間の戦いで多数の船舶を失い、外国私拿捕船の掃討で功があったヨハン・ファン・ハーレンや、一六三九年のダウンズ海戦でスペイン艦隊を撃退した前述のトロンプといった優れた艦隊指揮官をも失う。

王政打倒後のイングランドで一六五三年に護国卿となったクロムウェルは、もともと、自身が軍事遠征中で不在だったときに議会が決めたこの戦争に対して、ヨーロッパのプロテスタント陣営の結束を乱すばかりか戦費もかさむという理由で批判的であった。彼の意向が反映されて、一六五四年、英蘭両国はウェストミンスター条約を結んだ。その時点ではオランダ側が劣勢だったので、デ・ウィットは多くの譲歩を強いられた。そのなかには、ホラント州議会はオランイェ公を二度と州総督に任命しないという秘密条約も含まれていた。

第二次英蘭戦争での勝利

イングランドではその後、王政が復活してチャールズ2世が即位する。その治世のもとで、一六六五年、またもや商業上の覇権をめぐる争いとして第二次英蘭戦争が発生する。第一次英蘭戦争終結から一一年後である。

デ・ウィットは、フランスとの同盟、およびオランダ史上最も偉大な海の英雄ミヒール・デ・ライテル（一六〇七～七六）との緊密な協力などにより、序盤の劣勢を立て直し、オランダを優勢へと導く。転機になったのが、第一にノース・フォアランド岬沖で戦われた「四日間海戦」（一六六六年六月一一～一四日）。第二にデ・ウィットの発案に基づき、オランダ艦隊がテムズ川をさかのぼり、支流のメドウェー川にあるチャタムの英海軍基地を襲撃して多数の艦船を焼き払うとともに旗艦ロイヤル・チャールズを奪い去った「チャタム進撃」（一六六七年六月一九～二四日）であった。

二〇一五年に公開されたオランダ映画『ミヒール・デ・ライテル』（邦題『提督の艦隊』）は、これらの海戦を含む英蘭の長期の戦いを雄大なスケールで描いている。

デ・ライテル（1607～76）
当時，艦船同士の意思疎通は「旗信号」によってなされていた．デ・ライテルはこの「秘密の言語」を改良し，敵海軍よりはるかに多種の旗信号を使用．おかげで艦隊の動きを巧みにコントロールできた

デ・ウィットは第一次英蘭戦争の敗因に学んで、すでに海軍重視の軍備増強を進めていた。

オランダ海軍は、一五九七年以降、五つの「アドミラリテイト」（海事支庁）によって維持されていた。所在地は、①ロッテルダム（マース川方面）、②アムステルダム、③ミッデルブルヒュ（ゼーラント州）、④ドックムのちハルリンゲン（フリスラント州）、⑤ホールンまたはエンクハイゼン（ホラント州北部、交替制）であった。

各海事支庁は七名の委員で構成され、うち四名は管轄区域のレヘント層であった。一六四八年以降、七名のうち数名が定期的にハーグに赴き、他の海事支庁と協議を行った。海戦の方針を決めるのは全国議会であり、全国議会の代表団は戦場にも立ち会った。

デ・ウィットの海軍強化の方針を実行に移したのが、友人であった提督デ・ライテルである。デ・ライテルは、カルヴァン派の船乗りの家に生まれ、当初は商船の運航に携わり、一六五二年以降海軍に籍を置いていた。

デ・ライテル提督は乗組員たちが艦砲を迅速に発射できるよう訓練し、船長や将官らが命令に従って自在に艦船を操れるよう徹底的に指導した。彼は勇気と細心さを併せ持ち、変転する戦況に応じて思うままに艦隊を展開することができ、現に華々しい戦果を挙げた。乗組員からの信望も厚く、ついたあだ名は「祖父ちゃん《ベステファール》」であった。戦勝に浮かれもせず、ある目撃証言によれば、「四日間海戦」後も提督は艦長室を自分で掃除するなど普段通りだったという。

チャタム進撃の折、攻撃されたイングランド側の海軍官僚サミュエル・ピープスは、オランダ海軍が去った後、戦闘の現場を視察した際、オランダ軍についてこう評している。

オランダ軍の規律ある行動は特筆すべきことである。〔中略〕彼らは英国人を殺したり略奪することもなかった。運び易いものは持ち去ったが、なにもかも奪ったわけではないし、民家を焼いた例はまったくない。それにひきかえ、ダグラス卿指揮下のわが軍兵士のことは後世に残る不名誉である。彼らはオランダ軍撤退のあとに来て略奪を行い、残ったものをすべて持ち去ったのだ。われわれが乗った船の船員が言うのに、土地の者にとっては、オランダ兵よりも英国兵のほうがずっと恐ろしい、と。

（『サミュエル・ピープスの日記』第八巻）

敵国であるイングランド側の論評である。

第二次英蘭戦争は一六六七年にブレダー条約によって終結し、オランダ側は航海法の適用を緩和させることに成功した。このとき、開戦直前にイングランド人が占領した北アメリカのニウ・アムステルダム（次章参照）がそのままイングランドのものになり、それがのちに巨大都市ニューヨークに発展する。そのためこの第二次英蘭戦争もイングランドの勝利のような印象を現在まで与えているが、これは取引の一結果にすぎず、オランダは逆に、イングランドから奪取した南米のスリナムを確保したのである。

第三次英蘭戦争——ウィレム3世待望論

その後、デ・ウィットはフランスのルイ14世の膨張主義を警戒し、一六六八年一月、イングランドとの同盟に切り替えた。

だが、その英仏が一六七〇年六月、スウェーデンをも含む三国同盟である。ドーヴァー密約を結ぶ。これは、赤字財政に苦しむチャールズ2世がフランスから毎年二二万五〇〇〇ポンドの補助金を得るのと引き換えに、スペイン王位継承の際ルイ14世を支持すること、両君主はスペイン領南ネーデルランデンおよびオランダ共和国を攻撃する際には相互に支援することなどを取り決めたものであった。

このドーヴァー密約に基づき両国は相呼応して、またミュンスター、ケルン両司教軍もこれに加勢し、一六七二年三〜四月に四ヵ国がほぼ同時にオランダに宣戦布告した。この「災厄の年《ランプヤール》」の戦争のうち、イングランドと海上で戦われたのが第三次英蘭戦争である。

この海戦ではデ・ライテルの活躍により、オランダは決して侵略を許さなかった。イングランドは結局、資金不足のため二年後には第二次ウェストミンスター条約を結んで戦争から離脱する。ちなみに、ミュンスター司教とケルン司教も、この年、オランダと講和する。

一方、フランスとの陸上戦は当初からオランダ側の苦戦が続いていた。フランス軍は早くも一六七二年六月二一日にはユトレヒトまで達してこれを占領し、三〇日には本隊を率いるルイ14世自身が同市に入城する。レヘントらは進んで町の鍵をルイ14世に差し出した。

オランダ中心部が脅かされる危機的状況のなかで、ウィレム2世より前のオラニェ公たちの祖国への貢献が思い起こされ、多方面からオラニェ待望の声が湧き起こる。デ・ウィットも、七月上旬にはウィレム3世（一六五〇〜一七〇二）の軍最高司令官および州総督への就任を認めざるを得なかった。こうして、ステュアート王家の顔立ちを受け継ぐ二一歳のオランイェ公が、初めて軍事と政治の表舞台に登場した。

デ・ウィット兄弟の死

一六七二年八月四日、ヨハン・デ・ウィットはホラント州法律顧問を辞任した。そして運命の八月二〇日、彼は、ウィレム３世暗殺未遂の嫌疑によりハーグのヘファンゲンポールト（監獄）に収監されていた兄コルネーリス・デ・ウィットを見舞った。兄コルネーリスは元ドルドレヒト市長で、全国議会を代表して第二次・第三次英蘭戦争で現場にも立ち会っていた。

オランイェ派の暴徒らはこの機を逃さなかった。彼らはデ・ウィット兄弟を国の舵取りを誤った責任者と見なして殺害し、監獄脇の路上でその亡骸《なきがら》を切り裂き、引きずり回し、晒《さら》しものにした。それは「オランダ史のなかの最も汚れたページ」（スピノザ伝の著者K・O・メインスマ）であった。

当時ハーグで密やかに暮らしていた哲学者スピノザは、友人であるデ・ウィットの恐ろしい最期を聞き知ったとき、おそらくその生涯でもめったにない怒りの発作に襲われたのだろう。自分の憤激を書き綴り、ハーグの民衆を「見さげはてた野蛮人ども」と痛罵《つうば》した。

スピノザはその文章を凶行現場に自ら掲示すべく当夜外出しようとしたが、冷静だった家主で画家のヘンドリック・ファン・デル・スペイクが、家の戸を閉めきってこれを阻止した。スピノザがデ・ウィットと同様の運命に遭うことを恐れたからである。本当にそうなっていたら、彼の主著『倫理学《エティカ》』(一六七五年完成、没後出版)は上梓《じょうし》されなかったはずである。

デ・ウィット兄弟はなぜ、このようなリンチに遭わねばならなかったのか。

第二次英蘭戦争後に自身の手柄をひけらかし、第三次の戦いでは虚栄心に発する愚行によりいたずらに戦死者を増やした兄コルネーリスは、ある意味その報いを受けたとも言える。弟ヨハンは、知性と精力と勇気を兼ねそなえた優れた政治家ではあったが、他者の気持ちになって考える想像力や同情心に欠け、大衆のオランイェ贔屓を軽蔑していた。手段を選ばず、レヘント層主導の政治体制の維持と、経済的繁栄の基盤である平和の構築を最優先させてきた。だが庶民のさまざまな苦しみを癒《いや》すことはできず、下層大衆には人気がなかったのである。

ウィレム3世の奮闘

さて、オランダ防衛の任についた時点のウィレム3世に戻る。

彼はまず目前の敵フランス侵略軍の進軍を阻むため、ユトレヒトとホラント中心部とのあいだの南北の帯状の農地を冠水させた。かつて曽祖父オランイェ公ウィレムがレイデンを救うために断行した人為的氾濫戦術の応用であり、オランダ防衛の切り札、「冠水防衛線」の発動である。

ウィレム３世は、寡勢《かせい》にもかかわらず各所を転戦しつつ果敢に戦いを挑んだ。また、後ろ盾を得るべく外交にも意を用い、ブランデンブルク、デンマーク、スペインなどと個別に対フランス防御同盟を結ぶ。さらにウィレム３世は、一六七七年に母の故国イングランドからのちの国王ジェームズ２世の長女、つまり従妹にあたるメアリを妻に迎え、イングランドも味方につける。結局、その翌年、ついにオランダ‐フランス間にネイメーヘン条約が結ばれ、オランダ共和国の全領土が最終的に保全されることになる。

ウィレム３世（1650～1702）
オランダ建国の父オランイェ公ウィレムとブルボン朝創始者の仏王アンリ４世は曽祖父．フレデリック・ヘンドリックとステュアート朝の英王チャールズ１世は祖父．毛並みの良さは群を抜いていた

その後、ウィレム３世は、一六八八年のイングランド名誉革命で重要な役割を演じたのち、翌八九年に妻メアリ２世とともにイングランド王位に就き、反フランス勢力の盟主として太陽王ルイ14世に対峙していく。長く経済的・軍事的に争ってきたイングランド王国とオランダ共和国は、前者の国王と後者の州総督とが同一人物になり、当面は同盟国同士となった。

最後に、フランスとの対決に役立ったかもしれない、もう一つの事象にも触れておこう。

新教徒に一定の宗教的自由を認めていた「ナントの勅令」が、一六八五年にルイ14世によって廃止された結果、フランスの新教徒

（ユグノー）たちが多数オランダに亡命してきた。彼らはオランダの商工業の発展に寄与したとよく指摘されてきたが、実は、受け入れ側の期待とは裏腹に、ユグノーが関わった企業の多くは早々に経済的に行き詰まる。ユグノー亡命者たちが真価を発揮したのは、軍事と学術と印刷出版業などの分野であった。オランダ軍の隊列のなかには、こうしたフランス人亡命者の将校や兵士が多数加わっていたのである。

2　富の偏在と貧困——度重なる戦火

第二次無州総督時代——レヘント層による支配

オランダの州総督でありイングランドの国王でもあったウィレム3世は、一七〇二年に落馬事故が引き金となって死去するが、先に亡くなっていた妻メアリとのあいだに子どもはなかった。イングランドではメアリの妹アンが後を継いで女王になるが、オランダでは大半の州が新しい州総督を置かないという選択をした。「第二次無州総督時代」の始まりである。

しかし、北部のグローニンゲン州とフリスラント州では、ナッサウ伯ヨハン・ウィレム・フリゾが州総督をつとめていた。彼は、オランイェ公ウィレムの弟ヨハンの血筋で、祖母を介してフレデリック・ヘンドリックの曽孫にもあたっていた。ヨハン・ウィレム・フリゾは、ウィレム3世によって後継者に指名されていたが、オランイェ公の称号はただちに受け継いだものの、遺領相続をめぐっては、フレデリック・ヘンドリックの孫の一人でもあるプロイセン王フリードリヒ1世と係争状態にあった。

だが一七一一年、ヨハン・ウィレム・フリゾは、相続問題の調停のためハーグに向かう途中、マース川を越える際、急ぐあまり強風をおして渡船を出させたところ、不幸にしてその船が転覆。二三歳の若さで溺死してしまう。その七週間後、息子ウィレム・カーレル・ヘンドリック・フリゾ（のちの州総督ウィレム4世）がレーワルデンで誕生した。

州総督権力の重石から完全に解放され、またもレヘント層の寡頭《かとう》制的支配が息を吹き返す。レヘント層は一七世紀にはまだ一定の流動性があって、新しい一族が加入することも可能だったが、一八世紀になるとほぼ完全に門戸が閉ざされた。彼らの富はますます増大し、どの都市でもあらゆる公職とその高い報酬はこの少数門閥のレヘント層によって独占された。

一例を挙げよう。一八世紀アムステルダムの日記作者で、一七三二年から七二年までこの街の情報を書き残したヤーコプ・ビッケル・ライエ（一七〇三〜七七）はレヘント層に属し、同市の魚市場の競売官という公職を長年つとめていた。しかし日常の業務は部下に任せ、本人はたまにしか市場に姿を現さなかった。ホラント州諸都市の下層市民の平均年収は三〇〇グルデン程度（現在の円換算で一〇〇万円に満たないのは確か）であったと推定できるが、ライエはこの公職から毎年数千グルデンの高給を得ていたという。

一七世紀から一八世紀にかけて、かつてビジネスに携わった商人たちのなかからレヘント層が形成され、その圧倒的多数が、いわゆるランティエ（金利生活者）になった。彼らは、アムステルダムの金融会社を通して、積極的にイングランドやアメリカなどに投資した。たしかにオランダは、一七世紀末までには経済大国の地位をイングランドとフランスに譲った。しかしそれ以降も、国際金融の中心という地位は保持し、多数の外国政府に巨額の融資を行って利子所得を得ていた。オランダは世界初の資本市場となっていたのである。

斜陽の共和国

ウィレム3世は「大計画の持ち主だが経済的・財政的洞察に乏しい人」（レイデン大学名誉教授S・グルンフェルト）であった。彼はイングランドは海軍、オランダは陸軍という役割分担を行うことで、オランダの資力を蕩尽《とうじん》させた。一八世紀以降、一握りのレヘント層が繁栄するのとは対照的に、社会の下層では貧困化が露《あら》わになっていく。毛織物工業も造船業もニシン漁業も、かつての繁栄の面影はなかった。いまやオランダは強国の役割を終え、本来の力量にふさわしい寸法の国に戻っていたが、それでもヨーロッパ国際政治の動静と無関係でいることはできなかった。

一七〇一年、スペインのハプスブルク朝断絶にともない王位と領土をめぐってスペイン継承戦争が始まると、翌〇二年からオランダは同盟関係にあったイングランド、オーストリアとともに、フランス、スペインと戦う。戦費を賄うための重税がオランダ人の上に重くのしかかった（なお、一七〇七年にイングランドとスコットランドが合同して連合王国になるので、今後は「イギリス」と呼ぶ）。

スペイン継承戦争は、一〇年間、一〇ヵ国ほどを巻き込み、戦場は新大陸にも広がって近代初の「世界戦争」になったが、一七一三年にオランダのユトレヒト市で和平条約が結ばれて終結する。ユトレヒトが交渉の場に選ばれたのは、関係諸国のちょうど中間にあり、どの国にも屈辱感を与える心配がなく、一六七二年に一時期この町を抵抗なしに占領していたルイ14世の快い記憶にも訴えようと配慮した結果だったのだろう。

このユトレヒト条約によって、フランス王ルイ14世の孫フィリップ（フェリーペ5世）によるスペイン王位継承が認められたが、勢力均衡の観点から南ネーデルランデン（現ベルギー）はスペイン領からオーストリア領へと変わった。

おかげでオランダは、直接フランスの脅威に晒されることは免れたが、他方、この和平条約によって、これまでくりかえしフランス軍の侵入を受けてきた南仏のオランジュ（オランイェ）公領を、最終的にフランスに明け渡さざるを得なかった。

一七四〇年、今度はマリア・テレジアの王位継承の当否をめぐりオーストリア継承戦争が始まる。このときフランス軍は、一七四五年から四六年にかけてオーストリア領南ネーデルランデンを占領し、四七年には国境を越えてオランダ南部の全国議会領にも侵入してきた。

ウィレム4世への期待

だれもが、ルイ14世指揮下のフランス軍がユトレヒト市を占領してオランダの心臓部まで迫ったあの七五年前の「災厄の年」、一六七二年を思い出した。オランダ全州で再び、かつてのウィレム3世のような、オランイェ家およびナッサウ家の血筋を引く指導者が待望された。

すでに一七二九年にグローニンゲン州、ヘルデルラント州の、三一年にはフリスラント州の州総督となっていたウィレム・カーレル・ヘンドリック・フリゾ、つまりウィレム4世は、一七四七年四月から五月にかけてゼーラント、ホラント、ユトレヒト、オーフェルエイセルの各州でも州総督として承認される。同時に彼はオランダ陸海軍の最高司令官に就任する。

一一月、全国議会はウィレム4世を全州の世襲の州総督と認めた。また、この年から、彼は初めて「プリンス・ファン・オランイェ・エン・ナッサウ」（オランイェ・ナッサウ公）という称号も名乗るようになる。しかもウィレム4世は、一七三四年にイギリス王ジョージ2世の娘アン・オヴ・ハノーヴァーと結婚しており、イギリス王室とも姻戚関係になっていた。

英雄を待望する世論の追い風を受けて全州の世襲の州総督となったウィレム4世は、これまでのどのオランイェ公よりも強固な権力基盤を手に入れた。にもかかわらず、彼は生来の気質ゆえに、果断な措置をとることができなかった。

翌一七四八年、フランス軍の侵入が続くなか、諸都市の民衆は、市参事会の名で消費税を徴収していた徴税請負人に対する攻撃に不満のはけ口を見出した。六月二五日にアムステルダムで始まった暴動では、徴税請負人の家が次々に襲われ、家具などの贅沢品《ぜいたく》が破壊され運河に捨てられた。あるワイン商のもとでは地下貯蔵室がワインのプールと化した。

同じくアムステルダムでは、富裕市民や知識人たちに率いられた、いわゆる「ドゥリスト」たち（Doelisten）の政治運動が生まれていた。この党派名は彼らの集会場所「クロフェニルスドゥレン」（Kloveniersdoelen）から来ている。これらの急進的な市民たちは、市長の選挙、消費税の廃止、連合東インド会社（第４章参照）理事の選挙などを要求した。

一七四八年九月、長い逡巡《しゅんじゅん》の末にやっと秩序回復のためアムステルダムを訪れた州総督ウィレム４世は、市政府のメンバーの入れ替えなど多くの約束をしたが、結局それを果たせず、多くの人々、最も身近な協力者や妻をも失望させた。

一七四八年一〇月、アーヘン条約が結ばれ、オーストリア継承戦争が終結した。オランダに関わる範囲内では、おおむね戦争以前の状況が回復され、南部ネーデルランデンも、期待通りオーストリア領にとどまった。

ウィレム５世

一七五一年、自分が英雄でないことを自覚していたウィレム４世が、おそらく重荷に堪えきれずに四〇歳で病死する。その息子、世襲の州総督ウィレム５世はこのときわずか三歳。

彼が成人するまで、最初は母アンが、その死後は、陸軍元帥ブラウンシュヴァイク・ヴォルフェンビュッテル公ルードヴィヒ・エルンストが摂政をつとめた。

後者の人物の力を借りることは、父ウィレム4世の生前の意向に基づく。このオーストリアの陸軍元帥は、南部ネーデルランデンに侵入したフランス軍との戦いに従事し、その際ウィレム4世と親交を深めていた。彼がオランイェ家のために働くことは、オーストリアのマリア・テレジアも了承していた。

ウィレム5世は一七六六年に成人に達し、正式に世襲の州総督となる。翌年にはプロイセンのフリードリヒ2世(大王)の姪にあたるヴィルヘルミナ・フォン・プロイセンと結婚。ブラウンシュヴァイク公は引き続きオランダ政治に関わり続けた。

この権威主義的な外国人を狙った暗殺未遂事件が一七七一年に起こるが、たいこ腹の肥満体であったためか幸い弾丸は心臓をそれた。彼はひるむことなく、一七八二年までウィレム5世の後見人としてオランダにとどまることになる。

3 アメリカ独立支援と第四次英蘭戦争

第四次英蘭戦争

一七七六年、アメリカ合衆国が本国イギリスからの独立を宣言する。多くのオランダ人がこの新たな共和政樹立の企てに共感を抱いた。オランダは一七八一年、のちに第二代大統領になるジョン・アダムズを初代大使として受け入れ、事実上アメリカを独立国として承認した。翌年アダムズは、通商条約締結とオランダからの借款成立にこぎつける。

アメリカ独立宣言の構成は、①冒頭における一般的説明、②それを裏づける歴史的回顧、③結論という三部構成である点で、二世紀前のネーデルランデン全国議会のフェリーペ２世に対する国王廃位布告と非常によく似ている。独立宣言の代表執筆者であるトマス・ジェファソンが国王廃位布告を読んで参考にしたのはまちがいない。

逆に、独立宣言に盛られた啓蒙主義の理想や国民主権の観念が、今度はオランダ人に強い影響を与え、自国の国家体制やオランイェ家の位置づけについての議論を活発化させていく。

議論だけではない。オランダの貿易船は武器その他の物資を積んで新大陸に向かい、独立派を公然と支援した。当時、世界最強だったイギリス海軍はオランダの通商網に襲いかかる。こうして必然的に、第四次英蘭戦争が一七八〇年から八四年まで戦われることになる。この戦争は単なる商業戦争ではなく、政治的・イデオロギー的要因も深く関わっていた。

一七八一年八月五日に北海上で戦われた唯一の海戦ドッガーバンク海戦では、J・A・ザウトマン司令官率いるオランダ小艦隊が商船団を護送中にイギリス艦隊の襲撃を受け、いったんは撃退したものの、オランダ側の損傷も大きかったので引き返さざるを得なかった。

結局、この海戦は勝敗がつかないまま終わったが、オランダ海軍がすでに実力差が開きすぎていたイギリス海軍と最後まで戦って勝てる見込みはなかった。イギリスはオランダの通商を麻痺させ、オランダ船の往来はほぼ途絶えてしまう。第四次英蘭戦争は、一八世紀以降の工業・漁業などの衰退により弱体化したオランダ経済に大損害を与えた。

このとき、イギリス王家出身の母を持つウィレム5世は、難しい立場にあった。彼はこの戦いに初めから乗り気でなく、後見人のブラウンシュヴァイク公とともに中立の態度をとった。この陸軍元帥の助言に従い海軍より陸軍の整備に力を注いできたことによって、ウィレム5世は敗戦の責任を問われることになる。

オランダ国民へ

外国との戦いに敗れたとき、国内で改革の論議が高まるのは歴史のつねである。新生アメリカよりもその宗主国イギリス寄りの姿勢を示す州総督ウィレム5世は、新大陸の輝かしい範例に学ぼうとする人々によって、打破すべき旧体制の側に分類された。以後、オランイェ家の州総督とレヘント層とが結びついた旧弊な体制に反対する「愛国者派」(patriotten)による広範な抵抗運動が展開されていく。

この愛国者派の運動の綱領になったのが、一七八一年九月二五日から二六日にかけての夜、さまざまな都市で配布された『オランダ国民へ』と題する匿名のパンフレットである。著者はオーフェルエイセル州の貴族ヨアン・デルク・ファン・デル・カペレン・トット・デン・

ポル（一七四一～八四）。その一節を紹介しておこう。

ああ、同胞諸君！　今こそ再び共に立ち上がろう。そして国全体の問題に、ということはつまり君自身の問題に関心を持とう。この国は諸君らの共有財産であって、オランイェ公〔ウィレム5世〕や門閥市民たち〔レヘント層〕の占有物ではない。彼らは、自由人たるバターフ人の末裔であるわれわれオランダ国民全体を、あたかも世襲財産であるかのように、そして思いどおりに毛を刈りとったり屠《ほふ》ったりできる牛や羊のようなものと見なし、かつそのように取り扱っている。一国の住民は、つまり都市民と農民、貧しい者と富める者、権勢を有する者とそうでない者、これらすべての住民はその国の真の所有者であり主人であり、国をどう治めるべきか、だれを政治担当者にすべきか発言する資格があるのである。国民とは、一つの大きな会社のようなものにほかならない。この会社のなかで職をあてがわれているレヘント層、市政担当者たち、オランイェ公などはみな、この会社の専務、運営責任者、事務長などにすぎず、このような性格からいって彼らはこの会社の

ファン・デル・カペレン・トット・デン・ポル（1741～84）『オランダ国民へ』に対し各州議会は著者・出版者の逮捕に繋がる情報に賞金をかけ，増刷・頒布を厳禁．だがこれは逆効果で，この文書はさらに広範囲に拡散した

構成員つまり全国民よりも下位に位置するのである。

（『世界史史料6』、拙訳。傍線箇所は原文の斜字体の部分）

著者は、国政のあり方を会社経営に譬え、国民は「経営陣の交替」を要求できると主張する。また、「バターフ人の神話」がここでも息を吹き返している点に注意しておきたい。

ファン・デル・カペレン・トット・デン・ポルはユトレヒト大学で学び、啓蒙思想の影響を強く受けた。オーフェルエイセル州議会に議席を得て改革を志したが、たちまち孤立して、一七七八年には野に下らざるを得なかった。そして、強烈な祖国愛の感情に突き動かされてこのようなパンフレットを認《したた》め、州総督制を痛烈に批判し、国民主権を基礎とする民主的国家の樹立を訴えたのである。

ファン・デル・カペレン・トット・デン・ポルは終生保守主義と戦い続けた。とはいえ暴力による変革は望まず、既存の法律・伝統を尊重しつつ漸進的に改革を行おうとした。一七八四年、四二歳で急逝した彼は、当時としては珍しい家族墓地に葬られたが、彼を憎悪するオランイェ派によってのちにこの墓所は爆破されてしまう。

プロイセン王の介入

一七八〇年代の愛国者派は、一七七九年に二〇〇周年を迎えたユトレヒト同盟の共同防衛軍の編成を謳った第八条を根拠に、自発的に武装化を進め各地で義勇軍を組織した。また、古代ギリシアの民主政にも範がとられ、「参戦イコール参政」つまり武器を手に取って権利を守れる市民だけが市政への政治的発言権を許されるという考え方が広まる。

一七八五年、ホラント州議会は、第四次英蘭戦争敗戦の責任を問い、州総督ウィレム５世の州軍に対する指揮権を剝奪する。愛国者派とオランイェ派との対立が激化し身の危険を感じたウィレム５世は、ハーグを離れ、東部国境に近いヘルデルラント州のネイメーヘンに避難した。妻ヴィルヘルミナの兄は時のプロイセン王フリードリヒ・ヴィルヘルム２世だったので、ドイツに近いネイメーヘンのほうが安心と考えられたためである。

一七八七年六月、夫ウィレム５世よりも勇敢な妻ヴィルヘルミナは、愛国者派の攻勢に晒されているハーグのオランイェ派を支援すべく、自分の一存で夫を残して同地に向かった。その旅の途上、六月二八日に、三台の馬車からなる彼女の一行は、ユトレヒト州からホラント州に入ってすぐのスホーンホーフェン付近で、ハウダの義勇軍の一隊に制止される。ヴィルヘルミナらは、近くのチーズ農家の家屋に連れていかれた。義勇軍の隊長の一人は彼女を特別扱いせず、予告なしに部屋に入り、何か飲食物は要るかとそっけなく尋ねたという。

この義勇軍は、スパイの情報によりヴィルヘルミナの一行が通ることをあらかじめ知っていた。彼女は目的を断念し、ネイメーヘンに引き返すほかなかった。

このヴィルヘルミナに対する「不敬行為」をオランイェ派は利用する。同年九月、妹から支援要請を受けたプロイセン王は、イギリス政府と事前に相談したうえで、オランダに二万六〇〇〇人の軍隊を送り込んだ。ホリンヘム市を占領した際には、愛国者派の市民を虐待し、その一部を捕縛してプロイセンに連行した。愛国者派の義勇軍は崩壊し、雲散霧消する。オランイェ公ウィレム5世はこの九月にハーグに戻った。各都市で市政に参入していた愛国者派は皆その地位から追われ、五〇〇〇～六〇〇〇人の愛国者派が国外に亡命した。オランイェ派が、プロイセンとイギリスの後ろ盾を得て主導権を取り戻したのである。

4　フランス革命の余波——バターフ共和国から王国、併合へ

バターフ革命

国外に亡命した愛国者派の多くはフランス、パリに滞在し、そこで一七八九年から始まるフランス革命の展開を見聞きしながら、自分たちのオランダ国家改造計画を練り直した。一七九三年、『オランダ国民へ』の著者の従弟にあたる貴族のロベルト・ヤスペル・ファン・デル・カペレンと、富裕な銀行家バルタザール・エリアス・アッベマとは、オランダ憲法についての彼らなりの素案をパリでまとめた。その目的は、第一に、州総督とレヘント層による旧来の分立主義的な政治体制を打破し、国民を主権者とする「単一不可分」の国家を打ち立てることであり、第二に、真の信教の自由を確立することであった。

翌一七九四年一〇月、「テルミドール九日」のクーデタでロベスピエールが失脚した直後、フランス革命軍とオランダ愛国者派の補助軍「バターフ軍」とが行動を開始した。すでにフランス革命政府は一七九二年以降、革命に敵対的なオーストリアやプロイセンに宣戦布告し、革命戦争に打って出ていた。同年および九四年の作戦により、オーストリア領南ネーデルランデンはフランス革命軍に征服され、オランダも次の標的になっていた。

晩秋初冬に不意打ちを狙って行軍を開始したフランス軍とバターフ軍に対して、ウィレム5世側は伝統的な冠水防衛線を発動したものの、厳寒ゆえ、それが一二月には重い砲台を引いて渡れるほど厚い氷で覆われる。フランス北部軍のピシュグリュ将軍はこれを絶好の機会ととらえ、愛国者派のH・W・ダーンデルス率いるバターフ軍に進撃を命じた。一七九四年一二月二七日、この軍隊が完全に氷結したワール川上で州総督軍とイギリスの援軍を破った。

フランス革命軍に後押しされながらバターフ軍は進撃を続け、一七九五年一月一六日にはユトレヒトを、一九日にはとうとうアムステルダムを支配下に置いた。一八日には、州総督ウィレム5世とその家族はハーグの邸宅を去り、漁船に乗ってイギリスへ亡命する。

一七九五年一月二〇日、愛国者派がついに政権を奪取し、オランダは二世紀続いた「ネーデルランデン連邦共和国」から「バターフ共和国」へと変わった。山脈や河川で国境を定める自然国境説に立つフランスは、ライン川以南をフランス領として、南ネーデルランデンだけでなくオランダ南部のマーストリヒト、フェンローなども領有したが、バターフ共和国の独立は尊重した。開かれた海を通じてオランダの富が流出するのを懸念したためだろう。しかし形式的には「独立」を保ったとはいえ、フランス政府は巨額の軍事支援料を請求し、フランス軍二万五〇〇〇人の駐留経費の負担も求めてきた。さらには、オランダがフランスの「姉妹共和国」つまり実質的な従属国になったことにより、イギリスはオランダ植民地を堂々と攻撃し占領する申し分ない口実を得たのである。

この愛国者派が政権を奪った一七九五年頃から憲法が制定される九八年頃までを「バターフ革命」と呼んでいる。

一七九六年三月一日、旧体制を拒否する二〇歳以上の男性による間接選挙で選ばれた一二六人からなる初の「国民議会」がハーグで開かれた。国民議会は、憲法起草委員会の設立を決定し、新しい国家体制の根本原理として、政教分離、信教の自由、統一国家を宣言した。一七九八年、オランダ史上初の憲法である「バターフ国民憲法」が公布された。それは自由・平等・友愛・国民主権の原則に立ち、中央集権や政教分離を定めた当時としてはきわめて進歩的な憲法であった。そこには、一七九五年一〇月にフランス総裁政府を誕生させた「一七九五年憲法」の影響がみてとれる。

ちなみにこのフランスの一七九五年憲法は、ロベスピエール時代のような独裁の出現を避けるため、中央政府の権限を分散させることに主眼を置いていた。したがって、総裁政府は反革命勢力を抑え込むのに例外的、臨時的な方法に頼らざるを得ず、結果的に軍隊の存在意義が高まった。これが一七九九年の「ブリュメール一八日」のクーデタを誘発し、狭義のフランス革命には終止符が打たれ、ナポレオン・ボナパルトによる統領政府、帝政へと移行していく。

他方バターフ共和国内では、憲法公布後、国の中央集権的性格を強めようとする急進派と、地方の自主性と中央権力との均衡を図ろうとする穏健派との抗争が激化し、政治的混乱が続いた。一八〇五年、その前年に皇帝となったナポレオンの後押しで、バターフ共和国のフランス駐在大使であったルッヘル・ヤン・スヒンメルペニンク（一七六一〜一八二五）が、バターフ共和国法律顧問《ラートペンシヨナーリス》という新設のポストに就いて広汎な権限を手中にする。

このスヒンメルペニンクのもとで、急進的愛国者派のイサーク・ホーヘル財務相による税制改革、つまり食料品に対する消費税の廃止と個々人の資産に応じた直接税の導入が行われる。また同じく愛国者派で一八〇一年まで国民教育相をつとめた元牧師、レイデン大学教授のヨハネス・ファン・デル・パルムの原案に基づく学校法が、一八〇六年に制定される。この学校法は、教育の民主化・近代化のために、カルヴァン派でもカトリックでもない一般キリスト教的な性格を持つ公立学校による、全国一律の初等教育を実現しようとするものであった。

ルイ・ボナパルト（1778～1846）　妻オルタンスは兄ナポレオンの妃ジョゼフィーヌの娘で，夫婦間に生まれた三男が，フランス第二帝政の立て役者ナポレオン３世．夫婦仲が悪かったのでルイの実子ではないとの憶説もある

ルイ・ボナパルト――首都をアムステルダムに

ところが一八〇六年、皇帝ナポレオン1世は事実上の従属国であるバターフ共和国を「オランダ王国」に変える決断をする。イギリスに対する経済封鎖策へのスヒンメルペンクの協力が不十分とみたからである。ナポレオン1世が国王に選んだのは弟ルイ・ボナパルト（一七七八～一八四六）で、オランダ語ではローデウェイク・ナポレオンと呼ばれる。

一八〇六年六月二三日、新国王ルイがハーグに到着する。当時二七歳。風采は冴えなかった。国民との相互理解を深めるため、前もってオランダ語習得に努めていたが、即位式の際、「私がオランダの国王である」と宣言しようとして、**Ik ben konijn van Olland** と言ってしまう。**Holland** の頭文字のHを発音せず「オランド」となるのはフランス人なら想定内だが、彼は **koning**（国王）を **konijn**（うさぎ）と言いまちがえてしまったのである。

しかし、新王ルイは自分の課題に全身全霊を傾けて取り組んだ。バターフ共和国のもとで進められてきた統一国家形成の努力は継承され、さらに加速化された。

これまでオランダでは正式な首都さえ決められていなかったが、国王ルイはアムステルダムを首都と定めた。彼が「市門の鍵」を受け取った一八〇八年四月二〇日から、アムステルダムは正式にオランダの首都、つまり経済と政治の両方の中心になった。アムステルダム市庁舎はいまや王宮となり、ルイもここに住んだ。

また、国王ルイは王立学術文学美術院を設立し、国立図書館も作った。アムステルダム国立美術館の基礎を築いたのも彼である。王宮となった旧市庁舎内の一画に国王コレクションを展示し、これを一般に公開した。当時は時代の好みに合わず不人気だったレンブラント作《夜警》を、アムステルダム市から購入して収集品に加えたのもこの国王であった。

「被災者の父」という尊称

しかし国王ルイの人物像が最もよく表れるのは、その非常事態への対処の仕方であった。一八〇七年一月一二日午後四時一五分頃、レイデン市内のラーペンブルヒュの南端あたりで、二〇トン近い火薬を積んだ運搬船が、船上での調理という乗組員の不注意により大爆発事故を起こした。爆音は隣のフリスラント州まで届いたという。この爆発による死者は一五一人で、老いも若きも、著名な大学教授も無名の市民も等しく犠牲になった。

当時滞在していたハーグで事故の知らせを受けた国王ルイは、大急ぎでレイデンに駆けつけ、市当局と対応策を協議する。夜九時頃事故現場に立った彼は、「だれか助けたら賞金を出すぞ」と作業の人々に呼びかけた。実際瓦礫《がれき》のなかから生存者を救出した者は、平均的住民の一週間の労賃より多い額の一〇ドゥカートを受け取った。しかも国王は軍人らしい手際のよさで、自ら精力的に救援活動の指揮をとり、それは翌朝六時まで続いた。さらにルイは、被災地区の復興のために自分のポケットマネーからひとまず三万グルデンを提供する。事故の負傷者は約二〇〇〇人に及んだが、三日後再びレイデンを訪れた国王は、事故を生き延びた人々を慰問し、こう話しかけた。

亡くされたお身内を生き返らせることはできません。それは人間の能力を超えたことです。しかし私の力でできるすべてのことを、あなた方の町のためにするつもりです。

(D. E. H. de Boer e. a., *Hutspot, Haring en Wittebrood*)

王はしっかりと約束を果たし、さらに全国に募金を呼びかけ、これも大成功を収めた。一八〇九年にゼーラントで大洪水が発生したときも、王はただちに現地に赴き、被災住民を励ました。こうして国王ルイには「被災者の父」という尊称が献呈された。

フランス帝国への併合

とはいえ、ルイが国王の時代はわずか四年しか続かなかった。またもや兄ナポレオン1世の気が変わり、一八一〇年にはオランダがフランス帝国に併合されたからである。しかし、国王ルイの四年間は、オランダ人に新しい君主政を「味見」させるには十分であった。そして、それは意外に「口に合った」のである。

皇帝ナポレオンがオランダを最終的に併合した最大の理由は、オランダを帝国の一県にすることでイギリスに対する経済封鎖をさらに徹底しようとしたことにある。弟ルイはオランダ独自の利害に理解を示し密輸を黙認していたからである。もしかすると、オランダ人に人気のある弟に対する嫉妬心も働いていたのかもしれない。

フランス帝国への併合は、オランダ経済に壊滅的打撃を与えた。イギリスやその植民地との通商が全面的に禁じられたためである。オランダの植民地も大半がイギリスに奪われてしまった。さらに、フランスの法制がそのままオランダにも適用された結果、徴兵制が導入されて、二〇歳の男子は原則として最低五年間の兵役に就くこととなる。その結果、一八一二年のロシア遠征にも多数の若者が動員され、そのうち一万人以上が帰還しなかった。

一八一三年一〇月、ナポレオンがライプツィヒの戦いでプロイセン、オーストリア、ロシアなどの連合軍に敗北すると、フランス軍はオランダからも撤収する。こうして「バターフ・フランス時代」とのちに呼ばれる一八年間が終わった。この時代に単一主権国家としてのオランダの基盤が固められた。州主権は否定され、君主政が試された結果、連邦共和国時代の分権的な国家体制へ逆戻りする可能性はなくなったのである。

第4章

オランダ人の海外進出と日本

1　大航海時代――三つの航路の開拓

大航海の諸要因

この章では、前章から少し時代をさかのぼって、オランダ人の海外進出を見ていこう。一五世紀末に始まる大航海時代は、近世ヨーロッパ人による航海と探検と植民の時代であった。先陣を切ったのはポルトガルとスペインだったが、それに刺激されたイングランドやオランダも、貿易機会を求めて東洋への航海に乗り出していった。

一六世紀を通じて、のちのオランダを含む低地諸州の住民の交易範囲は、バルト海地方や地中海地方などヨーロッパの域内にとどまっていた。それが、北部諸州住民つまりオランダ人の「大航海」へと飛躍したのには、いくつかの要因があった。

まず前提条件として、低地諸州沿岸部は、もともと漁業と海上交易が盛んな地域であり、北海域での操船は、いずれ大洋に乗り出していくための格好の訓練場になっていた。

次に、一五八〇年のスペインによるポルトガル併合が重大な転機になった。低地諸州北部の反乱側住民にとって、敵であるスペイン王権の統治下にポルトガルが組み込まれた以上、いままでのようにポルトガルを介してアジア物産を入手することは難しくなる。こうして、イベリア諸国の妨害を受けない通商ルートの開拓が求められた。

さらに、一五八五年のスペイン軍によるアントウェルペン占領に端を発する、低地諸州南部からの移住者増大もあった。南部諸州はほぼスペインに再征服され、再カトリック化が進んでいた。これを嫌った南部の新教徒住民は、裕福な商工業者たちを先頭に、資金とノウハウと通商網などを携えて北部諸都市、なかでもアムステルダムに流入する。世界商業を牛耳るための資力、知力、人力がこの地に結集したのである。

最後にもう一つ付け加えるならば、旅行家ヤン・ハイヘン・ファン・リンスホーテン（一五六三〜一六一一）が著した書物の影響である。新教徒の彼は、カトリックになりすまして一五八三年から八九年までインドのゴア大司教の帳簿係をつとめた。一五九二年に帰国したのち、『東洋ポルトガル人航海誌』（一五九五年）や『東方案内記』（一五九六年）などを発表して、ポルトガル人のアジア貿易の実態を詳しく報告。取引相手から憎まれ、要塞の管理を怠り、仲間割れをくりかえすポルトガル人を押しのけて、オランダ人がアジア貿易の主役になるのは難しいことではないと、主張していた。

以上のような諸要因の結果、低地諸州北部＝オランダがスペインの軍事的脅威を脱した後の一五九五年から一六二〇年にかけて、オランダ商人たちの活動範囲は、ヨーロッパ沿岸貿易から大洋を越える遠隔地貿易へと急速に拡大していく。

北東航路――バーレンツの苦闘

オランダ人たちのアジアへ到達するための大航海は、①スカンディナヴィア半島以北の未知の北東航路の開拓、②喜望峰経由の南東航路への参入、③南アメリカの南端を廻る南西航路への挑戦であり、ほぼ同時期に実行された。

まず北東航路から見ていこう。いまのノルウェー海を北上して東方をめざす探検に先鞭《せんべん》をつけたのはイングランド人だが、その航路をオランダ人がさらに切り開こうとした。その筆頭が、航海士で地図製作にも長けたウィレム・バーレンツ（一五五〇頃～九七）である。中国や東インドに至る北東航路は発見可能と唱えていたアムステルダムのコントラ・レモンストラント派牧師で地理学者のペトルス・プランシウスの影響を強く受けたバーレンツは、政府や大商人の支援も得て、この北東航路を探し出すため三度の航海を企てた。

一五九四年の第一回は純粋に探検を目的としており、北極海のノヴァヤ・ゼムリャ島にまで達した。翌年の第二回の航海は通商に比重を移していたが、これといった成果がなかった。この二度の航海には、前に述べた旅行家のファン・リンスホーテンも同行し、乗組員のなか

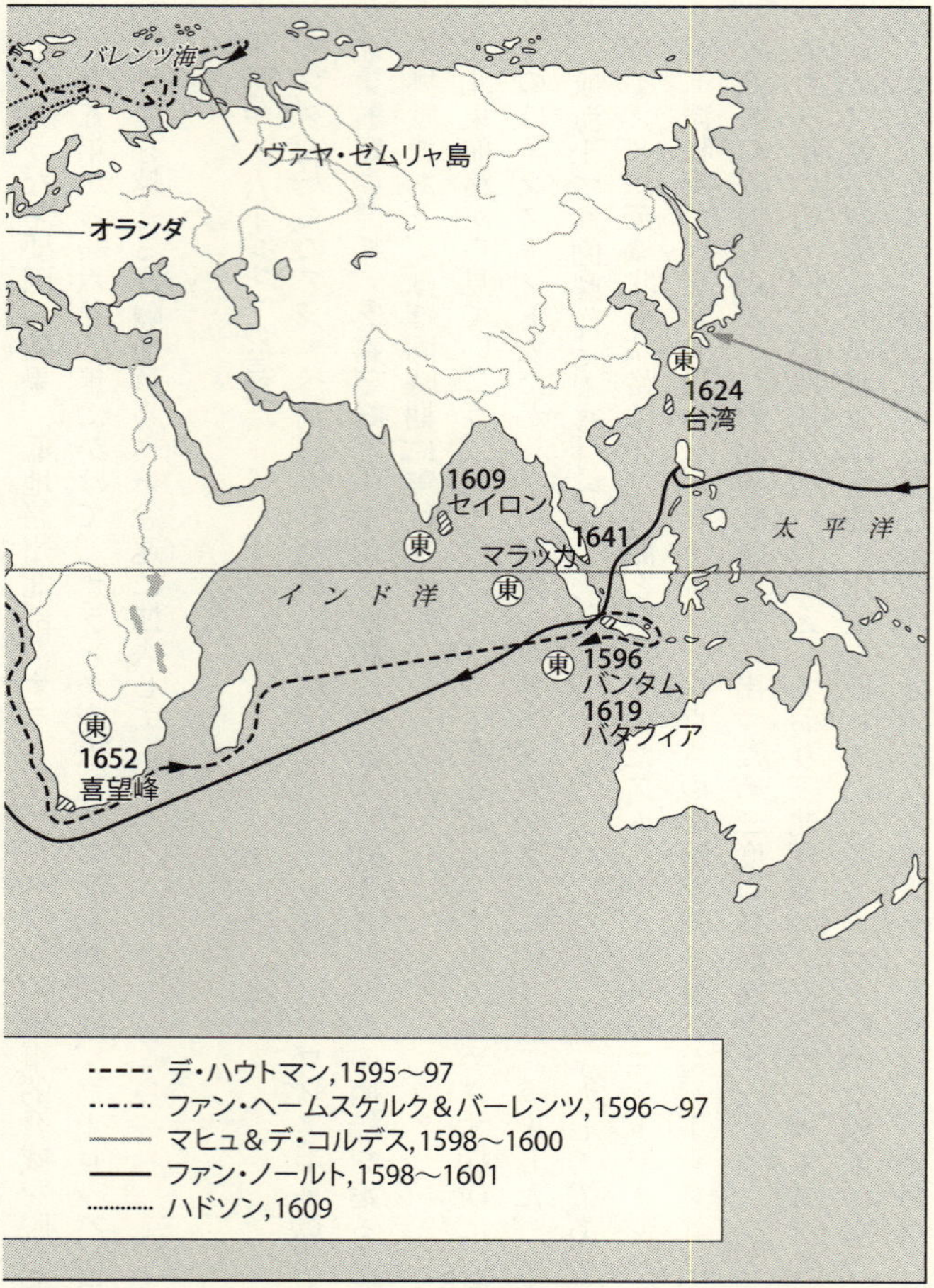
バレンツ海
ノヴァヤ・ゼムリャ島
オランダ
東
1624
台湾
1609
セイロン
東
1641
マラッカ
東
太平洋
インド洋
東
1596
バンタム
1619
バタヴィア
東
1652
喜望峰
デ・ハウトマン, 1595〜97
ファン・ヘームスケルク＆バーレンツ, 1596〜97
マヒュ＆デ・コルデス, 1598〜1600
ファン・ノールト, 1598〜1601
ハドソン, 1609

オランダ人が挑んだ３つの航路と交易の拠点

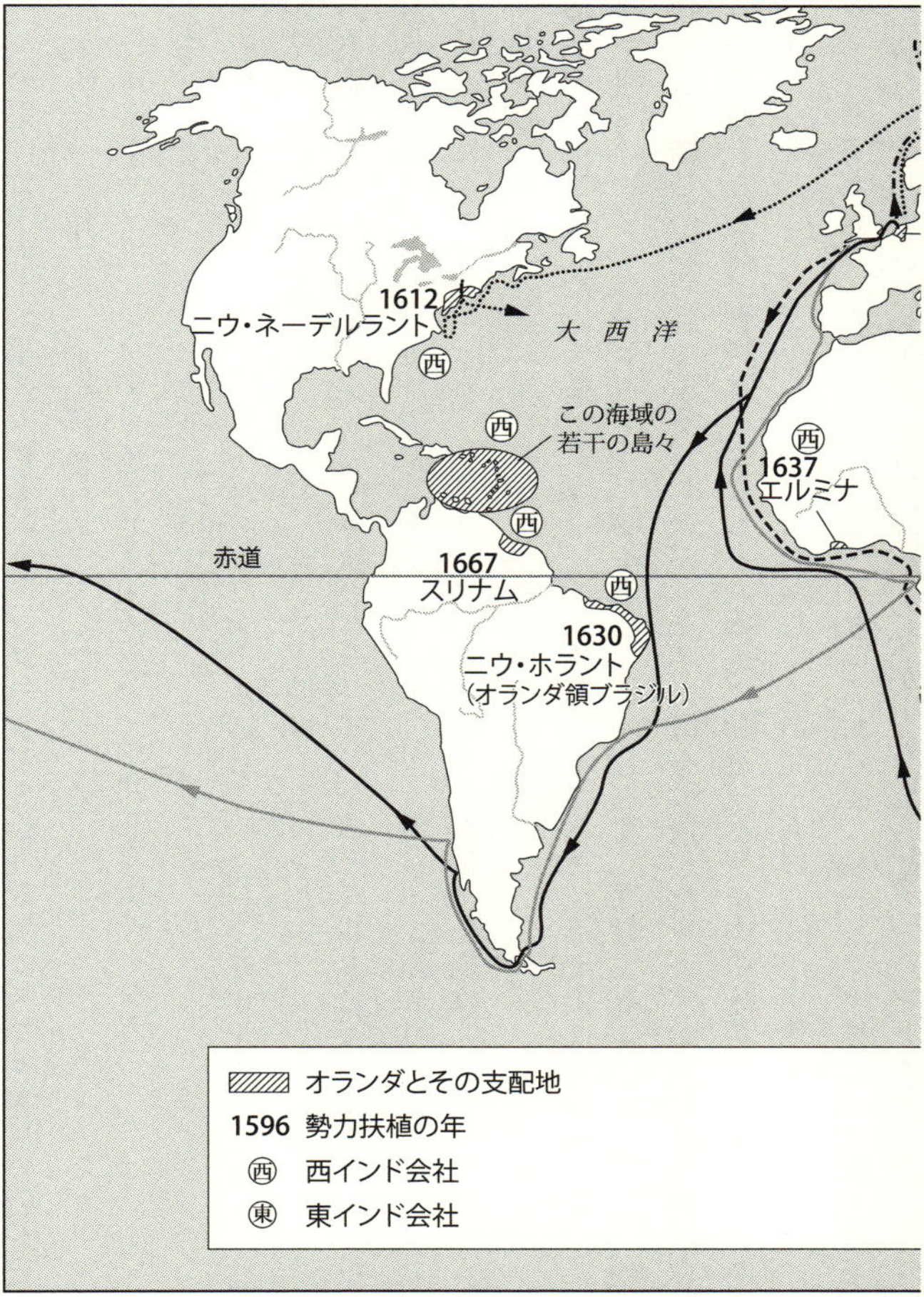

出典：*Bosatlas van de Wereldgeschiedenis*, Groningen, 1997, p.55 を基に筆者作成

には、のちに日本史上の重要人物となるイングランド人ウィリアム・アダムズの姿も見えた。

一五九六年の第三回の航海の指揮をとったのはヤーコプ・ファン・ヘームスケルクとヤン・コルネーリソーン・デ・レイプであったが、「学問的な指揮」をとったのはバーレンツである。

まず発見・上陸したのが、ノルウェーのノール岬から約三七〇キロ北北西に浮かぶ島（現ノルウェー領ビュルネイ島）であった。ここで二時間もクマと格闘する羽目になった一行は、この小島をベーレンエイラント（熊の島）と名づけた。さらに北上して、今度は、のちに捕鯨基地となるスピッツベルゲン島を発見する。ベーレンエイラントに戻り、ここで二隻は二手に分かれたが、ファン・ヘームスケルクとバーレンツが乗った船は、ノヴァヤ・ゼムリャ島付近を航行中に、不運にも氷に閉じ込められてしまう。

乗組員一七名はやむなく船を放棄し、それを解体して流木と合わせて「安心の家」という小屋を建て、ノヴァヤ・ゼムリャで越冬する。北緯七六度に位置するこの小屋では、厳寒ゆえ時計も凍結し、砂時計に頼るしかなく、ワイン樽を改造したサウナが体を温め健康を保つ唯一の手段となった。食料は、もともとの蓄えに加え、ウサギ肉の味がするホッキョクギツネを捕えるなどして何とかしのいだ。しかし、この間二人の仲間が病死する。

翌春、一五名になった一行は、二隻の甲板もない小船で帰国をめざすことを決意する。すでに病気に罹《かか》っていたバーレンツは、船のなかで若い記録者ヘリット・デ・フェールに、

「ヘリット、飲みものをちょっとくれないか」と言った直後、発作に襲われ、目を白黒させたかと思うと、僚船を呼ぶ間もなく息を引き取ったという。最終的に生き残った一二名は、前年別行動をとっていたデ・レイプが偶然発見してくれたおかげで、どうにかアムステルダムに帰り着くことができた。

今日、ノヴァヤ・ゼムリャ島とスピッツベルゲン島のあいだの海域に付けられた「バレンツ海」の地名は、バーレンツの苦闘の痕跡である。また、越冬地に残された遺物が一九世紀に発見され、バーレンツ自身の越冬記録の断片を含むそれら遺物はすべて、現在アムステルダム国立美術館（博物館）に収蔵されている。

なお、二〇一一年のオランダ映画『ノヴァヤ・ゼムリャ』（邦題『エンド・オブ・ザ・オーシャン』）は、この苦闘を描いたもので、オランダ初の3D大作として話題になった。

ところで、バーレンツの失敗にもかかわらず、後述するオランダ連合東インド会社は、一六〇九年にイングランド人探検家ヘンリ・ハドソンを雇い入れて船を提供し、いま一度ノヴァヤ・ゼムリャ方面に向かわせている。

しかし乗組員たちが航海の続行を嫌がったため、ハドソンは独断で航路を西方に変え、北アメリカ東岸のニューファンドランド島にたどり着き、そこから南方に進んで細長い島（現ロングアイランド）と河口の広い川（現ハドソン川）を発見する。これを契機に、アムステルダム商人がこの地に進出。北米沿岸各地に商館が建設され、これらがニウ・ネーデルラントと総称されるようになり、ほどなく中心都市ニウ・アムステルダムが建設される。

南東航路──デ・ハウトマンとファン・ネック

さて、すでにポルトガル人が開拓済みの南東航路である。これに挑んだのはコルネーリス・デ・ハウトマン（一五六五頃〜九九頃）であった。彼はまず、アムステルダム商人らに依頼されてポルトガルに赴き、東インド貿易に関する重要資料や海図などを苦心のすえ持ち帰る。

デ・ハウトマンは、野卑、信じこみやすさ、狭量、駆け引き下手などさまざまな欠点を持ち、あまり人の上に立つ器ではなかったが、一五九五年四月、四隻の艦隊を指揮して東方をめざした。いざこざの絶えない航海だったが、それでも一四ヵ月かけて東インドへの「最初の航海」をなしとげる。このときジャワ島西北端のバンタム（現バンテン州）には最初のオランダ商館が設けられた。

二年後の一五九七年八月に祖国に帰還したとき、乗組員は二四九人から八九人に減っていた。病死、脱走、追放などのさまざまな理由で、乗員のおよそ三分の二は本国の土を踏まなかったことになる。船も人員不足ゆえ一隻が放棄されていた。

デ・ハウトマンの航海はアジアへの旅の難しさを物語っており、商業上の利益も微々たるものだった。しかしそれが成就されたこと自体に歴史的意義があった。オランダ人にも東インド貿易ができることを証明したからである。

デ・ハウトマンに続き、喜望峰廻りの航海を行ったのはヤーコプ・コルネーリソーン・ファン・ネック(一五六四〜一六三八)であった。彼は、八隻からなる艦隊の提督として、一五九八年五月、東インドをめざして出帆し、順調な航海を続け、インド洋を越えてバンタムに至り、手広く取引を行った。一五九九年七月、ファン・ネックは、大量に仕入れた胡椒《こしょう》、クローブ(香辛料の一種)などを積み込んだ四隻を率いて先にオランダに帰還した。指導力に富むファン・ネックは、デ・ハウトマンが片道に要した一四ヵ月ほどでオランダ－東インド間を往復するという手際のよさをみせ、「最初の航海」の悪印象を一掃する。

残りの船は、さらにマドゥラ、セレベス、アンボン、バンダ、モルッカなどの島々へ航海し、一六〇〇年、最終的にオランダに帰還した。

南西航路

では、南アメリカ南端のマゼラン海峡を経由する南西航路はどうだったか。

最初に実行したのは、ロッテルダムの貿易会社の出資により一五九八年六月二七日に同地を出帆したジャック・マヒュおよびシモン・デ・コルデスを司令官とする五隻の艦隊だった。不運続きのこの航海については、その結末が日本の歴史と深く関わるので3節で詳しく述べることにしよう。

この艦隊の出港から五日後の一五九八年七月二日には、同じロッテルダムから、オリフィール・ファン・ノールト（一五五九頃〜一六二七）提督率いるもう一つの艦隊が出航する。やはりロッテルダム商人たちの出資で編成された乗組員二四八人、計四隻からなるこの艦隊のうち二隻が、一六〇〇年にマゼラン海峡を通り抜けて太平洋に達した。フィリピンではスペイン船と交戦し、ついに一隻だけとなったが、ファン・ノールトはその一隻を喜望峰経由で一六〇一年八月二六日、ロッテルダムに帰着させる。乗組員は五分の一ほどの四五人に減り、マヒュとデ・コルデスの艦隊に劣らぬ困難な航海であった。

とはいえ、マゼランの部下たち、ドレーク、キャヴェンディッシュにつぐ史上四度目の世界周航が達成され、世界各地に関する大量の知識と情報がオランダに届けられたのである。

付言すれば、こうした世界についての情報の増大と、オランダの先進的な印刷出版業とが結びついて、この国に偉大な世界地図製作者たちが現れる。一六世紀の地図製作の中心が低地諸州南部のレーフェンやアントウェルペンにあったとすれば、一七世紀に入ってその役割を引き継いだのは北部のアムステルダムであった。

たとえばウィレム・ヤンソーン・ブラウ（一五七一〜一六三八）は、『東方・北方・西方航海の海図集』（一六二七年）、『A・オルテリウス〈世界地図帳〉およびG・メルカトル〈アトラス世界誌〉の補遺』（一六三二年）、『世界地図帳あるいは新地図帳』（一六三五年、二巻）などの出版で名声を得た。

最後の『世界地図帳あるいは新地図帳』の続編の刊行は、彼の死後、息子のヨアン・ブラウ（一五九六～一六七三）によって継承され、それは最終的に一六六二年刊、ラテン語版、全一二巻の『大地図帳』（*Atlas Maior*）となる。収録地図数六〇〇、地図素材や装丁の点で以前のどの地図書よりもまさっていた。なお、東京、本駒込の東洋文庫ミュージアムには、同書の蘭語版（*Grooten Atlas* 一六六四～六五年刊）が貴重書として所蔵されている。

2　東インド会社と西インド会社――拠点形成と軍事行動

東インド会社――「株式会社」の元祖

さまざまな探検航海が成功した結果、オランダでは先を競って船団が整えられ、一五九五年から一六〇二年までのあいだに全六五隻が東洋に旅立った。ポルトガルは一五九一～一六〇一年のあいだに四六隻をアジアに送り出しているから、オランダ人は、わずかな期間にポルトガル人を追い越したことになる。

しかし、各種香辛料のアジアでの買い入れ価格が高騰する一方で、彼らを派遣した貿易会社が乱立し、ヨーロッパでの売り値が下落すると、共倒れの恐れが出てきた。そこで、かねてから貿易の面でもスペインに打撃を与えることをもくろんでいたホラント州法律顧問ファン・オルデンバルネフェルトが仲介の労をとる。彼の調整により、一六〇二年、ホラント州の五つの貿易会社とゼーラント州の一つとが合併して「連合東インド会社」（以下、東インド会社）が設立される。オランダ語の綴り Verenigde Oostindische Compagnie の頭文字をとって、しばしばＶＯＣ《フェー・オー・セー》と略称され、VOCをロゴマークとしていた。ちなみに、いまでも有田の深川製磁がこの印のついた関連製品を製作・販売している。

さて、東インド会社はこの種の大独占企業体としては西欧初のものであり、しばしば「株式会社」の元祖と見なされる。絶対君主がいない共和国では、大事業を行うにも、巨匠に集団肖像画を描いてもらうにも、皆で金を出し合うのは当然である。また、東インド会社の出資形態は突如出現したものではなく、中世末以来の商慣習の積み重ねの結果でもあった。

会社は、南アフリカの喜望峰から中国・日本に至る世界のほぼ東半分の貿易独占権を、全国議会から与えられた。各地には商館が設けられ、そのうち最も重要だったのがジャワ島の「バタフィア」であった。古代バターフ人がオランダ人の祖先であるという伝説が、この地名選びにも反映している。もともと現地のオランダ人らがジャカトラと呼んでいたのを東インド会社の本社が改名したもので、インドネシア共和国独立後はジャカルタとなっている。

本国からバタフィアに到達するには早くても半年は必要だった。それゆえ、現地の東インド会社の責任者として一六〇九年に初めて任命された「総督」は、しばしば、本国の最高決定機関である「十七人会」（取締役会）と協議することなく決定し行動する。実際、東インド会社は、オランダ共和国の名において王侯や国々と条約を締結し、戦争を行い、征服地を統治することなどを認められていた。

もちろん、会社の目的はあくまでも貿易である。植民地建設ではなかった。会社は、香辛料などを入手するため、現地の首長たちと契約を結んだ。そして相手に違反や裏切りがあったときには、容赦しなかった。また、宿敵ポルトガル人やスペイン人およびライバルのイングランド人との対立も続いていたため、会社の活動には武力が欠かせなかった。東インド会社のすべての船舶は重武装で航海し、重要な貿易拠点には砦を築いた。したがって東インド会社には商人や水夫だけでなく、多くの兵士たちも雇われていた。

第四代総督クーンと東インド会社の拡大

東インド会社の歴代の総督たちのなかで最も目立つ存在は、一六一九年に第四代総督に就任したヤン・ピーテルソーン・クーン（一五八七～一六二九）である。この年彼は、土侯軍と組んだイングランド人を一掃するために、ジャカトラを総力を挙げて占領・破壊し、その成果を母国の会社幹部宛の手紙のなかで次のように報告している。

このようにして、私どもはジャカトラのバンタム人を打ち破り、ジャワ島の支配権を握りました。この勝利と、思い上がったイングランド人の逃走とが、全〔東〕インドを震えあがらせるのは確実です。これによってオランダ国民の誉《ほま》れと名声は大いに高まる

（1600～1940年）

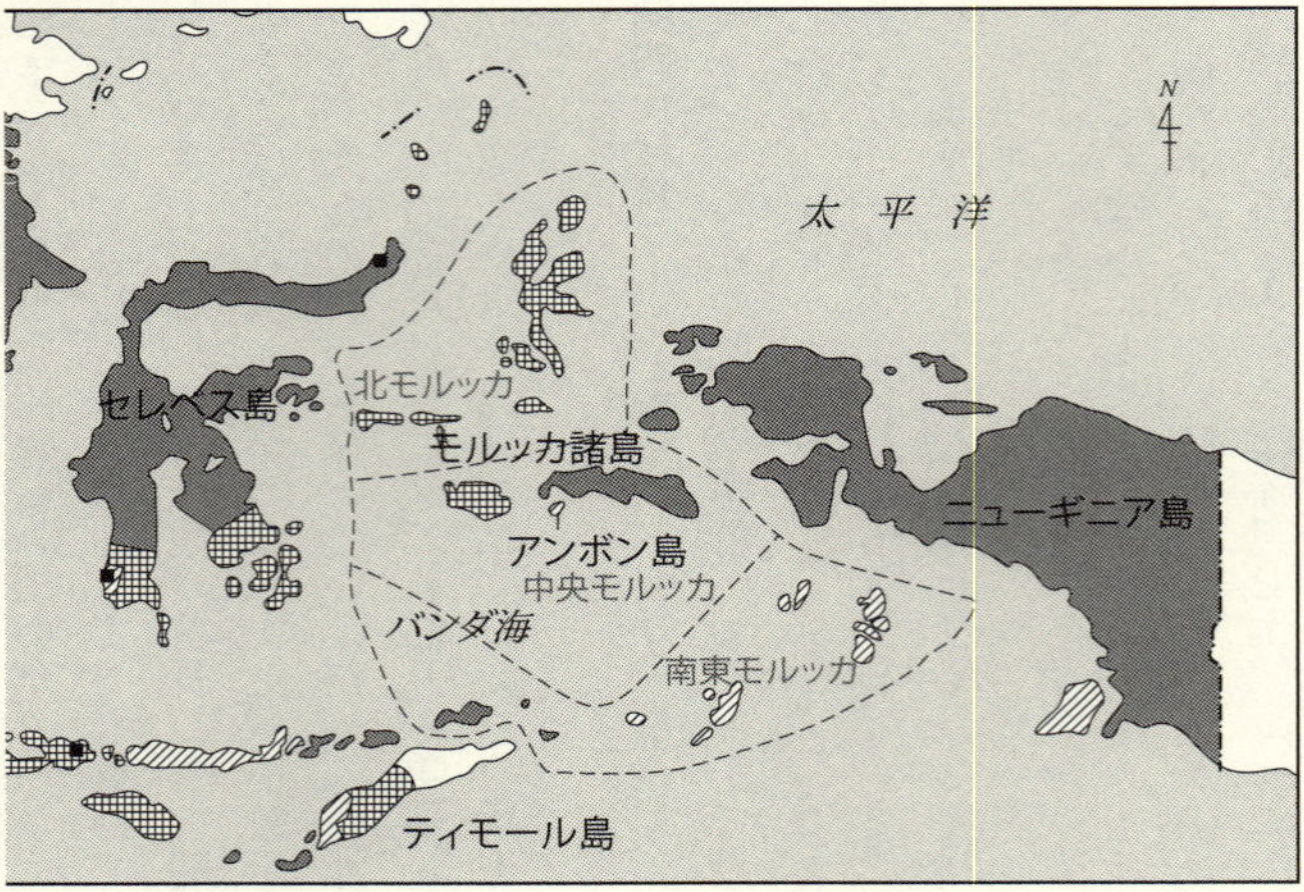

ことでしょう。いまやだれもがオランダ人と友好を結ぶことを望むでしょう。かくも長きにわたり待ち望まれていた集結場所（rendez-vous）の基礎が据えられました。〔東〕インドの肥沃《ひよく》な大地と魚あふれる海の大部分がいまや皆様方のものです。

（W. Velema, *Oog in oog met het verleden*）

一六一九年中にジャカトラの廃墟の上に新しい城塞都市の建設が始まり、これが東インド会社の「首都」になる。一六二一年、その町がバタフィアと呼ばれることが最終的に確定する。

会社は、モルッカ諸島の支配権をめぐる諸外国との戦いでも優位に立ち、直接支配下に置いた島々では、住民に特定の香辛料

東インド（現インドネシア）でのオランダ人による領土拡大

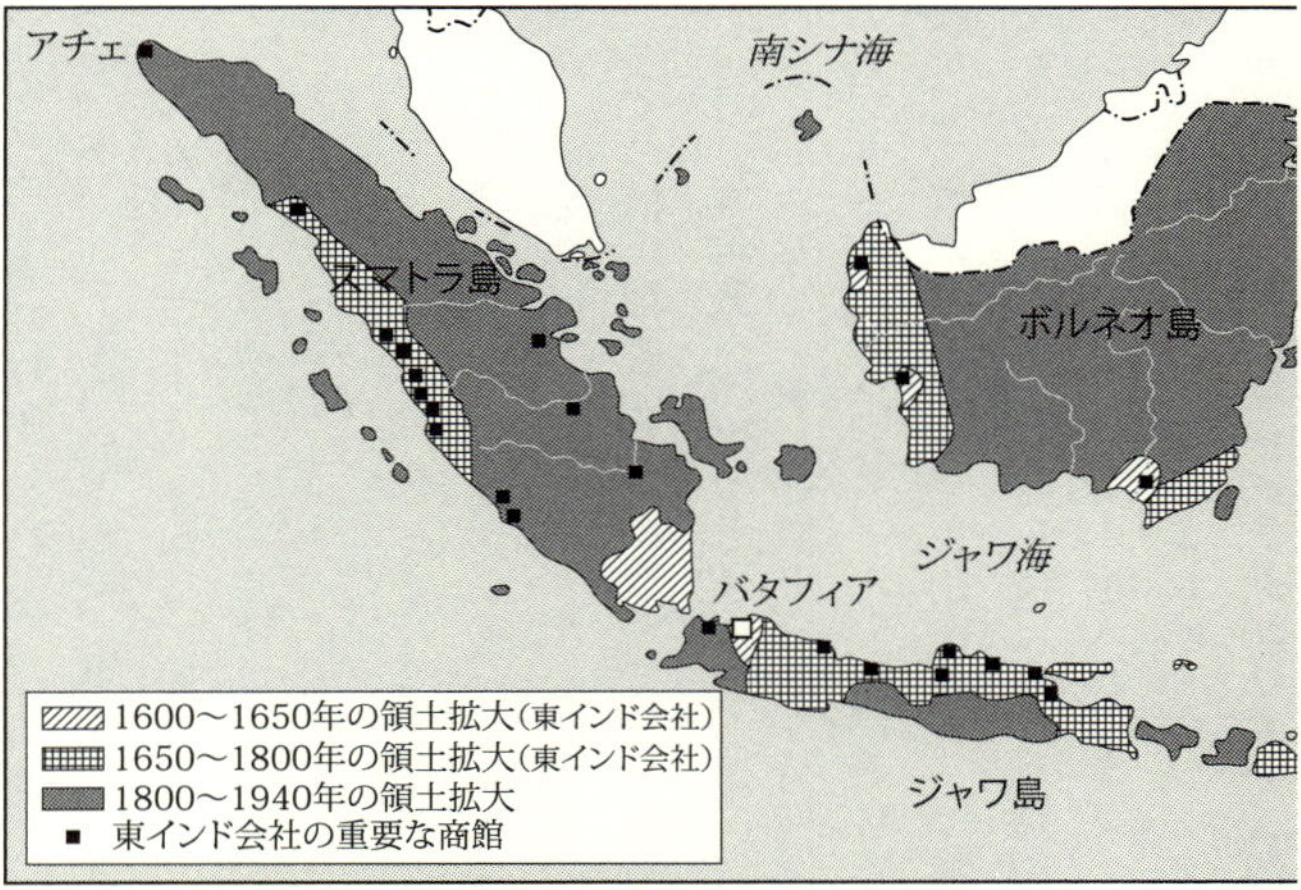

出典：*Bosatlas van de Wereldgeschiedenis*, Groningen, 1997, p.52 を基に筆者作成

を栽培することを強制した。たとえばアンボン島ではクローブ、バンダ諸島ではナツメグである。島民は収穫物を会社とのみ取引する決まりだった。バンダ諸島の島民が会社以外の者に販売しようとしたとき、クーンはそれを徹底的に罰した。一説では、その攻撃により約一万五〇〇〇人いたバンダ島民が数百人にまで減ってしまったという。事実なら、ジェノサイドと呼ぶべきものだった。

町づくりが進むバタフィアでは、一六三二年には人口が約八〇〇〇人余りまで増え、都市整備がほぼ完成した一六五〇年頃には、城塞を含む市域は一四〇ヘクタールに広がっていた。町は一七世紀後半から一八世紀にかけて隆盛の極に達し、東インド会社の植民都市のうちで最も美しい町になり、

「東洋の女王」と呼ばれた。

そのバタフィアを拠点として、東インド会社はあらゆる方向にその活動を拡大した。南アフリカのカープ(ケープ、喜望峰)植民地、インドの沿岸各地、セイロン島のほぼ全体、台湾、インドネシアの多島海など、会社はこれらすべてを勢力下に置く。

会社はさらに一六四二年、アーベル・ヤンソーン・タスマン(一六〇三~五九)に未知の「南方大陸」を探索させる。そのとき発見したのが、いまのタスマニア島やニュージーランド(新しいゼーラント)である。彼はそれと知らずにオーストラリアを一周して帰還した。

東インド会社は、利益を増すために東南アジア地域内部の商取引や輸送業にも従事した。また多くの植民地産品を買い取って持ち帰るために、本国から東インドに向かう船――一六五〇年頃、毎年約一六隻が出発していた――は、相当な量の貴金属を本国から持参した。

一方、一六五〇年頃、金額上で帰り荷の過半を占めていたのは胡椒である。その後、クローブ、シナモン、ナツメグ、メース、そして絹織物や綿織物などの割合も増えていく。一六四五~七二年の時期には、会社はこうした輸入に基づいて、株主たちに高い配当金を支払うことができた。一六七一年には、この利益配当額が株主の出資額の六〇%にも達している。

しかし実は、アジア産品の輸入額はオランダの全輸入額のほんの一部でしかなかった。今日のオランダの経済史家によれば、オランダ語で書かれた昔の通史や大衆向け史書のなかでは、東インド会社の経済的意義が甚だしく誇張されているという。それは、この熱帯貿易が昔もいまもオランダ人読者にスリルと冒険をたっぷり提供してくれるからである。

西インド会社

さて、この東インド会社より少し遅れて西インド会社が設立された。八十年戦争の中断期間である十二年休戦が始まる前にすでに、地球の反対側つまり大西洋方面に独占権を有する二つ目の会社を作る計画が浮上していた。とくにゼーラント州とアムステルダム市に主唱者が多く、そのなかにはかなり戦闘的な厳格カルヴァン派の商人たちが含まれていた。

彼らの目的は三つあった。一つは、新大陸のスペイン人、ポルトガル人支配地域と貿易を行って砂糖やタバコを入手すること。もう一つは、独立をかけて交戦中の両国人と新大陸でも実際に戦うこと、最後に、カルヴィニズムをその地に広めることであった。このカルヴァン派の布教が、商業と宗教を切り離した東インド会社の活動と大きく異なる点である。

しかし休戦の成立がこの計画に待ったをかけた。一六二一年、休戦期間が終わったその年に西インド会社は誕生した。原綴りは Westindische Compagnie でＷＩＣ《ウェー・イー・セー》と略称される。

前記の三つの目的のうち主眼が置かれたのは、敵国スペイン、ポルトガルに打撃を与えること、つまり政府の許可のもと敵国船舶を襲撃する私拿捕であった。その一環として、ピート・ヘインは一六二八年にキューバのマタンサス湾でスペインの銀輸送船団を捕獲し、莫大な利益を上げることに成功する。おかげで西インド会社は七五%もの配当金を支払うことができたが、このような多額の利益配当を行えたのは、この一回だけであった。

もちろん西インド会社は、一七世紀の一定期間に限られるものも含めて、各地に貿易の拠点を確保していた。それは、ブラジルの一部、南アメリカ北東沿岸のいくつかの居留地（とくにスリナム）、キュラソー島をはじめとするカリブ海の小さな島々（現在もオランダ領）、北アメリカのニウ・ネーデルラント、西アフリカのいくつかの沿岸都市と砦などである。

最も注目したいのは、一六三〇年に建設された、レシフェを中心とするニウ・ホラント、つまりオランダ領ブラジルの経営である。会社は、ブラジル北東部のポルトガル製糖業地帯を攻撃し、今日のマラニャン州からセルジーペ州に至る一八〇〇キロほどの沿岸部を占領することに成功。ポルトガル人住民の経済活動はひきつづき保証し、製糖業への参入をめざすアムステルダムのセファルディム・ユダヤ人の移住を支援した。

総督ヨハン・モーリッツ

一六三六年、オランイェ公ウィレムの弟ヨハンの孫にあたるナッサウ・ジーゲン伯ヨハン・モーリッツがオランダ領ブラジルの総督になる。彼は、居住者を増やして製糖業を盛んにするため法制改革を行い、全住民に礼拝の自由を認めた。西インド会社から派遣されたカルヴァン派牧師の抗議にもかかわらず、総督は終始ユダヤ人とカトリック教徒に寛大だった。

このヨハン・モーリッツ（マウリッツ）がハーグに建てた立派な邸宅——彼は出費にも寛

大だった――こそが、現在、レンブラントの《トゥルプ博士の解剖学講義》やフェルメールの《真珠の耳飾りの少女》を収蔵するマウリッツハイス美術館にほかならない。

一方でヨハン・モーリッツは、一六三七年には、製糖業の規模拡大のため、西アフリカ沿岸からの黒人奴隷の輸入を始める。奴隷貿易の規模は年々拡大するが、詳細は次章で触れる。

この間も会社は、スペインやポルトガルとの戦いに最大の関心を持ち続けた。しかし私拿捕遠征は投資に見合う成果が得られず、陸上の貿易拠点でも東インド会社とは対照的に、ほとんど利益を産まなかった。なぜなら、アメリカと西アフリカでは、スペイン人とポルトガル人がアジアよりも確固たる基盤を築いて現地に根を張っていたからであり、西インド会社の重役たちが目の前の利益に気を取られ、長期的視野を欠いていたからである。

西インド会社は当初、全国議会から大西洋貿易の独占権を与えられていた。だが、一六三八年にはアムステルダムの有力な株主たちの圧力で、認可料さえ払えば株主全員が大西洋貿易に従事できるようになる。一六四八年には株主という限定も取り払われ、いっそう貿易の自由化が進み、奴隷貿易を例外として、会社の活動は縮小する一方だった。

オランダ領ブラジルも、一六五四年には最後の拠点レシフェをポルトガル人に奪還されてしまう。製糖業に従事していたユダヤ人の大半はオランダに戻ったが、少数の者は新大陸になお可能性を求めてニウ・アムステルダム、スリナム、キュラソーなどに移住していった。

3　日蘭関係の始まり――16世紀末から鎖国まで

最初の来航者――ディルク・ヘリッツソーン・ポンプ

日本人とオランダ人の最初の出会いといえば、一六〇〇年に豊後国（現大分県）に漂着したオランダ船リーフデ号を思い浮かべる人が多いだろう。しかし、実はそれ以前の一五七〇年代と八〇年代に、ポルトガル船に乗って二度日本を訪れたオランダ人がいる。ディルク・ヘリッツソーン・ポンプ（一五四四～一六〇四）という名の船員・旅行家である。

彼はホラント州北東部のエンクハイゼン市の生まれだが、親戚のいるリスボンで少年期を過ごし、アジア方面の交易に欠かせないポルトガル語をマスターする。一五六八年、つまりは母国で八十年戦争が始まったとされる年に、彼はまずインドのゴアに渡る。その後、さらに足を延ばして、最初の中国・日本旅行を行った。

『東方案内記』の著者で、バーレンツの探検航海にも同行した旅行家ファン・リンスホーテンは、中国と日本への二度目の旅に出発するディルク・ヘリッツソーンをゴアで見送っている。彼はこのときの羨望の思いを、故国への手紙のなかで次のように綴っている。

僕は中国と日本へ行きたいです。そこはゴアからリスボンまでと同じくらい遠い国々です。往復三年の船路です。〔中略〕親友は、砲手としてそこへ向かいました。〔中略〕その砲手は以前にもそこに行ったことがあり、これらの国々のすばらしい話をたくさん聞かせてくれました。

（レオナルド・ブリュッセイ他『日蘭交流400年の歴史と展望』）

ファン・リンスホーテンの記述によれば、ディルク・ヘリッツソーンは、この二度目の訪日の際、一五八五年夏から約八ヵ月間、長崎に滞在したという。彼はこの旅を終えてからまもなく、一五九〇年四月、三五年ぶりにオランダ、エンクハイゼン市へ帰り着く。彼と知り合った著述家ルーカス・ヤンソーン・ワーヘナールは、一五九二年の自著の補遺の一つとして、「インドで行われているすべての交易およびその地でなされた冒険について。同地に二四年滞在し交易に従事したディルク・ヘリッツソーンからの聞き書き」という旅行記を掲載している。ここに記された情報が、後に続くオランダ人航海者たちの日本への関心を高めた。

晩年になっても東アジアへの思いを抑えられなかったのか、ディルク・ヘリッツソーンは六〇歳頃、三度目のアジア行きを試みている。しかし東インド到着直後に年齢を理由に艦隊司令官によって帰国を命じられ、その帰途、船上で亡くなったらしい。

リーフデ号

ディルク・ヘリッツソーンの最初の長期アジア滞在と晩年の航海とのあいだには、もう一つアジア行きの企てがあった。それが一五九八年のロッテルダム貿易会社によるアジア貿易開拓の試みへの参加であった。本章第1節で触れた航海である。マヒュおよびデ・コルデス指揮の五隻からなる商船隊をマゼラン海峡経由でアジアへ派遣しようとするこの計画に、ディルク・ヘリッツソーンも欠かせない要員として加わっていたのである。

この五隻の船名はホープ（希望）、リーフデ（愛）、ヘローフ（信仰）、トラウ（信義）、ブレイデ・ボートスハップ（福音）である。どの船も輝かしい船名を持っていたわけだが、その航海の結末は希望のない無慈悲なものだった。

ヘローフ号は途中で航海続行を断念して母国へ引き返した。ブレイデ・ボートスハップ号はチリ沖合でスペイン船に拿捕され、乗船していたディルク・ヘリッツソーンも捕えられ、のち捕虜交換によってオランダに送還される。トラウ号は首尾よくモルッカ諸島までたどり着くが、その乗組員のほとんどがポルトガル人に殺された。

残る二隻、旗艦ホープ号とリーフデ号が、チリ中部沿岸に面したサンタ・マリア島（現コンセプシオン市の沖合）から、いよいよ太平洋に乗り出そうというとき、その行き先を決定づけたのが、ディルク・ヘリッツソーンから知らされていた日本に関する情報、とくに雪も降れば氷も張る国だという情報だった。リーフデ号のイングランド人航海士ウィリアム・アダムズ（一五六四～一六二〇）の一六一一年一〇月二二日付の手紙によれば、「布地〔毛織物〕が珍重されるといわれる日本に向かおう」ということで両船の意見が一致したという。

勇躍、世界最大の大洋に漕ぎ出したものの、ホープ号はたぶん途中で沈没した。リーフデ号だけが厳しい航海に耐え、方向も違えることなく、一六〇〇年春、九州の大分の沖合にたどり着く。しかし当初一一〇名いた乗組員のうち、生き延びた者は二四〜二五名にすぎず、アダムズの先の書簡によれば「私以外に立っていられる人はわずか六人」だったという。

アダムズが、日本に渡来した最初のイングランド人であることはよく知られているが、徳川家康は数回の下問ののち彼を外交顧問として重用し、江戸日本橋に屋敷を、また相模三浦郡逸見《へみ》に知行地を与えた。三浦に領地を持つ水先案内人、つまり三浦按針《みうらあんじん》である。

かつてバーレンツの探検旅行にも加わったことのあるアダムズは、おそらく、日本の北方探査という年来の夢も心に秘めながら、主君となった家康に忠義を尽くした。外交問題について助言を行い、求められるままに二隻の西洋船を建造し、数学・幾何学の知識も教えた。家康に謁《えっ》したことのあるオランダ人はこう書いている。

アダムズ君はこの国の領主や王侯たちも到底うけないほどの寵遇《ちょうぐう》をこの主君からうけている。彼はすこぶる元気で、また経験に富み、きわめて実直な男だからである。彼はしばしば皇帝〔家康〕と言葉を交えるし、またいつでもその前に近《ご》づくことが出来る。これほどの寵愛をうけている人は極く少ない。

（岡田章雄『三浦按針』）

ヤン・ヨーステンと同乗者たち

アダムズと同様に家康に仕えたのが、オランダ人航海士のヤン・ヨーステン・ファン・ローデンステイン（?〜一六二三）である。彼もまた、リーフデ号の生き残った乗組員の一人であった。彼は東南アジア方面との朱印船貿易に活躍し、耶揚子（「ヤンヨース」または「ヤヨス」）の通称で呼ばれた。今日の東京駅八重洲口の「やえす」という地名は、厳密にそこに彼の屋敷があったからとは実は言えないのだが、彼の名に由来していることは確かである。アダムズと比べると少々表裏ある性格だったとも言われるが、一六一七年に平戸を訪れたオランダ艦隊の司令官ヤン・ディルクソーン・ラムは、彼について次のように報告している。

日本にデルフト出身のヤン・ヨーステン・ファン・ローデンステインという人物がいる。その伯父はデルフトで重役の一人である。このものはわれわれのため大いに力をつくし、皇帝〔将軍〕や大官たちから厚い待遇を受け親しく交際している。彼はわれわれの派遣員（年々皇帝に敬意を表すためにおくる）と一緒にしばしば行き、（特に今日でもかなり不案内な）われわれの事務を鮮やかに処理した。彼はこの国に永い間滞在していて、国の慣習によく通じているからである。（岡田章雄『三浦按針』）

リーフデ号に乗っていたその他のオランダ人には、独立した商人として一六三九年まで日本を拠点に東南アジア貿易に従事したメルヒオル・ファン・サントフォールト（生没年不詳）、リーフデ号の船長で一六〇五年に帰国をめざしてマレー半島に至り、設立されたばかりの東インド会社に徳川家康の書簡を手渡すことに成功したヤーコプ・ヤンソーン・クワーケルナーク（一五五四～一六〇六）などがいる。

また、リーフデ号が漂着した一六〇〇年の秋に行われた関ヶ原の戦いで、船から没収された大砲・小銃・砲弾・火薬などが使用され、乗組員のうちの何人かが砲手として参加し、東軍の勝利に貢献したという説もあるが、真偽はわからない。

リーフデ号の模造船に取り付けられたエラスムス像

リーフデ号には一八門の大砲、五〇〇挺の小銃、五〇〇〇個の砲弾など武器弾薬が大量に積み込まれていた。商売敵《がたき》のオランダ人に激しい敵愾《てきがい》心を抱くポルトガル人たちは、この重武装を根拠として、漂着したオランダ人たちを海賊ときめつけ、極刑に処すよう家康に求めた。たしかに、それなりの説得力はあったが、商船とはいえ、遭遇した敵とは一戦交える覚悟でいたわけだから、当然の装備ではあった。

もし家康がポルトガル人の讒言《ざんげん》を安易に信

じて、アダムズ、ヤン・ヨーステンらを「海賊」として本当に処刑していたら、その後の平戸や出島での日蘭貿易も、蘭学の隆盛もいっさいなかったかもしれない。日本の西欧化・近代化も様相を異にしていたことだろう。アダムズやヤン・ヨーステンらの異文化への適応力、賢明な身の処し方、家康の視野の広さとバランス感覚、アダムズらへの信任の厚さなどが、その後の日本とオランダとの関係を決定づけたのである。

ちなみに難破船同然だったリーフデ号は、浦賀への廻船中に暴風雨に遭い大破する。今日、その模造船を長崎県のハウステンボスで見ることができる。リーフデ号の旧名はエラスムス号で、それは船尾側に回ってみればすぐわかる。そこに書物と巻物を手にした人文主義者エラスムスの像が取り付けられているからだ（この模造船は最近撤去された）。

実物のエラスムス木像は、一部破損してはいるが、いまも残っている。リーフデ号から取り外されたこの像は、家康に仕えた牧野成里の手に渡り、のちにその知行地の菩提寺《ぼだいじ》である栃木県の龍江院に、ほかの牧野家縁《ゆかり》の品々とともに寄進された。

その後、来歴が忘れられたこの像は、長いあいだ「貨狄《かてき》さま」（貨狄は中国の船の創造者）、「オランダえびす」などと誤称されてきた。近在の子らは、かつてはそれが夜ムジナに化けて徘徊したと聞いて恐れていたという。一九二〇年代にやっと正しい素性が判明し、現在は重要文化財として東京国立博物館に寄託され、随時展示されている。

平戸オランダ商館

先述したように、徳川家康の書状を託されたリーフデ号船長クワーケルナークは、マレー半島のパタニまで赴き、東インド会社関係者にその書状を手渡すことに成功した。日本との貿易関係を樹立しようとする同社は、時のオランダの軍事指導者マウリッツの返書を携えた二隻の船を日本に派遣し、それが一六〇九年に平戸に到着した。そして地元の松浦《まつら》氏の支援と駿府《すんぷ》の家康の許可を得て、同年、平戸にオランダ商館が開設される。

復元された平戸オランダ商館

この駿府での会見にはアダムズは立ち会っていない。だが、ある手紙のなかでアダムズが「オランダ人が居留することになったが、私は彼らのために、スペイン人やポルトガル人がこの五、六〇年のあいだに日本で得たことのない特権を受けてやった」（岡田章雄『三浦按針』）と書いていることから、この決定にアダムズが影響力を行使していたことがわかる。続いて一六一三年に開設された平戸イングランド商館は二三年までしか存続しなかったが、オランダ商館は、一八年には独自の建物も完成し、日蘭貿易が徐々に成長していく。

とはいえ、幕府による貿易統制の動きは時とともに鮮明になった。潮目になったのが一六三七年である。

まずこの年発生した島原の乱で、鎮圧にてこずった幕府からオランダへの協力要請があり、翌年オランダ艦船一隻が島原に赴き、反乱勢力に容赦ない砲撃を浴びせた。乱鎮圧後、幕府の代表者が平戸に立ち寄り、オランダ商館の一六三九年に完成したばかりの豪華な洋風倉庫を目の当たりにした。この前例のない洋風建築の情報が将軍徳川家光の耳にも入り、これが一六四〇年の建物の破壊命令へと繋がる。

幕府の表向きの理由は、倉庫正面の破風《はふ》に記された西暦年号がキリスト教禁制に背《そむ》いているということだったが、真の理由はその豪奢《ごうしゃ》な石造りの建築自体にあった。すぐにも要塞に転用できそうな堅牢《けんろう》な洋風建物とオランダ砲の威力とが脅威と受けとめられたのだろう。

破壊命令は平戸藩主の松浦家の屋敷で、幕府から派遣された大目付の井上政重から商館長フランソワ・カロンらに言い渡された。そのとき二〇人の屈強な男たちが物陰に待機しており、カロンらが少しでも不平を漏らせばただちに斬り捨てる手はずになっていたという。これに対しカロンは、命令に一言も抗議せず、冷静に受け入れ、翌日から取り壊し作業に着手した。

この対応は、一六三七年に東インド会社の十七人会が「会社員は日本人に馴染み、何でも耐えねばならない」と大方針を明確にしていたことに加え、カロン自身が日本語を流暢《りゅうちょう》に話し、日本の慣習にもよく通じ、オランダ人が厚遇されるようつねに心を砕いてきたことの結果であろう。このカロンの決定的な対応が、貿易断絶の危機をしのぎ、その後の長い日蘭関係を救ったのである。なお、平戸オランダ商館の一六三九年築造の倉庫は、二〇一一年に復元され、歴史博物館になっている。

島原の乱の結果、カトリックを奉ずるポルトガル人は最終的に国外追放となり、彼らが居住していた長崎の扇形の人工島「出島」は空き家になった。新たな貿易相手を求める長崎商人の要請と、目の届くところにオランダ人を置いておきたい幕府の思惑とが一致し、一六四一年、オランダ商館はその出島へ移転させられる。以後、オランダ人たちはこの「国立の監獄」で、しかしヨーロッパで唯一許された国として日本貿易を続けていくことになる。

当時の出島の面積は約一万五〇〇〇平方メートル。今日のプロ野球球団が所有する各球場のグラウンド面積にほぼ等しい。対岸の江戸町とを結ぶ狭小な表門橋が、日本とオランダおよび西洋とが交流する、か細くも貴重な通路となった。

なお、二〇〇年にわたる両国の特別な関係を保障する仕組みが「オランダ風説書」の幕府への提出であったことは、近世史家、松方冬子氏の書に詳しい。そしてこの長崎を舞台に、オランダ通詞《つうじ》たちの知的環境のなかから「蘭学」が徐々に姿を現していく。

4　江戸期、蘭学の繁栄――西洋研究の跳躍台

医術と砲術

ここで、オランダ人と日本人との交渉から生まれた蘭学について少し触れておこう。

蘭学とは、元東京大学史料編纂所長の沼田次郎の定義に従えば、江戸時代を通じて直接ないし間接的にオランダ語を通じて輸入され受容された西洋の学術・文化・技術、そのほか西洋についての知識いっさいを含めたもの、またそれを学び研究すること自体を指す。

一六四一年、オランダ商館が長崎出島に移されてからは、オランダ人と日本人との接触は厳しく制限された。オランダ人と直接言葉を交わせたのはもちろん「阿蘭陀《オランダ》通詞」、つまり通訳たちである。

長崎港は一五七〇年にポルトガル人との貿易のために開かれたので、この町の通訳はもともとポルトガル語が専門であった。このポルトガル語からオランダ語への切り替えには、かなり時間を要した。オランダ語だけでどうにか用が足せるようになったのは、一七世紀から一八世紀に移り変わる頃だったと言われる。

蘭学はまず医術から始まった。かつてポルトガル人から南蛮流医術を学んだ人々が、今度はオランダ人から学ぶようになったのである。一六四九年に来日した医師カスパル・シャン

ベルゲル（ドイツのライプツィヒ生まれ）は、同年末のオランダ商館長の江戸参府旅行に同行。使節団が長崎に戻る際、シャンベルゲルは医術の腕前と持参した医薬を高く評価されたため、幕府の要請で江戸に残り、一〇ヵ月あまり大官の診療を行っている。

シャンベルゲルに限らず、今日の国籍表示によればドイツ人、ベルギー人、スウェーデン人などと呼ぶべき者が東インド会社に勤務して日本を訪れている。ただ、オランダ語を意思疎通の手段とする限り、日本側から見れば、それは皆「阿蘭陀」人であった。

蘭学のもう一つの柱が砲術であった。一六三九年、商館長カロンは、平戸で鋳造《ちゅうぞう》した大砲を江戸参府の際持参し、幕府に献上している。一六四九年には、医師シャンベルゲルとともにオランダ人砲手ユリアン・スハーデルも、参府後江戸にとどまり、砲術・測量術などを幕府の専門家に教示した。

オランダ人による医術や砲術の伝授は、すべて幕府の管理下で行われた。この医術は一般人のための医術ではなく、支配者層の命を守るためのものであった。また砲術もこの時代の海防のため、つまりこの国の体制を外敵から守るために緊要な技術だった。幕末にオランダ人から急ぎ実用的な船舶運用法を学んだのもその延長線上にある。

『解体新書』――前野良沢と杉田玄白

しかし、一八世紀の終わり頃になると、蘭学の広がりが顕著となる。江戸参府時のオラン

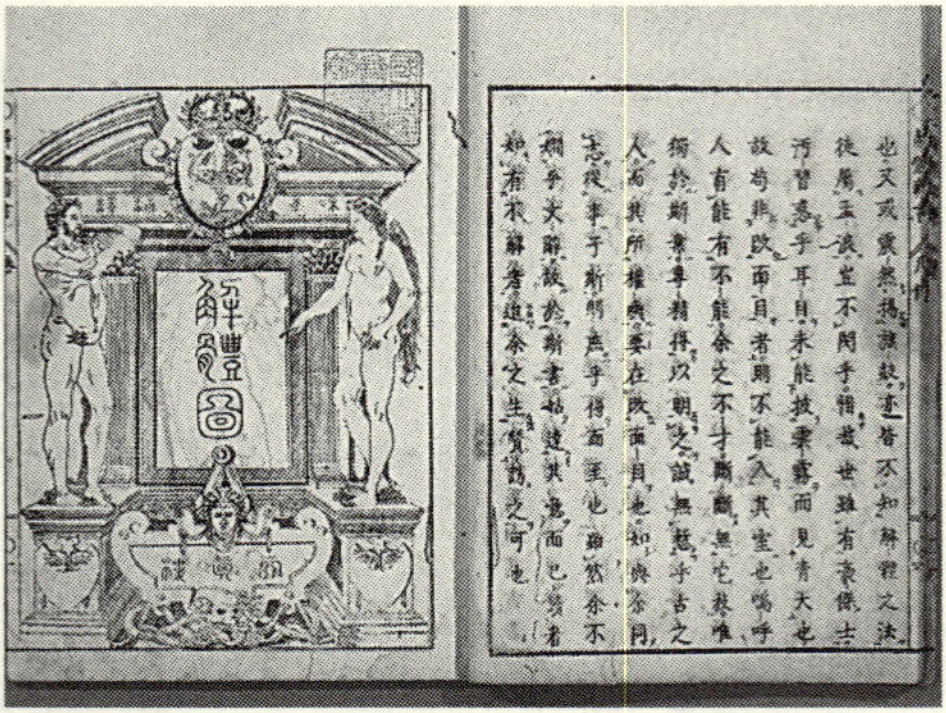
『解体新書』

ダ人またはオランダ通詞に教えを請《こ》うだけでなく、自ら蘭書や参考書をひもといて学ぶ人々が全国に現れたからである。

当初よりオランダ人は聖書などの宗教書を日本へ持参することを禁じられていた。だが、持ち込んでよい種類の書籍もあった。オランダ商館員やオランダ船の船長らに許された個人商売の輸入品には、辞書、地理学書、医学・薬学書、天文・航海書などの蘭書が含まれていて、それが徐々に幕府高官、オランダ通詞、藩医、その他の愛好家などの手に渡っていったのである。そのなかに『解体新書』の原著となったオランダ語版解剖学書も含まれていた。

一七七四年刊の『解体新書』を実質的に翻訳したのが、訳者として記載されていない前野《まえの》良沢《りょうたく》であることは、吉村昭の歴史小説『冬の鷹』に描かれている通りである。杉田玄白は、仲間たちと訳出した下書きをその日の終わりに浄《じょう》書《しょ》するのが主たる責務だったらしい。

しかし、明治時代に福沢諭吉によって再評価され出版された『蘭学事始《らんがくことはじめ》』という随想を、杉田玄白が一八一五年に書きあげて、困難な訳業の一端を後世に伝えたことは高く評価されねばならない。「又ある日、鼻の所にて、フルヘッヘンドせし物なりとあるに至りしに、此《この》語《ご》分らず」で始まる一節はとくに有名で、結局これが「堆《うずたかし》」と訳すべきと決したと記されている。

『解体新書』は、鼻の解説の冒頭を、「夫レ鼻ハ、隆起シテ面ノ中、口上、額下ニ居ス。其ノ裏ハ則《すなわ》チ上腭《じょうがく》ニ達ス」と訳している。杉田玄白の言う「堆」ではなく「隆起」という訳語が用いられており、原文の該当箇所にはフルヘッヘンドにあたる語（verheffend）も見当たらない。おそらく単なる記憶違いなのだろうが、玄白らしいとも言える。

この部分の蘭文を、先学の研究成果に依拠しながら、筆者なりに現代語訳してみると、「鼻は、二つの穴が開いた、顔の中央に見える突き出した部分であり、口の開口部より上で、額より下に位置し、口蓋《こうがい》の後ろ上方まで広がっている」となる。『解体新書』は「二つの穴が開いた」（dubbeld uitgehold）という修飾語句を訳出していない。

完全主義者で、学の成就と名声の獲得とを結びつけない前野良沢は、疑問を残す不十分な訳稿を性急に出版することに反対だったが、現実主義的で、瑣事《さじ》に拘泥《こうでい》しない杉田玄白が押し切った。玄白自身が『蘭学事始』のなかで述懐しているように、良沢の卓抜な語学力と玄白の行動力という絶妙の組み合わせがなければ、『解体新書』の出版はなし得なかった。

ともあれ、本文だけで注釈を省いた翻訳であり若干の不正確さもあるとはいえ、長崎のオランダ通詞に頼りすぎることなく、江戸で初めて西洋医学書を訳し切って出版にこぎつけたことは、本格的な蘭学の開始とみていい。この書が出版され広く読まれたことで、蘭学は、杉田玄白自身が形容しているように「広い池の水に落ちた一滴の油が池全体に及ぶ」ようにして、全国に広がった。

商館長ドゥーフと医師シーボルト

ここで蘭学の隆盛に貢献した、商館長のヘンドリック・ドゥーフ（一七七七〜一八三五）と、商館付き医師のフィリップ・フランツ・フォン・シーボルト（一七九六〜一八六六）にも触れておこう。

ドゥーフは、オランダ本国がフランスに併合され（一八一〇〜一三）、ジャワ島がイギリスに占領されていた（一八一一〜一六）困難な時期に、一八〇三年から一七年まで商館長をつとめた。彼は、オランダ船の来航が途絶え、貿易業務が閑散となって余暇に恵まれたのを利用して、後から来るオランダ人のために日本語辞書の作成に着手する。

その初稿では、蘭文に対応する日本文に長崎方言の影響が強く出ており、*Zy is zoo schoon als een engel*（彼女は天使のように美しい）が、*Ano onago wa soesamasikoe oetsikfoesika* つまり「あのおなごはすさまじく美しか」となっていた。しかも、ドゥーフが任期を終え長崎を去るまでに原稿は完成しなかった。その後、編集作業は通詞らによって続けられる。

一八三三年、ついに収録語数約五万語、和紙で約三〇〇〇枚の『ドゥーフ・ハルマ字書』が完成した。これが幕府の許可を得て一八五五年以降『和蘭辞彙《じい》』として出版される。

それに先立つ一八二三年、オランダ商館付き医官として来日したのがシーボルトである。現在のドイツのヴュルツブルクで生まれ、地元の大学で医学博士号を取得してからほどなく、生来の博物学的好奇心を抑えることができず、オランダ政府に職を得て、バタフィア経由で日本に到達した。最初そのオランダ語が疑われ、高地ドイツ人だからと弁明したところを通詞が「山オランダ人」と訳したことでうまく切り抜けることができた。

シーボルト（1796～1866）
日本の開国で1859年に再来日．長崎では大歓迎されたが，ほどなくオランダ政府の方針と衝突し，短期間で再び離日した．ミュンヘンで倒れ永眠．「私は美しい国，平和の国へ行く」が最期の言葉だった

彼には特別な任務があったとされる。それは、日蘭貿易を再構築するために日本の総合的学術調査を行うことだったとも、バタフィアの国立植物園やオランダの博物館から依頼されて日本の動植物の種子・生体・標本・剥製などを収集することだったとも言われる。

当初からシーボルトはオランダ商館の全面的支援を得て、長崎住民の診療や医術の伝授などと引き換えに破格の行動の自由を与えられた。長崎郊外の鳴滝塾《なるたきじゅく》――現在その跡地脇にはシーボルト記念館が建っている――で全国から集まった俊英に医術を教え、江戸参府の機会をとらえて日本観察に努め、植物、鉱物、工芸品、地図などを貪欲《どんよく》に収集した。

一八二八年、一時的な離日に際して、彼による国禁の日本地図などの海外持ち出しが発覚し、多数の関係者が逮捕される。いわゆる「シーボルト事件」である。乗船予定のコルネーリス・デ・ハウトマン号の、荒天による偶然の座礁《ざしょう》で積み荷の内容が発覚したというのがかつての通説だったが、いまでは、内部通報によって幕府が早くから目を光らせていたためと言われる。いずれにせよ、シーボルトと彼を取り巻く人々が、己の知識欲に任せて繰り広げた活発な知的交流が、幕府の許容限界を超えてしまった結果であった。

シーボルトは「永久」国外追放となったが、彼が滞日中に五七名の門人を教育したこと、大学卒業したての二〇代後半の青年ながら、西欧の先進医術を、とくに実際に患者を診察しながら治療法を講義するという日本初の臨床講義によって伝授したことは、日本の蘭学、とくに蘭方医学の上に大きな影響を及ぼした。それは門人を介して全国に広まる。

一方でこのような知識の受け渡しが可能になったのは、すでにその頃、蘭学が国・地方を問わず相当程度に裾野《すその》を広げていた結果とも言えよう。全国から集まった門人たちは、オランダ語でレポートが書けるほどの語学力を身につけていた。シーボルトはちょうどよい時期に日本に来たのである。

オランダ語の影響とメリット

最後に、蘭学の歴史的意義について総括しておこう。

オランダ語の単語がそのまま日本語として定着したものが、江戸時代には約三五〇あり、現在でもその半数ほどが残っていると言われる。いまでも使用されているものは、アルカリ、アルコール、カンフル、ギプス、ピンセット、マラリア、メス、モルヒネといった医術関係と、コンパス、タラップ、デッキ、ドック、ブイ、マスト、マドロスといった航海術関係である。これは、江戸時代の蘭学の性質をよく物語っている。

直接日本語になった言葉と並んで注目したいのは、オランダ語の単語をその構成要素に分割し、それぞれに漢字を当てて再び組み合わせて作った新しい言葉である。たとえば、オランダ語の **zuurstof** は **zuur**（酸っぱい）と **stof**（素材）の組み合わせだから、これを「酸素」とし、同様に **water**（水）＋ **stof** は「水素」、**kool**（炭）＋ **stof** は「炭素」とした。

また、**bind**（← **binden** 結ぶ）＋ **vlies**（膜）、**hoorn**（角）＋ **vlies**、**net**（網）＋ **vlies** などは「結膜」、「角膜」、「網膜」となる。この眼に関する三つの専門用語は英語ではそれぞれ **conjunctiva**、**cornea**、**retina** であるから、もし英語が先に日本に入っていたら、今日のような「～膜」というそろった訳語にはならなかっただろうし、そもそも適訳を見つけるのに苦労したはずである。

元来オランダ語は、一六～一七世紀に近代科学の叙述を可能にするために、平易な日常語を繋ぎ合わせて次々に造語を行った言語である。数学者のS・ステフィンが、こうした方法でさまざまな学術用語を新たに造り出したことは第2章で述べた通りである。

要するに、日本人が本格的に取り組んだ最初の西洋語が、このような特徴を持つオランダ語でよかった(!)ということだ。明治以降、さまざまな言語とともに西洋文明が本格的に流入してくる前に、科学技術に関わる基本的な用語がオランダ語経由ですでに日本語に訳出されていたことは、日本の近代化にとってきわめて有利な前提になったと言えよう。

西洋研究のための跳躍台——近代化の助走路

たしかに蘭学は、支配階級の命を守るための医術と、外夷から国を守るための砲術・航海術が中心で、江戸時代の幕藩体制を強化するための道具という面も強い。だが、福沢諭吉の『福翁《ふくおう》自伝』(一八九九年)を読むとそれだけでないことに気づかされる。福沢はオランダ語をマスターしたのちに、新たに英語を学び始めたときの心境を次のように綴っている。

最初私どもが蘭学をすてて英学に移ろうとするときに、真実に蘭学をすててしまい、数年勉強の結果をむなしゅうして生涯二度の艱難辛苦《かんなんしんく》と思いしは大間違いの話で、実際を見れば蘭といい英というも等しく横文にして、その文法もほぼ相同じければ、蘭書読む力はおのずから英書にも適用してけっして無益でない。　(昆野和七校訂『福翁自伝』)

オランダ語の土台があったから、他の西洋言語の習得もゼロから始めるよりはるかに容易だったのである。『福翁自伝』では、アメリカを訪れた際、アメリカ人が得々と解説してくれるガルヴァニの鍍金《めっき》法やテレグラフのことを、すでに日本で蘭書を読んで知っていたとくりかえし述懐している。ここでも蘭学が日本の近代化の助走路になったことがうかがえよう。

アジア諸国のうち、西欧中心の「近代世界システム」への従属を強いられた国々が多数を占めるなかで、数少ない例外として日本がいち早く西欧に追いつき得たのには種々の理由が考えられる。その要因の一つとして、日本だけがオランダ語を西洋研究のための跳躍台にできたからだと言うと、飛躍しすぎだろうか。

さて、一八五四年および五八年に日本が欧米諸国と国交・通商関係を結んで開国にふみきると、蘭学はついに現地に赴いて教えを受けるまでになる。

フィッセリング（1818～88）
２年間の講義終了後，津田と西に宛てた書簡で，講義は真に愉快な時間だったとし，いま，私は講義が終わったことを悲しむ，熱心な学徒であり，朋友でもある諸君と別れねばならないからだと記した

津山出身の津田真道《つだまみち》と津和野出身の西周《にしあまね》は、オランダへの留学生として、一八六三年に現地に渡り、レイデン大学――仲間の留学生たちの日記に「レイデン」や「レーデン」という本邦初出の表記がある――のシモン・

フィッセリング教授のもとで二年間、自然法、国際法、国家法、経済学、統計学を学んだ。同教授にとって、週二回、夜自宅に通ってくる二人の日本人学生に教えることは、この上なく充実したひとときであり、最後に日本政府から届けられた謝金も受け取らなかった。津田と西は帰国後、明治期日本の啓蒙思想家として活躍することになる。

一九九七年一〇月に、その津山と津和野の関係者がレイデン市を訪れ、市長をはじめとする地元の関係者も立ち会って、ラーペンブルヒュ一二番の、現在学生寮となっている旧フィッセリング邸の壁面に記念のプレートを設置した。一連の行事を企画立案した下山純正《しもやまよしまさ》氏(津山洋学資料館の元館長)によると、ケース・ヒュコープ市長は、たまたま居合わせた寮生の男子学生たちに向かって、かつての日本人留学生の猛勉強ぶりを君たちも見習うべきだと訓示したとのことである。

第5章　ナポレオン失脚後の王国成立——19世紀前半

1　ネーデルランデン連合王国の実験

ファン・ホーヘンドルプ——ナポレオン没落後

さて、津田真道と西周がオランダに渡った一八六三年から半世紀ほど時間を前に戻して、再びオランダ本国の歴史を見ていこう。

一八一三年一〇月一六〜一九日に、ナポレオンがライプツィヒの戦いでプロイセン、オーストリア、ロシアなどに敗れた。その直後から、オランダ人指導者層のあいだに、予想される危機と混乱を未然に回避するため、国の支配権を自らの手に取り戻そうとする動きが活発化する。後ろ盾になったのが、対ナポレオン戦争を主導し発言権を強めつつあったイギリスであった。イギリスは、再びフランスが膨張主義的になったときの緩衝地帯として、フランスの北側に相応の国力を持つ国が生まれることを望んでいた。

ファン・ホーヘンドルプ
(1762〜1834)　元来オランイェ家を支持する保守派だが，啓蒙思想やカント哲学に通じ，アメリカ独立からも学ぼうとする彼は，新旧の要素を併せ持っていた．このことが彼を「1813年の男」にした

オランダの新しい体制の頂点に立つ人材として白羽の矢が立ったのは、ウィレム・フレデリック・ファン・オランイェ・ナッサウ（一七七二〜一八四三）、すなわちイギリスへ亡命後に客死《かくし》していた旧オランダ連邦共和国時代の最後の州総督ウィレム5世の長男であった。

オランダで、一貫してウィレム・フレデリックの帰国に心を砕いたのは、レヘント層出身のヘイスベルト・カーレル・ファン・ホーヘンドルプ（一七六二〜一八三四）であった。幼少期よりオランイェ・ナッサウ家と繋がりがあり、一七八七年の州総督ウィレム5世の復権に貢献した褒賞《ほうしょう》として、ロッテルダム市法律顧問の地位を得ていた。一七九五年の旧体制崩壊後は無職となり、田園地帯で土地経営に専念しながら隠棲《いんせい》の日々を送る。

ファン・ホーヘンドルプは、一七八三〜八四年の訪米時以来、ジェファソンと文通による交際があり、帰国途中に立ち寄ったイギリスでは、当時二五歳の首相ウィリアム・ピットとも知り合いになっている。

一七八六年には憲法研究でレイデン大学から学位を得、隠棲中はオランダに適した憲法について思索と著述（たとえば『ユトレヒト同盟再考』一七九九年）を続ける。一八〇九年にハーグに転居。一八一二年にはすでに立憲君主政を前提とした新憲法の素案を書き上げていた。

ナポレオンの敗北が知れ渡ると、多くの都市でフランス兵を追い払う騒ぎが起き、続いてプロイセン人とコサック兵の軍隊の脅威が迫ると、国外に脱出を図る者も現れた。一一月二〇日、ファン・ホーヘンドルプは由緒正しい貴族の同志二人とともに、ウィレム・フレデリックの帰国を待つあいだの暫定政府をハーグに樹立し、指導権を握る。

当時ロンドンに滞在していたウィレム・フレデリックのもとへオランダから招聘の使者が訪れると、イギリス政府は、オランダをフランスから独立させる絶好の機会ととらえ、彼が海峡を渡るための船とイギリス人の漕ぎ手を用意し、帰国を助けた。

ネーデルランデン連合王国の成立——全低地諸州の再統一

ウィレム５世の長男ウィレム・フレデリックは、一八一三年一一月三〇日、スヘーフェニンゲンの海岸に降り立ち、礼砲、鐘の音、踊り歌う群衆などに歓迎されながらハーグ中心部へ向かう。すでに「国王万歳」、「陛下、ようこそ祖国へ」といった呼びかけさえ飛び交った。立憲君主政を前提に、前もってオランイェ・ナッサウ家待望の世論を喚起する手立てがとられていたからである。

ファン・ホーヘンドルプは重症の痛風で、ウィレム・フレデリックを出迎えに行くことはできなかった。しかしすべては彼のシナリオ通りに進んでいく。外国の要人に知己《ちき》が多く、国制論に関する著作もあり、だれもが尻込みする危機的状況下で進んで先導役を買って出たファン・ホーヘンドルプの権威はいまや抜きん出ていた。

ウィレム・フレデリックは一二月二日、アムステルダム市庁舎で、やや控えめに「主権君主」(souverein vorst) と名乗る。「だれもが私に主権を担ってほしいと明言しました」と、彼は翌日の母親宛の手紙に書いている。

ファン・ホーヘンドルプの素案をもとに、それからわずか四ヵ月で完成された憲法が、一八一四年三月二九日に公布され、翌日、主権君主ウィレム1世が正式に誕生した。

一八一四年九月からナポレオン後のヨーロッパの秩序再建を討議してきたウィーン会議は、一八一五年六月に最終的結論に至るが、そのなかでオランダは、イギリスの主張通り、南ネーデルランデン(現ベルギー)と合邦して「ネーデルランデン連合王国」とすることが了承される。またルクセンブルク大公国も、ウィレム1世が大公として併せ領有することになった。

かつてハプスブルク時代に統一体をなしていた全低地諸州が、一五八〇年代以降、相異なる歴史を刻んだのちに、新しい国際情勢という外圧によって再び一つになったのである。

一八一五年には、これを受けて南部ネーデルランデン側の委員も加えて王国憲法が再度改正される。議会は、一院制から二院制に改められ、ハーグとブリュッセルで一年交代で開催されることになった。つまり、首都はルイ・ボナパルト時代と同じアムステルダムであったが、政治の機能はハーグに戻されたのである。また、新しい憲法には請願の権利、財産や家屋の保護、出版の自由といった、いくつかの基本権も盛り込まれた。

イギリスは、バターフ革命からナポレオン戦争期にかけて、オランダの植民地の大半を奪い取っていた。しかしウィーン会議後、ケープ植民地・セイロン島などは確保した一方で、今日のインドネシア一帯はネーデルランデン連合王国に返還した。それは、一つには、この新しい連合王国にふさわしい国力を付与するためである。鉱物資源が豊富で産業が発達した南部（ベルギー）と、国際貿易を得意とする北部（オランダ）、そして東インド植民地という三つの要素からなる新王国は、たしかにイギリスの希望通り、フランスに対する重石になりうる国になった。

初代国王ウィレム1世

ウィレム1世は、一八一五年九月二一日、ブリュッセルで新憲法の遵守を誓い、連合王国の国王として即位する。長くスペインやオーストリアの支配下にあった南部をいかにオランダと調和的に統治するか、フランス時代以前と比べて著しく衰退した商業をどう立て直し、旧弊な運輸・交通手段をどう近代化するかなど、彼の前には多数の課題が横たわっていた。

ウィレム1世はハーグとブリュッセルを往復しながら国を治め始める。すでに一八一四年に経済復興を支援する「オランダ銀行」（資本金五〇〇〇万グルデンの株式会社組織による発券銀行）をアムステルダムに設立していたが、二二年には南部商人の提案に応え「全ネーデルラ

国王ウィレム1世（1772～1843）　国民の繁栄と幸福を追求したが，その施政では個人的理想と複雑な現実とがいつも衝突している．それをある史家は「拙劣な経営者と彼方を展望する偉大な経済政治家との同居」と評している

ンデン産業振興会社」（ベルギーのソシエテ・ジェネラル銀行の起源）を発足させた。

一八二四年には、南部の織物工業と北部の海運業を連携させ、東インドとの通商を促進すべく、資本金三七〇〇万グルデンの「オランダ商事会社」を設立し、自らも四〇〇万グルデンを負担した。こうした取り組みによって彼は「商人国王」という異名をとることになる。

また、当時最良の運輸手段だった水運にも力を入れ、王は北海とアムステルダムを繋ぐ大ホラント運河（現ノールトホラント運河）など多数の運河を新たに造り、「運河国王」とも称された。

もともと、北海からアムステルダムに至るには、デン・ヘルデルの北の水道から入って、ザイデルゼー（現エイセルメール）経由で向かうのが一般的だったが、ザイデルゼー全域の水深が浅いうえに、首都に至る航路上には砂が沈積して大型船の航行が困難になっていた。

大ホラント運河は、これに代えて、デン・ヘルデルから陸地に運河を穿《うが》ち、直接アムステルダムに達しようとするもので、全長七九キロ、深さは最も浅いところで四・五メートル、幅は最も狭いところで三七メートルあった。この結果、軍艦や東インド貿易船のような大型船が再びアムステルダムまで到達できるようになった。

時代遅れの啓蒙専制政治

ところで、国王自身のイニシアティヴによるものではないが、この時代には蒸気船と蒸気機関車がオランダでも初めて導入され、実用化された。アメリカ人発明家ロバート・フルトンが、ハドソン川のニューヨーク－オールバニ間で蒸気船の試運転を行ったのが一八〇七年。それから一〇年あまりのち、水上輸送力に国運が懸るオランダでも、民間の蒸気船会社がロッテルダム（一八二三年）とアムステルダム（一八二五年）に相次いで設立された。

また、イギリス人技術者ジョージ・スティーヴンソンがストックトン－ダーリントン間に世界初の鉄道を開設したのが一八二五年。ついで、後で述べるベルギー独立宣言後の一八三五年に、大陸側で初の鉄道がブリュッセル－メヘレン間に開通している。

オランダではその四年後の一八三九年に、アムステルダム－ハールレム間に最初の鉄道路線が開設された。運転開始が遅れたのは、第一に、ベルギーでは鉄道敷設が国策だったのに対し、オランダでは民間に任せられていたためであり、第二には、人間の体が列車の「猛烈な」スピードに耐えられるか、沿線の家畜に悪影響はないか、煙突から出る火花で農家が火事にならないかなど、さまざまな懸念が表明されていたためである。

一八三九年九月二〇日、一〇両の客車に不安げな三〇〇人ほどの乗客を乗せてアムステルダムを出発した蒸気機関車は、三五分かけて目的地のハールレムにほぼ無事に到着した。ちなみに、現在の電車ならわずか八分ほどである。最初から旅客輸送を専門にしていた点が、初期の鉄道としては珍しい。その後の鉄道建設では、オランダはベルギーに大きく後れをとる。オランダには鉄道敷設の障害になる大きな河川や運河が多かったからである。

本題に戻ろう。ウィレム1世は帰国して国王になる前に、ドイツのフルダやドルトムントを短期間治めていたことがある。彼の母も妻もプロイセン王家出身だったから、主にプロイセンが配慮した結果だった。このうちフルダでは、彼は馬に乗って領内の民情を視察し、住民の現状を余さず知り尽くそうと努めた。地方役人たちとは統治の細部に至るまでとことん話し合った。ウィレム1世はこれと同じ要領で、新しい連合王国をも治めようとする。

彼は、たぶん父親を反面教師として、エネルギッシュに君主のつとめに励んだ。しばしば早朝三時から執務を開始し、同様に就寝時間も早かった。なぜなら、彼は万事に関わり最終決定を下し、臣民の訴えにも起立したまま何時間も耳を傾け、また君臣間の一体感を強めるため王国内の至る所を足繁く訪問したので、一日の終わりには疲れ切っていたからである。

ウィレム1世は自らを「啓蒙専制君主」ととらえた。ウィーン体制の特徴である正統主義と復古主義が、この時代遅れの啓蒙専制政治に暫時《ざんじ》の余命を与えたとも言えようが、ウィレム1世の政治手法に対しては早晩批判の声が聞かれるようになる。

たしかにウィレムは、バターフ・フランス時代のオランダで行われた国制の近代化をおおむね受け入れ、新国家の船出に際しては、父親の敵だった愛国者派に属する政治家・官僚であっても、有能な者は決して排除しなかった。しかし、彼は議会を通さず自ら決裁し、大臣たちも議会ではなく国王に責任を負っていた。そもそも啓蒙専制政治というものは国民の政治参加と相容れない。かつての啓蒙専制君主プロイセン王フリードリヒ2世の統治が「すべてを人民のために、しかしなにごとも人民に依《よ》らず」と要約されている通りである。

実際、王国の二院制議会は、国王の決定を追認するのが主な仕事だった。

第二院は全一八州の州議会の議員から選ばれ、任期は三年に限られ、重要な役職には貴族層が優先的に配置された。第一院の構成員は「出生、善良さ、国への奉仕」などの点で適格な人々を国王自らが選任した。そのため第一院は「国王の動物園」と揶揄《やゆ》された。

ウィレム1世の帰国に尽力し、新体制樹立のお膳立てをしたファン・ホーヘンドルプは、一八一五年に国王によって貴族に格上げされ、二五年まで第二院議員をつとめたが、ほとんど彼だけが国王の政治を公然と批判し続けた。国王との確執から、もとは保守主義者だったファン・ホーヘンドルプは、しだいに自由主義者へと変貌していく。

とはいえ、ネーデルランデン連合王国の国王ウィレム1世の政治に対する最大の反対運動は、王国南部から湧き起こってくる。

2　ベルギーの独立——七月革命の衝撃

南部の不満と七月革命

ナポレオン後のヨーロッパ再編のなかで、勢力均衡への配慮から、ネーデルランデンの北部（オランダ）と南部（ベルギー）が連合王国とされたとき、思いがけない合邦を押しつけられた南部住民の不満は、北部住民のそれよりはるかに大きかった。多くの南部住民は国王のことを、オランダ人を表す蔑称である「チーズ頭《カースコップ》」を冠して「カースコップ・ウィレム」と呼んだ。

すでに一八一五年の憲法改正の際、圧倒的にカトリック人口の多い南部の実情と馴染まない諸宗派同権化の採用と、議会に対する「大臣の責任制」の不採用に対して、南部側委員が異議を唱えていた。だが、北部側委員も同席する全体会議では原案が多数決で承認される。

さらにウィレム1世は、バターフ共和国時代に実現された政教分離の原則に従わず、むしろ教会に対する監督を強めた。とくに南部についてはカトリック教会独自の聖職者養成に干渉し、カトリックの私立学校による中等教育にも制限を加えようとした。

また国王は、予算や課税に関する第二院の発言権増大を求める南部の自由主義者たちの声に耳を貸さず、新聞・雑誌などの報道機関の意義は、政府を「批判」することではなく政府を「支援」することにあるとしていた。

これらに対して一八二八年、本来は相容れないはずの南部の自由主義者と南部のカトリック教徒が、「報道・言論・出版の自由」を守り抜くため共闘を組んだ。これに加えて、一八二九年から三〇年にかけての長く厳しい冬と一八三〇年夏の天候不順が凶作と食糧不足をひきおこし、経済社会状況は悪化していた。

このとき、「七月革命」がパリで発生し、ブルボン家の反動的国王シャルル10世が退位に追い込まれる。その衝撃と影響は全欧に波及したが、とくに、パリとブリュッセルは直線距離にして二六〇キロほどであり、直接パリの革命を見聞きした人々の生々しい体験談が、同じフランス語を話すブリュッセル市民の耳にも届き、その心を揺さぶったのである。そして、最終的に導火線に火をつけたのは一幕のオペラであった。

ブリュッセルの革命

一八三〇年八月、ブリュッセルのモネ（ムント）劇場では、フランスの作曲家D・オーベールの「ポルティチのもの言わぬ娘」と題するオペラが、皮肉なことに国王ウィレム1世の五八歳の誕生日を祝って上演されていた。テーマは一六四七年のスペインに対するナポリ人の反乱であり、とくに劇中のアリア「聖なる祖国愛」が何度も何度も聴衆に我を忘れさせた。運命の八月二五日水曜日の暑い夜、これがとうとう沸点を超えた。ナポリ人の反乱が最終的に失敗に終わるオペラの結末部分まで聴き終えることなく、興奮した聴衆が劇場を飛び出し群衆と化して武器商を略奪し、政府寄りの新聞社やオランダ人名士の邸宅などを襲う。人民の蜂起はたちまち全面的革命へと転化していく。

国王ウィレム1世の次男フレデリックの指揮する軍隊が、九月二三日から二六日にかけてブリュッセルで反乱軍と激戦を繰り広げ、数百人の死者を出したが、結局秩序回復に失敗して撤退する。そして、自由主義者とカトリック教徒は同盟して臨時政府を作り上げ、一〇月四日には早くもベルギーの独立が宣せられた。

北部の対応、「十日間の戦い」

これに対し、ウィレム1世は、「忠良なる臣民」に向けて、万能の神に助力を祈りつつ「武器を取れ」と呼びかけた。北部＝オランダの諸都市では市民隊が動員され、数千人の義勇兵が「臆病なベルギー人」、「反乱好きなベルギー人」を懲《こ》らしめるため参集した。北部では、ベルギーの反乱が「有害な」フランス革命の新たな表出ととらえられ、オランダこそはヨーロッパの危機に対する秩序の防塁になるべきと考えられたのである。

オランダ語を話すフラーンデレン（現ベルギーの北半分）は、当初は逡巡していたが、北部＝オランダのこのような拒絶的姿勢を見て独立革命側に加わることを決意する。

ベルギー独立革命に際し調停役となったイギリスは、軍事介入には消極的であった。新たな中立国の誕生は、かつてほど攻撃的でなくなったフランスには十分な安全保障になりうると考え、一八三〇年一二月、フランス、プロイセン、オーストリア、ロシアとともにベルギーの独立を容認した。

翌一八三一年二月五日、オランダ人を熱狂させる事件が起こる。

海軍中尉ヤン・ファン・スペイクはスヘルデ川上で小型砲艦を指揮していたが、荒天のため運悪くベルギー側の波止場に流れ着く。ベルギー人らはこれを差し押さえ、ファン・スペイク中尉に王国旗を降ろすよう要求。中尉は不名誉な降伏よりも名誉ある死を選ぶ。言い伝えでは「それはできない！　それなら爆破だ！」と叫んだ彼は、船倉に駆けおり、火薬樽のなかに銃を発射して、または火のついた煙草を火薬樽に差し込んで、砲艦・乗組員・ベルギー人もろともに自爆したのである。これはオランダ側からみれば「英雄的行為」だった。

半年後の八月、オランダのナショナリズムはその頂点に達する。国王の長男で、かつて将軍ウェリントンのもとで戦功を重ねたウィレム・フレデリック・ヘオルヘ・ローデウェイク（一七九二～一八四九、のちの国王ウィレム2世）率いる約四万人のオランダ軍が、失われた領土を回復すべく南部へ向かったからである。こうして八月二日から一二日にかけての、いわゆる「十日間の戦い」が繰り広げられ、オランダ軍はハッセルトやレーフェンなどでベルギー軍を打ち破る。ここまでの作戦は大成功であった。しかしこの後フランス軍がベルギー救援に駆けつけると、オランダ軍は大急ぎで撤退せざるを得なかった。

「近代歴史学の父」レーオポルト・フォン・ランケは、『列強論』(一八三三年)のなかでパリ七月革命に言及し、革命精神を食い止める必要性を説いているが、その一節でベルギーの独立革命に対するオランダの対応を次のように評している。

前回のフランス革命の襲撃には完全に屈し、その後は〔フランス〕帝国のほとんど無力な一州となっていたこのオランダが、今回は往時の名誉感情や消しがたい使命感をもってあのように勇敢に立ち上がり、頑強に持ちこたえたではないか。(村岡晢訳)

ここでは、歴史学者ランケを特徴づける客観性や不偏不党性よりも、同時代人としての彼の党派性のほうがまさっている。保守主義者のランケは、革命の臭いがするあらゆるものを嫌った。そこからオランダに対する自然な敬意の念も生じてきたのである。

ベルギーの独立運動は、オランダにとっても意味深いものだった。当時の価値観からは、軍事力行使を決断したことによって、オランダは弱腰国家ではないことを証明してみせたとも言えるからである。高揚した国民的プライドの念は、自爆したファン・スペイクや戦果を挙げたウィレム2世といったヒーローへの崇拝と相まって、北部の一体感をさらに強めた。

さて、事実上半分になってしまった国会のオランダ側議員たちも、またオランダの世論も、連合王国の分割について列強との協議もやむなしと考えていたが、国王ウィレム1世だけが、頑としてこれに抵抗した。主要国の意見がまとまらず、結果、南部を取り戻すチャンスがまた訪れるかもしれないと期待し、意固地に動員体制を継続していた。

実はウィレム1世は、一八二三年というかなり早い時期に、「もしオランダだけだったら私は一〇〇倍幸せだっただろうに」と溜息まじりに語ったことがある。もちろん南部がないほうがよいというのではない。彼には連合王国こそが彼の王国であったし、それはどんな代償を払ってでも維持するつもりであった。しかし彼は、その治世を通じてまるで、ギリシア神話のシシュフォスのように「果てしなき徒労」を続けているようなものであった。

結局、低地諸州の北部も南部も初めから統一にあまり乗り気でなく、さまざまな具体的な争点をめぐって遠心力が強く作用していたのである。連合王国のなかで南部は、人口・産業・言語（国際語のフランス語）などの点で自分たちこそが優位に立つ資格があると自負していた。一方北部は内向きで自己満足的で、カトリック教徒との協力に消極的だった。

フランスで七月革命が起きなかったら、イギリスの外交方針が一貫していたら、そしてウィレム1世の政府が南北を統合する新しい理念を創り出すことに成功していたら、連合王国は続いていたかもしれない。しかし、この王国はオランダとベルギーという二つの国民国家に分裂した。両国が、再び手を取り合うまでには、さらに一世紀の時の経過を必要とする。

ウィレム1世の退位——大臣の責任制導入と結婚問題

北半分だけになった議会の第二院から、いたずらに出費のかさむ動員体制の維持を批判されてきたウィレム1世は、一八三八年、ついに連合王国の分裂という既成事実を受け入れた。翌一八三九年、ベルギーの中立国としての独立が諸列強によって正式に承認された。

国の形が改まれば憲法改正が必要になる。一八四〇年の新しいオランダ憲法には、さらに議会に対する「大臣の責任制」が部分的に採り入れられ、大臣たちの施策の合法性を議会がチェックできる仕組みになった。しかしこれはウィレム1世の王政観と衝突する。

しかもこの頃、国王の個人的な問題がにわかに政治問題化する。一八三七年に王妃ヴィルヘルミナと死別したウィレム1世が、カトリック教徒でベルギー人の血が流れるアンリエット・ドゥルトゥルモンと再婚の意思があることを明らかにしたところ、オランダ国内のカルヴァン派が猛反対したからである。

一八四〇年、カルヴァン派の政治家・歴史家で側近の一人でもあるギョーム・グルン・ファン・プリンステレルと言葉を交わした国王は、皆は幸せに違いないが自分はそうではないと落胆ぎみに語り、さらに「私はもう要らないのか？　誰もがそう言っている。私にはもう彼ら［オランダ人］など必要ない」と言い放ったという。

結局、当時六八歳のウィレム1世に残された選択肢は退位しかなかった。長子ウィレム2

世に位を譲ったあと、アンリエットとともにベルリンに住まいを移し、そこで結婚式を挙げる。しかし新婚生活は三年しか続かなかった。一八四三年一二月、ウィレムは自身の執務室でドイツの神秘思想家トマス・ア・ケンピスの主著『キリストに倣いて』のフランス語版を読んでいる最中に意識を失い帰らぬ人となったからだ。たまたま開かれていたのは「死」について考察した章であったという。

3　植民地支配——ジャワ戦争とアチェ戦争

奴隷貿易

ベルギーの独立は、オランダから見れば経済的にも財政的にも大きな損失であった。それを埋め合わせることができるのは植民地経営の効率化と貿易の振興であった。

海外のオランダ人たちの動向は、第４章で触れたが、その後について、まずは西インド会社から見てみよう。一六四八年にスペインとの和平条約が成立すると、スペイン船に対する私拿捕は大義を失った。会社の拠点のうちニウ・ホラント、つまりオランダ領ブラジルは短期間でポルトガル人に取り返され、ニウ・ネーデルラントは第二次英蘭戦争後、イングランドのものになる。

こうしたなかで、西インド会社の貿易活動の中心をなしたのは、西アフリカから新大陸への奴隷貿易であった。

アフリカではもともと殺人、盗み、姦通、妖術などの罪や部族間戦争などの結果、奴隷に身を落とす人々が存在していた。かつてポルトガルとスペインがローマ教皇の仲介で世界の支配地域を二分した際（一四九四年）、アフリカを得たのはポルトガルであった。よって、ポルトガル商人が当初はこの黒人奴隷の取引を独占した。しかしその後、オランダ、イギリス、フランスなどがポルトガルから交易拠点を奪うと、各国はこの奴隷貿易にも参入する。

奴隷貿易は、ヨーロッパの本国と、西アフリカと、アメリカを結ぶいわゆる「三角貿易」の一辺をなしていた。オランダの場合、まず本国から織物、銃、火薬、酒、装飾品などが西アフリカ沿岸地帯に運ばれ、これらと引き換えに現地の奴隷商人から黒人奴隷を受け取り、これを新大陸の奴隷集散地であるオランダ領キュラソー島や、サトウキビやコーヒーのプランテーションが経営されているスリナムに輸送する。船長はここで為替手形を受け取り、砂糖、コーヒーなどの新大陸産品を積み込んで本国に持ち帰るというものである。

西アフリカからアメリカまでの片道航海はおよそ二〜三ヵ月かかり、その間船室にすし詰め状態に置かれた黒人奴隷の平均死亡率は一七%にものぼった。他方、乗組員の一年半以上に及ぶ三角貿易の全行程での死亡率は一八%であった。

現代から見ると恥ずべき人身売買でのオランダ人の占有率は、ポルトガル人の次に多かったとするもの、輸送された全黒人奴隷のうち約五・五%を占めたとするものなど、史書により種々の説明がある。いずれにせよ、西インド会社はこの貿易を独占的に一七三四年まで続け、その後はオランダ人自由商人らが引き継いだ。一七九一年にオランダ全国議会は西インド会社を最終的に解散するが、奴隷貿易も同じ頃実質的に消滅する。

奴隷貿易を除くと、スリナムの黒人奴隷を使役したサトウキビ栽培が比較的目立つ産業だったが、これは本国オランダの製糖会社の需要をまったく満たしていなかった。しかも、スリナムでの黒人奴隷に対する仕打ちの残酷さは、スコットランド人の父とオランダ人の母を持ち、奴隷反乱の掃討に兵士として参加したJ・G・ステッドマンの挿絵入り体験記（一七九六年）によって煽情《せんじょう》的に伝えられ、オランダ人農園主の非人道性を際立たせていた。

オランダが奴隷制自体の廃止を宣言するのは、アメリカ合衆国の奴隷解放宣言と同じ一八六三年である。廃止表明としてはかなり遅いほうに属する。

東インド経営の再構築と「ジャワ戦争」

オランダの大西洋方面の貿易や植民地経営は縮小する一方であった。オランダ経済立て直しの梃子《てこ》となりうるのは、かつての東インド会社勢力下のアジアであった。

東インド会社はその巨大な規模により、オランダ本国経済と密接に結びついていた。会社が影響力を行使できた東インドつまり現在のインドネシアとほぼ重なる東西の領域は、ヨーロッパに置き換えてみれば、アイルランドからウラル地方までの幅とほぼ等しかった。

しかし東インド会社は、一七九五年、バタープ共和国成立とともに解散していた。しかもナポレオン戦争期は、イギリスがオランダに代わってこの一帯を支配する。一九世紀初め頃、海外でなおオランダ国旗を掲げていたのは、ドゥーフ商館長が陣取る出島くらいであった。ナポレオンが失脚し、ネーデルランデン連合王国が発足すると、先にも述べたように、イギリスは奪った地域のうち東インド一帯を新しい王国に返還した。これを受けてオランダは、この巨大な多島海全域の経営を再構築する。

早くも一八一四年に、国王ウィレム1世は今後の植民地の発展に期待を表明していた。しかし植民地とは言っても、オランダ人は島の沿岸部の若干の地点を領有していただけで、ジャワ島でさえ、絶えず内陸部の地元支配層や外国の競争相手によって脅《おびや》かされていた。

一八二五年には、そのジャワ島で有力な王族の一人であるディポヌゴロが、オランダ人による支配強化に反発する地元勢力を糾合《きゅうごう》して大規模な反乱を起こした。これが一八三〇年まで続く「ジャワ戦争」である。この戦争で約二〇万人のジャワ住民が死亡し、オランダ側も約一万五〇〇〇人の戦死者（ヨーロッパ人は半数強）を出した。オランダ人は、真剣に和平交渉を行う振りをしてディポヌゴロを誘い出し、彼を捕えて追放処分にすることでジャワ戦争を終結させる。オランダの東インド政庁はこの戦争後、ジャワ島の支配を完成させる。

「アチェ戦争」での虐殺

その後、一九世紀を通じてジャワ島以外の周辺の島々へも軍事遠征が行われ、東インド一帯の支配が強化されていく。なかでも最も悪名高いのは「アチェ戦争」である。

このスマトラ島西北端の反抗勢力との戦いは一八七三年から一九一四年まで四〇年も続いた。なかでも一九〇四年、副総督G・C・E・ファン・ダーレンが実行した掃討作戦は酸鼻《さんび》をきわめた。ファン・ダーレンは二〇〇人の憲兵隊と四〇〇人の荷役人からなる遠征隊を率いて、反乱軍兵士を匿《かくま》う何十もの村々を破壊して回った。アチェ人およそ三〇〇〇人が殺され、うち一一五〇人ほどは女や子どもであった。

このファン・ダーレンの遠征について、一九〇四年秋、本国オランダ議会の第二院で大騒動が持ち上がる。カトリック議員のフィクトル・デ・ステュールスが、「由緒ある、栄誉あふれるオランダ国旗が、何百人もの女や子どもの血で汚されてしまった」と政府を攻撃したからだ。これに対し、後で詳しく述べるが、当時首相の地位にあったアブラハム・カイペルは、「手ぬるい気弱な外科医は傷を大きくする」と答弁し、中途半端な措置はかえって事態を悪化させるという論法でこの掃討作戦を擁護した。

東インド一帯の植民地化は、二〇世紀初めにようやく完成するが、アムステルダム大学名誉教授ピート・デ・ローイはオランダ人の海外植民地での活動を次のように総評している。

ある種の二枚舌はオランダ人の場合も珍しいものではなかった。ヨーロッパ大陸では、オランダ人は自らをきわめて平和愛好的な人民であると見なした。しかし植民地では一九世紀を通じて殺人、放火、そして干戈《かんか》の交わる音が絶えなかった。

(G. Mak e.a., *Verleden van Nederland*)

強制栽培制度

人命の軽視や残虐行為と並んで、あるいはそれ以上にオランダの東インドに対する容赦ない搾取の代名詞となるのが、植民地政庁によって一八三〇年から三四年にかけて導入された「強制栽培制度《クルトゥールステルセル》」である。

強制栽培制度とは、農地の一画を区切り、そこで一年の一定期間、東インド政庁によって指定され独占的に買い上げられる輸出用作物、たとえばコーヒー、サトウキビなどを、農民たちに強制的に作らせるものである。収穫物はアムステルダムのオランダ商事会社によって世界の市場に向けて販売され、莫大な利益を上げた。

たとえば一八三〇年代にこの制度によって生み出された毎年の黒字額は約一億五〇〇〇万グルデンにのぼり、それはオランダ中央政府の税収額の三〇%強を占め、七〇年代には五〇%以上になる。そのおかげで政府は、過去の巨大な債務を正常レベルにまで戻し、一八六三年の奴隷解放に際して奴隷所有者に補償金を支払い、全国に鉄道網を押し広げ、所得税の導入を一八九三年まで延期することができたのである。

しかし利益率の高さゆえに、この強制栽培制度にはルール違反・悪弊《あくへい》といったマイナス面がしだいに目立つようになる。また農民たちは、この制度が濫用《らんよう》された結果、自らの食糧生産を犠牲にせざるを得ず、慢性的な飢餓状態に置かれていた。これらに対する告発・是正の取り組みなどについては次節で触れることにしよう。

4　ウィレム2世の豹変——近代化と自由主義者の躍進

ウィレム2世の一八四八年三月一三日の決断

一八四〇年、オランダに新しい国王ウィレム2世が即位する。新王は、父王から当時破産寸前の国家財政と権威主義的統治をそのまま引き継いでいた。

一八四五年、オランダ国内でジャガイモが凶作となった。また一八四七年には食糧価格の高騰や失業の増大がもとで、各地で小衝突事件が発生する。翌一八四八年、フランスで二月革命が勃発し、ついでドイツでは三月革命が起こった。フランス王ルイ・フィリップの退位と共和政への移行、ドイツ各地の大衆運動、農民蜂起など、諸外国から不穏な知らせが次々に送られてくるにつれて、ウィレム2世は極度に神経質になった。

ウィレム2世は、この頃頻繁に接触していた自由主義ジャーナリストらから不安を煽《あお》られ、またドイツの大公家に嫁いでいた娘ソフィーからの、不満をそらすには「生贄《いけにえ》」が必要とい

国王ウィレム２世（1792〜1849）　同王は1844年に，シーボルト起草の親書を徳川家慶に送って開国を助言したことでも有名．鎖国日本の扉を叩いた最初の西欧君主だった．将軍は感謝しつつも，祖法を尊重するほうを選んだ

う手紙による示唆にも影響されて、皆の意表をつく大胆な国制の変革を決断する。

三月一三日、ウィレム２世は第二院の議長を宮殿に呼び、議会が検討しているよりはるかに根本的な憲法の改正に踏み切ることを告げる。三月一二日（日）から一三日（月）にかけての「二四時間」のうちに自分は「徹底的な保守主義者から徹底的な自由主義者へ」と変わったのだ、とは翌一四日の国王自身の弁である。一説によれば、国王には健康不安があり、息子に無事に王位を継承させることを最優先に考えた末の決断だったという。

この決断は、大臣たちにはまったく諮《はか》られることなく行われたので、大臣団は総辞職を申し出、ただちにウィレム２世によって受理される。ついで代表的な自由主義者たちが呼び集められ、新憲法案の作成が命じられる。議長に選ばれたのは第二院議員の経験もあるレイデン大学教授ヨハン・ルドルフ・トルベッケ（一七九八〜一八七二）であった。

議長トルベッケの憲法案

トルベッケの先祖はルター主義を奉じるドイツ移民であった。幼少時から学業成績優秀で、レイデン大学で古典学の博士号を取得し、ドイツへ遊学。その後ヘント大学教授をつとめていたが、ベルギーが独立を宣言したため、一八三一年からはレイデン大学に籍を移し、法学部教授として主に憲法論を担当していた。その講義内容をまとめて一八三九年に出版した著書『憲法注解』は、トルベッケが自由主義に帰依《きえ》したことを示している。

　そもそも「自由主義《リベラリズム》」とはいったい何か。

　自由主義の原点は宗教改革時代の「信仰の自由」にあり、個人の自発的決定権を集団・国家よりも優先させる考え方である。その後、啓蒙思想、アメリカ独立宣言、フランス人権宣言などを経て、言論・思想の自由などの基本的人権の尊重へと結実した。とくに一九世紀には、台頭する有産者層《ブルジョワ》の基本的な考え方になり、自由貿易や国家の不干渉といった経済的自由主義の面も併せ持つことになる。

トルベッケ（1798～1872）
1874年のファン・ハウテンの「子ども法」は児童の工場労働を制限する初の社会立法だが，旧世代の自由主義者であるトルベッケは，父親の増収で児童労働も減るはずと考え，政府の介入には消極的だった

　さて、一八四〇および四四年に第二院議員になったトルベッケは、四四年には他の八人の自由主義議員とともに憲法改革案を議会に提出し否決されている。これがもとで四五年に国会を去っていった彼に、突如として重大な任務がふりかかってきたのだ。

　一八四八年三月一七日、憲法見直し委員会

の議長になったトルベッケは、有能な法律家との評判通り、その後わずか一ヵ月足らずで、つまり周辺各国で再び保守勢力が力を盛り返す前にその作業をなし終えた。妻アーデルハイトに宛てた手紙で彼はこう書いている。

愛しい人へ。ハーグ、一八四八年四月一四日。私は昨晩も、また今朝のいちばん列車までにも手紙を書くことができませんでした。〔憲法案の〕校正刷りを直さねばならなかったからです。この仕事は今日中もしくは明日早朝までには終わります。明日にはあなたにも一部進呈できるでしょう。国王は私たちが作った憲法にたいそう満足されました。まったく重要でない一ヵ所について意見を言われただけでした。

(G. Hooykaas, *Thorbecke*)

妻アーデルハイトはドイツの大学教授の娘であり、二歳のとき死別した父の遺著を閲読するため家を訪れた、当時ドイツ遊学中のトルベッケに初めて出会った。彼女は四歳のときにはすでに、この定期的に来訪する青年と将来結婚すると心に決めていたという。トルベッケは三八歳のとき、一九歳になったアーデルハイトと結婚。その後二人のあいだには四男二女が生まれた。ハーグで繰り広げられる政治にも通暁《つうぎょう》した聡明な妻は、トルベッケの最高のアドバイザーでもあった。

国制の近代化――新憲法による議院内閣制へ

トルベッケらの憲法案に新任の大臣たちは反対したが、ウィレム2世はこれを意に介さなかった。こうして、当時のオランダには「近代的すぎる」憲法が公布されたのである。

この新憲法は、国王からその統治権限のほとんどすべてを奪っていた。大臣たちはもはや国王の僕《しもべ》ではなく、議会第二院にすべての責任を負うことになった（大臣の責任制）。

第二院の議員は従来は州議会によって選出されていたが、今後は一定の税額を納めている二三歳以上の男性（全人口の二・五％）による直接選挙で選出されることになる。第一院の議員は、国王が選ぶのではなく、州議会が高額納税者のなかから選ぶ仕組みになった。また国民の基本的人権としての信教・言論・結社・集会の自由なども保障された。

新憲法に基づく国会議員選挙は自由主義者たちの勝利に終わった。もっとも当時のオランダには「政党」は存在せず、「首相」のポストもまだなかった。これまで「大臣の責任制」という直訳の控えめな呼称を用いてきたのは、二大政党制と不可分の関係にあるイギリスの「議院内閣制」とはオランダの状況はいささか隔たりがあると思えたからである。とはいえ、二〇年後の一八六八年に、議会の意志に反する政権を作ろうとする国王派の最後の試みが失敗に終わった時点で、オランダにもいちおう議院内閣制が確立したとみることはできる。

自由主義者が優位に立つなか、トルベッケは、内相であると同時に大臣たちの第一人者として三度にわたり内閣を率い（①一八四九～五三、②一八六二～六六、③一八七一～七二）、自治体法、州法、選挙法、郵便法、電信法、中等教育法、西インド奴隷制廃止法、運河開削《かいさく》法など多数の法律を成立させ、国の近代化を推し進めていく。

ちなみにトルベッケが国政に活動の場を移した後、レイデン大学でその後任に就いたのが、先述した津田や西に西洋法学を教えるシモン・フィッセリングであった。

トルベッケは仕事ではストイックで厳格、友情に重きを置かず孤高を保ち、初めて国会議員になったときも議会のサロン的雰囲気に違和感を覚えたという。政党を作ることにも終始反対であった。彼を一言で評すれば「取っつきにくい行政マン」といったところか。実際、敵も多かった。一八六三年一一月には、ハーグのホラント劇場退出時を狙った襲撃計画も発覚するが、幸い彼はフォード劇場のリンカンにはならなかった。

トルベッケの最大の敵は、一八四九年に心臓病で急逝したウィレム2世の後を継いだ国王ウィレム3世（一八一七～九〇）であった。この王は前もって自分からほとんどの実権を奪ったトルベッケを、縛り首にしたいほど嫌っていたという。しかしトルベッケは、この気難しい不平家の君主に対して終始分別と冷静さを保った。妻アーデルハイトが王妃ゾフィーと良好な関係を築いていたことも幸いし、時には、夫が国王から得られない情報を妻は王妃経由で知っていた。

一八五三年、トルベッケは長らく廃止されていたカトリックの司教区制を復活させる。イギリスでは早くも一八二九年にカトリック教徒解放法が制定されていたが、オランダのカルヴァン派はトルベッケのこの措置に憤り、トルベッケを「ローマの友」と呼んで憎んだ。結局、その騒ぎがもとで第一次トルベッケ内閣は退陣に追いこまれる。

マックス・ハーフェラール

一八六〇年、東インド植民地の元官吏であったエドゥアルト・ダウエス・デッケル（一八二〇〜八七）は、ムルタトゥーリの筆名で小説『マックス・ハーフェラール、もしくはオランダ商事会社のコーヒー競売』を発表した。

オランダ人と原住民首長らによる農民搾取の実態を、本国のオランダ人たちに初めて詳細に知らせたこの作品によって、政府内部に衝撃が走り、論争が巻き起こる。作者は小説中で、先述した強制栽培制度について、ジャワ人はまさに「餓死しない程度に」労賃を抑えられている、「餓死されれば元も子もなくなるからだ」と記し、本国オランダを「盗っ人国家」とまで言い切っていたからである。

この小説が果たした役割は、アメリカ黒人解放史でのストウ夫人の『アンクル・トムの小屋』のそれに似ている。デッケルの小説が世に出てから約一〇年間、オランダ議会は植民地問題に忙殺され、不正や腐敗を糾《ただ》すための一連の措置がとられる。とくに、若い世代の自由主義者たちが性急に強制栽培制度の即時撤廃を要求したことが、第二次トルベッケ内閣が崩壊する原因になった。こうして一八七〇年には強制栽培制度の段階的廃止が決定される。デッケルは、もともと自分自身の経済的窮状を打ち破ろうとして乾坤一擲《けんこんいってき》の企てとして筆を執っていた。それが本人の意図していた以上の反響を呼び、国の植民地政策さえ左右したのである。時と所を得たならば、無名の一個人でも驚くべき歴史的役割を果たしうることを、この間の経緯は物語っている。デッケルの生涯については、『マックス・ハーフェラール』の邦訳版（佐藤弘幸訳）の訳者あとがきに委曲を尽くした解説がある。

オランダ初の女子大学生

トルベッケの第三次内閣は、彼が愛妻アーデルハイトを失った翌年の一八七一年に発足する。しかしほどなく彼自身も重い病気に罹ってしまう。生涯最後の瞬間に、彼はもう一つだけ小さな、しかし後世からみるとまことに意義深い決断を行った。

一八七一年三月下旬、トルベッケのもとに、グローニンゲン州サッペメール村に住むアレッタ・ヤーコプスという当時一六歳の少女から一通の手紙（三月二二日付）が届いた。

以下に署名いたします私は、閣下にご許可頂きたきお願いがあり、失礼を顧みず本状をしたためたしだいでございます。〔中略〕どうか、グローニンゲン大学にて〔医学の〕授業を受けることをお認め頂きとう存じます。（G. Mak e.a., *Verleden van Nederland*）

手紙の発信人の父アブラハム・ヤーコプスは同地のユダヤ系医師。少女は通常の花嫁修業などには見向きもせず、父と同じ職業に就くことを夢みる優秀な生徒であった。もちろんこの手紙は、両親が表現や字句を慎重に推敲したのちに発送された。オランダではいまだかつて大学に女性が入学したことがなかったからである。

自由主義者トルベッケは、この少女からの懇請に対し、アレッタ自身にではなく父親宛に返書を書き、「二人の女性がこの種の講義を聴くことは、おそらくこの国では初の試みになるでしょう」と記した。そしてまずは基礎課程の試験の合格をめざすという条件で、アレッタの願いを聞き入れたのである。

アレッタ・ヤーコプス（左）（1854～1929）と患者の少女　医院開業後，女子店員たちの多くが訴える背中の痛みが終日の立ち仕事のせいだと気づく．彼女の尽力で，売り子たちが座れる場所を設けることを商店に義務づける法律ができた

一八七一年四月二〇日、アレッタ・ヤーコプス（一八五四～一九二九）はグローニンゲン大学に入学した。オランダ初の女子大学生の誕生である。パリ大学、ケンブリッジ大学、オックスフォード大学などでも、おおむね一八六〇年代、七〇年代に女子学生に門戸が開かれているので、ヤーコプスの例は西欧全体の趨勢《すうせい》と一致している。

しかしほどなくトルベッケが重篤《じゅうとく》な病状であることがわかり、彼女の父親は、トルベッケの後ろ盾が失われるとともに娘の勉学も短期間で終わってしまうのを恐れ、あらためてトルベッケに学籍の保証を要請した。トルベッケは国王ウィレム3世の承認を取りつけることに成功し、確認の手紙を父ヤーコプスに送付した。その手紙が届いたのは一八七二年六月四日、トルベッケが他界した直後であった。

アレッタ・ヤーコプスは大学でも優等生であり続けた。グローニンゲン大学を卒業後、さらにアムステルダム大学で実習を積み、ついに一八七八年には医師試験に合格する。もちろんオランダの女性医師の第一号である。

しかし大変なのはそれからであった。魅力的な女性であることと、優れた医師であることとが両立可能であると世間が納得するまでには、かなりの時間を必要とした。アレッタ・ヤーコプスは男性医師がふつうに行うことはすべて行った。ある意味ではそれ以上のこともした。彼女は、貧しい女性を無料で診察し、女性たちが毎年妊娠しなくてすむように避妊薬も配った。また売春婦に対する男性医師たちの冷淡な態度に反発し、彼女らの性病治療にも、より人間的な方法を採り入れた。

しかも、アレッタ・ヤーコプスの業績は医師としてのそれだけではなかった。この勇敢な女性は、オランダの女性参政権運動や平和主義運動でも主導的な役割を演じていく。それについては、次章であらためて触れることにしよう。

第6章

母と娘、二つの世界大戦——19世紀後半〜1945年

1　国民の分裂——宗派勢力と社会主義の台頭

反革命主義者——カルヴァン派の「正統派」

一九世紀後半のオランダ政治は、主導権を握る自由主義者たちと、それに対抗する保守勢力とのせめぎ合いを軸として展開していった。一九世紀終わり頃から二〇世紀初めにかけては、この国の歴史は国民の統合よりもむしろ分裂に向かって突き進んでいく。

分裂の起点になったのは、カルヴァン派の「反革命主義者」たちの考え方であった。

オランダのカルヴァン派教会は、バターフ共和国期には政府の政教分離の原則からその地位を低下させ、続いて国王ウィレム1世の教会への監督強化によって自立性を奪われていた。逆に一八五三年の宗教団体法では、自己裁量で教会組織を改変できるようになった。

このように国家と教会との関係性が移り変わるなかで、オランダ最大のカルヴァン派教会

カイペル（1837〜1920）　その力量に驚嘆する政敵の一人が，カイペルは「傑出した演説家で，つねに当意即妙に話せ，論旨は明確，論争にも負けない」，「生涯に途方もなく多くのことを為し，多くの文章を書いた」と評している

である「オランダ改革派教会《ネーデルランセ・ヘルフォルムデ・ケルク》」のなかには、一九世紀を通じて、さまざまな意見対立や分裂が生じた。当然、中間派も少なからず存在するという前提であえて大別するならば、「正統派」（rechtzinnigen）と「近代主義者」（vrijzinnigen）の対立と言うことができる。この正統派のカルヴァン派のなかから生まれてきたのが反革命主義者たちである。

反革命主義者は、政治・社会の改革は、フランス革命で生み出された諸原理によってではなく、キリスト教的精神に基づいて行われるべきであり、オランダという国の基軸になっているカルヴァン主義的性格は絶対に堅持されるべきと主張する人々である。

たしかに、ある統計によれば、一八四九年のオランダ改革派教会の成員は全人口の約五五％に達し、またカルヴァン派の信仰はオランダ王国の王位継承の必須条件であり、それは二一世紀のいまでも変わらない。

反革命主義の先駆者は、君主政擁護論者の政治家・歴史家ギヨーム・グルン・ファン・プリンステレル（一八〇一〜七六）である。彼は「原則的にすべてのキリスト教徒は反革命的である」と言い切り、トルベッケの自由主義の諸政策に激しく敵対した。

グルン・ファン・プリンステレルの思想を継承し、一八六〇年代後半から精力的に支持層の拡大に努めたのが、元カルヴァン派牧師のアブラハム・カイペル（一八三七～一九二〇）である。彼は、オランダ改革派教会のなかの、啓蒙思想や合理主義を受け入れて聖書の言葉やカルヴァンの教義を柔軟に解釈しようとする、開明的な多数派である近代主義者らに対して闘いを挑み、教育の脱宗教化を進める自由主義政治家たちとも闘った。

とくに教育面での闘いを「学校闘争」と呼ぶ。政権を握る自由主義者は、各宗派から「自由な」中立的な公教育を追求したのに対して、カイペルらは子どもの親の「自由な」学校選択に重きを置き、教育の世俗化に反対した。

カルヴァン派とカトリックの結集――カイペルとスハープマン

とくに、教員養成の改革や監督の強化によって公教育の充実を図ろうとする一八七八年の「初等教育法」案で、宗派立の私立学校には改革のための国庫補助がなされないことが明らかになると、カイペルはただちに支持者を動員して、国王が法案にサインしないよう求める三〇万人強の署名を集めて、これに抗議した。カルヴァン派と歩調を合わせたカトリックも、一六万人を超える署名を集めた。結局法案は成立するが、これ以降、教育の中立的性格の是非をめぐる「学校闘争」が本格化する。

カイペルの運動で特徴的なのは、主張が保守的なのに、闘争手法が斬新だったことである。

スハープマン

彼は一八七二年に日刊紙『デ・スタンダールト』（旗）を創刊して支持者への日常的な情報提供に努め、一八七九年にはオランダ初の近代的大衆政党である「反革命党」（ARP）を結成して自派の信徒を組織化する。また一八八〇年にはこの国初の私立大学である「アムステルダム自由大学」を創立して、キリスト教的学問・文化のセンターにしようとした。

さらに一八八六年、カイペルはカルヴァン派の正統教義に忠実な人々とともに、国の支配的教会であるオランダ改革派教会を脱退して、「オランダ・《ネーデルダイツ・》カルヴァン派教会《ヘレフォルメールデ・ケルケン》」を創設する。

カトリックもカイペルの闘争手法を採り入れる。当時のオランダのカトリック教会の指導者は、司祭・著作家・神学校教授のヘルマン・スハープマン（一八四四～一九〇三）であった。彼は日刊紙『デ・テイト』（時代）や雑誌『デ・ワハテル』（見張り）などの編集に携わるうち、一八五〇年代にカトリックの解放を支援してくれた自由主義者たちよりも、「学校闘争」に関してはカルヴァン派の反革命主義者たちと協力するほうが得策であると確信する。「グルン・ファン・プリンステレルの著作のなかにある良きもの、有益なものは、カトリック教会にとっても役に立つ」と主張するスハープマンは、ためらう人々を説得して、初めて両宗派の協力体制を作り上げた。

一八八〇年には、カトリック司祭としては初の第二院議員となり、一八八七年の憲法改正・選挙権拡大ではカイペルと緊密に協力した。その結果、翌一八八八年の総選挙では、第二院の定数一〇〇のうち、反革命党が二七、カトリック議員が二六、ほかに保守主義者が一名当選して計五四となり、右派つまり保守派の、また初の宗派連立内閣であるA・マッカイ内閣が成立する。人々はこれを「スハープマンの内閣」と呼んだ。

社会主義運動の台頭

正統カルヴァン派やカトリックと並んで、社会主義者もまた、自らの党派組織を作り始めた。労働運動の高まりや社会主義思想の普及は、オランダの産業の構造変化や工業化の進展と歩調を合わせている。

オランダの産業革命は、一八九〇年代になってようやく本格化した。一八九〇年に王立オランダ石油会社（今日のロイヤル・ダッチ・シェル）が設立され、九一年にはフィリップス電燈会社がエイントホーフェンに創業される。のちにユニリーバを構成するいくつかの会社が活発な展開をみせたのもこの時期であった。

オランダの社会主義運動の先導者は、元ルター派牧師のフェルディナント・ドメラ・ニウェンハイス（一八四六〜一九一九）である。彼は、困窮する民衆に対して教会が無力だったので、宗教以外の救済策が要ると考えた。一八七九年、彼はオランダ初の社会主義の雑誌

『レヒト・フォール・アレン』(万人のための正義)を創刊し、八一年結成の「社会民主主義同盟」(SDB)を指導した。一八八八年には社会主義者として初めて第二院議員に当選している。

ドメラ・ニウェンハイス

トルールストラ

ドメラ・ニウェンハイスは、そのカリスマ的人格ゆえ、社会主義を唱えるときはほとんど宗教家のようであり、支持者からは神のように崇められ、反対者からは蛇蝎《だかつ》のように嫌われた。その後、彼は議会活動を否定して急進化し、穏健社会主義者たちは社会民主主義同盟を離れていった。彼自身も脱退して無政府主義に傾き、果ては無神論に行きついたと言われる。

ドメラ・ニウェンハイスがくりかえし語った主張のなかで最も有名なのは、否定すべき「五つのK」として、①資本(kapitaal)、②兵舎(kazerne)、③教会(kerk)、④居酒屋(kroeg)、⑤国王(koning)を挙げたことである。

他方で、社会主義者の全国的組織化に成功したのは、穏健派のピーテル・イェレス・トルールストラ(一八六〇~一九三〇)であった。彼は、グローニンゲン大学で法学博士の学位を得てレーワルデンで弁護士になり、その仕事の過程で労働者階級としばしば触れ合う機会を得た。社会民主主義同盟には一時的に参加したが、急進派と衝突して脱退する。

その後、ドイツの社会民主党からの財政援助を得て『デ・バーンブレーケル』（先駆け）紙を発刊し、その編集人となったトルールストラは、一八九四年には一〇名余りの同志とともに「社会民主労働者党」（SDAP、今日の労働党の前身）を結成し、その指導者となる。党機関誌『ヘット・フォルク』（国民）の編集長をつとめたのも彼だった。一八九七年には第二院議員に当選し、時代を代表する魅力的な演説家として指導力を発揮した。

社会民主労働者党の第二院における獲得議席は、一八九七年選挙が二議席、一九〇五年が六、一三年が一六、と着実に増えていった。

女王ウィルヘルミナと女性たち

宗派、イデオロギーによって人々が統合より分裂へ向かう危機的状況のなかで、国政に関与する術《すべ》をほとんど奪われた国王ウィレム3世の影は薄かった。気難しく、国民との関係にも冷淡で、いつの間にか「国王ゴリラ」というあだ名がつけられていた。家庭的にも恵まれず、一八七七年にゾフィー妃が亡くなると、三人の息子たちのうち生き残っていた二人も、その二年後、七年後に相次いで世を去ってしまう。

一八七九年、ウィレム3世は反対を押し切って、ドイツのヴァルデック侯の娘で四一歳年下のエンマ・フォン・ヴァルデック・ピルモント（一八五八～一九三四）と再婚する。だが、

ウィルヘルミナ（10歳）（1880～1962）と母エンマ（1858～1934）
1852年発行のオランダ最古の切手の意匠は国王ウィレム３世の横顔だが，次に人物を描いた古い切手は「お下げ髪のウィルヘルミナ王女」（1891年）だった

実はこの結婚こそウィレム3世がオランダの歴史に残した最大の功績となる。なぜなら、この結婚から娘ウィルヘルミナが生まれ、その後三代続く女王時代の起点になったからである。

一八九〇年にウィレム3世が没すると、娘ウィルヘルミナ（一八八〇～一九六二）が一〇歳でオランダ初の女王になる。一八歳の成人までは母エンマが摂政をつとめたが、ウィルヘルミナは母とともに全州への行幸を行った。母の賢明な支えと、国父オランイェ公ウィレムを範と仰ぐウィルヘルミナ自身の強い義務意識と資質のおかげで、王室人気が復活していく。

他方で、ウィルヘルミナが王国の頂点に君臨したものの、オランダのふつうの女性たちは無権利状態のままだった。

前章で触れたオランダ初の女医アレッタ・ヤーコプスが有名になったのは、彼女が婦人参政権運動のリーダーだったからだ。一八八一年、自らフェミニストと名乗る女性たちが「普通選挙権期成同盟」を設立。二年後、まだ二〇歳代のヤーコプスはアムステルダム選挙区で被選挙資格者として登録を求めた。これを拒否されると、今度は裁判所に訴えを起こす。憲法のどこにも女性が無資格とは記されていないと主張したのである。しかしこれは逆効果で、一八八七年の憲法改正では該当箇所に「男性の」という一語が書き加えられてしまう。

一八九四年、「同盟」は「協会」に変わり、「女性参政権協会」となる。創設者の一人であったヤーコプスは、一九〇三年にはこの協会の議長になった。協会メンバーたちは講演会を開き、デモを組織し、女性の無権利状態の不当性を人々に訴え続けた。政界へのロビー活動も行い、自由主義者や社会民主主義者のなかからも支持者を増やしていった。

反革命党首、カイペル首相

一九〇一年の第二院選挙で、キリスト教系・保守系議員が前回選挙より議席を増やして過半数を制した結果、反革命党の党首カイペルが、この二〇世紀最初の年に、同党を軸にした宗派連立政権を率いて国政の頂点に立った。

このカイペルがオランダ史上初の「首相」と言える。これまでの内閣では、事実上のリーダーは存在したものの、大臣会議の議長は三ヵ月ごとの輪番制であった。ところがカイペルは初めて、四年間の在任中一貫してこの議長をつとめ、この慣行が以後継承されたからである。「首相」(minister-president) の呼称が正式に採用されるのは一九四五年である。

さて、この初代首相のカイペルは、強い信仰心と過剰な自信の持ち主ゆえ柔軟性を欠き、内閣として実現をめざした法案の多くが未成立に終わった。また、首相とウィルヘルミナ女王との関係も良好とは言いがたかった。

カイペル首相在任中の一九〇三年に発生した初のゼネストである「鉄道ストライキ」に関しては、第一次ストは労働者側が労働環境や賃金の見直しなどを勝ち取ったものの、「労働者のクーデタ」を容認できない首相が、その後「首絞め諸法」と総称される弾圧法案を次々に議会で通過させ、第二次ストのほうは簡単に抑え込んでしまった。

統合よりも分裂に向かうオランダ政治の動向は、その後、一九〇八年に反革命党から反カイペル派が離脱して「キリスト教歴史同盟」が結成され、〇九年には社会民主労働者党から左翼グループが抜けて「社会民主党」(のちのオランダ共産党)が成立するなどして、複雑さをいっそう増していく。

そのような折に国際情勢が急変し、第一次世界大戦が勃発する。国境のすぐそばで展開する戦争は、あらゆる面でオランダの国内政治にも大きな影響を与えずにはおかなかった。

2　第一次世界大戦下の中立政策

第一次世界大戦への対応

第一次世界大戦の遠因は、ヨーロッパの国々が同盟関係や秘密外交によってあらかじめ二つの大きな国家グループに色分けされていたことである。そのため、ハプスブルク帝国の帝位継承者夫妻のサライェヴォでの暗殺という偶発事件が、各国をいもづる式に戦争に引き込み、長期の平和に慣れていたヨーロッパ人のだれもが予想しなかった大戦争へと至らしめた。

戦争は一九一四年八月四日、ドイツ参謀総長（故人）の作戦案に従って中立国ベルギーへのドイツ軍の侵攻から始まった。パリをめざすドイツ軍は、独仏国境地帯はフランスの守りが固いとみて、守備が手薄なベルギーとフランスの国境からフランスに攻め入ろうとした。オランダは、東部戦線に割く兵力が不足するという理由で攻撃対象からは外されていた。

ここで、オランダの伝統的な中立政策について触れておこう。一七世紀のオランダは大国の一つとして、たびたびイングランドやフランスなどと互角の戦争を繰り広げた。しかし一八世紀のスペイン継承戦争や第四次英蘭戦争では、失ったもののほうがはるかに多く、最後にはナポレオン戦争に巻き込まれて逆境に耐えねばならなかった。ついで成立したネーデルランデン連合王国が短命に終わり、独立を宣言したベルギーと干戈を交えたのが、オランダにとってはヨーロッパでの最後の戦いであった。

一八三九年、ベルギーが正式に中立国となったとき、オランダも事実上、中立政策を外交の基本に据えた。つまりオランダの中立政策は、オランダという国がヨーロッパのなかでしだいに周縁国化してきた結果と言えよう。以後、オランダはどの国とも同盟関係に入らず、戦争に巻き込まれぬようにし、他方では、一八九九年と一九〇七年に万国（国際）平和会議の開催を引き受け、〇一年設立の常設仲裁裁判所の所在地ともなったのである。

話を戻す。すでに一九〇五年頃からウィルヘルミナ女王は、対立を深めるイギリスとドイツのどちらにも与しないこと、中立主義を堅持することを固く心に誓っていた。もしイギリスと結べば、オランダは大陸におけるイギリスの橋頭堡になって、ドイツに侵略の口実を与える。他方ドイツと結べば、イギリスがオランダの海外植民地をかつてのように占領する恐れがあった。女王の信任厚い当時の首相ピーテル・コルト・ファン・デル・リンデン（一八四六～一九三五）も、その意を受けて、困難な課題に取り組むことになる。

一九一四年八月三日の第二院の会議のやりとりを見てみよう。まず議長の宣言があり、そのすぐあとを受けてコルト・ファン・デル・リンデン首相は次のように述べる。

私ども政府は、不偏不党と国民の生存とを全力で守る準備も決意もできております。〔中略〕政府は議会の忠良なる協力に期待しております。通常は意見が分かれるあらゆる物事を超越して、議会がわが国の統一と維持を専一にご配慮くださることを政府は信じて疑いません。

（G. Puchinger, *Nederlandse minister presidenten*）

その後発言した社会民主労働者党のトルールストラは、「もし、今日のヨーロッパに拡散した恐るべき犯罪に手を染めていない、たった一つの政府があるとすれば、それは——われわれはそれを誇ってよい——わが国の政府であるだろう」と語り、「高度の駆け引きのときはひとまず去った。われわれの政策はますます単一の政策に収斂《しゅうれん》しつつある。すなわち、オランダを飢えさせない——この単純明快な政策だ」と主張した。

戦争期の苦難

戦争が実際に始まると、ドイツ軍は守りの固いベルギーのリエージュを北側に迂回して、オランダとベルギーの国境線上を進軍した。オランダ政府は万一に備えて総動員体制をとる。当時のオランダの全人口約六〇〇万人のところ、最初の動員令から二四時間以内に約二〇万人がこれに応じた。この動員体制を続けていくための費用は莫大であった。

オランダ女性の権利拡大のため闘ってきたアレッタ・ヤーコプスは、いまは各国の女性たちと連携してこの戦争を早期に終わらせようと奔走《ほんそう》する。彼女は、平和な世界を希求する欧米諸国の女性たちによって、開戦翌年の一九一五年にハーグで結成された「婦人国際平和自由連盟」の発起人の一人だった。この世界初の女性平和団体を代表して、九月にはアメリカのウィルソン大統領のもとを訪ね、平和実現のため指導力を発揮するよう要請した。

また、ドイツ軍に蹂躙《じゅうりん》されたベルギーから多くの難民がオランダに押し寄せてきたとき、これらの避難者を迎え入れ治療にあたった医師たちのなかにも、ヤーコプスの姿があった。ベルギーの避難民は戦争の経過とともに増え続け、最も多いときにはおよそ一〇〇万人に達したという。オランダ人六人に一人の割合でベルギー人が身を寄せたことになる。

戦争末期の一九一八年秋から冬にかけては、「スペイン・インフルエンザ」がオランダでも猛威を振るい、三万人強のオランダ人がこの病気で命を落とした。

学校闘争の終結

第一次世界大戦は、オランダの歴史に一つだけよい効果をもたらした。それは、戦争の脅威という未曽有の危機的状況のなかで、国内の一体感が強まり、諸党派間に妥協の可能性が生まれたことである。それについて語る前に、第一次世界大戦の期間とほぼ重なる一九一三年から一八年まで、行政府の長として困難極まりない国政の指導にあたったコルト・ファン・デル・リンデン首相について、あらためて述べておく必要がある。

コルト・ファン・デル・リンデンはハーグの生まれ。第二院の議員を長くつとめ、トルベッケときわめて親しい間柄にあった父のもと、レイデン大学で法律を学び学位を得たのち、弁護士や議会第二院の事務書記など経て、グローニンゲン大学およびアムステルダム大学の教授に就任。社会民主労働者党を率いるトルールストラは、グローニンゲン大学時代の彼の教え子である。

一八九七年、政界に転じ、無所属の自由主義者としてN・G・ピールソン内閣の法相となる。一九一三年、組閣困難な状況を救うため、自身と同じく政党に属さぬ自由主義者らを束ねて、議会の多数派に基盤を置かない応急的な内閣を作り上げ、首相と内相を兼ねた。「議会外内閣」と呼ばれるものである。ところが直後に予期せぬ第一次世界大戦が勃発する。

本来彼がどちらかというとドイツ贔屓だったことは、彼についたあだ名「コルト・〈ウンター・デン・リンデン〉」（「ウンター・デン・リンデン」とは「菩提樹の下」を意味するベルリンの大通りの名）からもうかがえるが、彼はそれでも中立維持の原則を貫き、動員の継続、食糧の供給などにも全力で取り組んだ。

コルト・ファン・デル・リンデンは、一九一三年の就任演説の時点から、特定の党派の代表としてではなく、党派を超えた立場から誠実な仲介者として行動することを表明していた。首相は学校闘争の解決をめざす委員会の設置を告げたのちに、続けてこう述べている。

コルト・ファン・デル・リンデン（1846～1935）　ウィルヘルミナ女王はその回顧録で大半の政治家を厳しく批判したが，同首相だけは，その先見の明ある施策のおかげで第１次世界大戦に対処できたと，例外的に称賛している

　この国の学校闘争はいわば、われわれの国民生活を分裂させ、われわれから二つの国民を作り出すくさびであります。このくさびがわれわれの国民生活から抜き去られない限り、わが国民の力強い発展も、わが国民が本来有するエネルギーの解放もまったく起こり得ないというこ

とは、右派も左派も確信しております。国民発展を阻害しているこの不幸な状態に終止符を打つことができる共通基盤を見出すことにもし成功すれば、それは国民に大いに益するものであると私ども政府は考えるに至ったのであります。(P.J. Oud, *Honderd jaren*)

男性普通選挙の導入

世界大戦という非常事態が各派間の隔たりを埋め、首相にとって追い風となった。コルト・ファン・デル・リンデンは前世紀以来の懸案を一括して決着させる。これが「和平《パシフィカーシ》」と呼ばれた一九一七年の取り決めで、その内容はこの年の憲法改正に盛り込まれた。

具体的には次の通りである。まずは「学校闘争」である。カイペルら右派の保守宗派勢力が長年追求してきたのは、公立と私立(宗派立)の学校への国庫補助の格差撤廃であった。これについてはすでに、私立学校への補助が段階的に実現しつつあった。首相は公立と私立の補助金額を完全平等化することによって学校闘争を終わらせる。

次に、とくに左派の社会民主主義者や女性たちが実現を強く求めていた普通選挙である。選挙権については、これまで数回にわたり選挙法が改正され、徐々に有権者数が増大していた。国民が抱いているさまざまな意見はできるだけ明確に表明されねばならないと信じる首相は、この問題に関しても根本的な解決策を選んだ。すなわち、納税額による制限を撤廃して男性普通選挙を導入し、従来の小選挙区制に代え完全比例代表制を採用して、オランダ第二院選挙の選挙区を全国区一つにしたのである。

さらに、女性参政権についても、近い将来における男性との同権化を視野に入れつつ、女性の被選挙権だけを認めることにした。女性に普通選挙権が与えられるのは、次の内閣の一九一九年である。

コルト・ファン・デル・リンデンは、他人の失態を見て皮肉な笑みを浮かべる以外めったに笑顔もみせない、無愛想で人づきあいの悪い政治家であった。だが、非常事態への対応能力と難問解決の手腕という点で、二〇世紀オランダで屈指の政治家・首相であったと言えよう。

しかし、皮肉なことに、二〇世紀を通じて、自由主義者の首相は彼が最後になった。一九一七年の「和平」とその後の普通選挙は、明確な輪郭を持つ政党組織を持たなかった自由主義者にとっては、結果的に自殺行為となったのである。

オランダは、ともかくも第一次世界大戦を切り抜けることができた。一九一八年一一月一一日、ドイツの降伏で戦争は終結し、一九一九年六月に連合国とドイツとのあいだでヴェルサイユ条約が結ばれる。ドイツ皇帝ヴィルヘルム２世は戦争犯罪人とされたが、一九一八年一一月九日の退位後、翌一〇日には、中立を堅持したオランダに亡命していた。

オランダ政府はヴィルヘルム２世に滞在地を指定し、そこを立ち去らぬこと、オランダにいる限り一切の統治行為をしないことを約束させた。他方、連合国側は前皇帝の引き渡しを要求したが、オランダ政府は避難者保護権を正当な根拠としてこれに応じなかった。ヴィルヘルミナ女王は政府の措置を是認し、さらにヴィルヘルム2世妃アウグステ・ヴィクトリアをオランダに招待し、夫の支えとなれるよう取り計らった。元皇帝はこうしてユトレヒト州の田舎町ドールンに居を定め、地元の名士として余生を送る。かつての住まいは現在「ハイス・ドールン」という名の博物館になっており、彼の墓所もこの町にある。

3　柱状社会化——四つの部分社会の並立

カルヴァン派、カトリック、社会民主主義者

オランダという国は、ことに一九一七年頃から一九六七年頃までのあいだ、正統カルヴァン派、カトリック、社会民主主義者、自由主義者という四本の「柱《ザイル》」つまり部分社会が並び立つ「柱状社会化《フェルザイリング》」の状態にあった。それにもかかわらず、各「柱」のエリート層によるトップレベルでの調整機能や、王家のような国民統合の象徴の存在によって、比較的安定した民主政治を維持していた。

こう論じたのは、オランダ人政治学者アーレント・レイプハルト（一九三六〜）であり、その説はいまも影響力を保っている。

では、四つの「柱」は具体的にはどういったものであったのか。

まず正統カルヴァン派についてである。このグループは一九一七年の「和平」によって、自らが運営するカルヴァン派立の私立学校への、公立と平等の国庫補助を勝ち取り、最大の目標はすでに達成していた。反革命党という独自の政党、アムステルダム自由大学という独自の大学など、必要なものはほとんど手に入れていた彼らは、これ以後、その財産を守り抜くことに精力を注ぐ。

一九二〇年代に普及したラジオから流れ込む「悪影響」を阻止するため、自らも「オランダ・キリスト教ラジオ協会」（ＮＣＲＶ）を創立、これに対抗した。また、自派の日刊紙『デ・スタンダールト』（旗）や家庭向けグラフ誌『デ・スピヘル』（鏡）を通じて、グループとしてのアイデンティティの維持に努めた。

しかし、正統カルヴァン派は一枚岩ではなかった。政党次元で見ると、反革命党内左派の反カイペル派は離党して「キリスト教歴史同盟」（ＣＨＵ）を結成していたし、逆にさらに原理主義的な信徒団も存在し、なかには一九一八年結成の「政治的カルヴィニスト党」（ＳＧＰ）のような、普通選挙にも女性参政権にも反対する保守政党も登場する。

次にカトリックである。彼らは自己完結性・凝集力が最も強かった。そもそもカトリックは、オランダ共和国の誕生以来、宗教上の分割統治の結果、否応なしに閉鎖集団化していた。オランダの柱状社会化は、建国の時点から部分的には存在していたのである。

カトリックもまた、正統カルヴァン派と同様、『デ・フォルクスクラント』（国民新聞）をはじめとする独自の新聞と、家庭向けグラフ誌『デ・カトリケ・イルストラーシ』（カトリック・グラフ）、自派のラジオ放送局「カトリック・ラジオ放送」（KRO）を持っていた。こうしたメディアを通じてカトリックは、自由主義者や社会主義者を、理性を偏重し神を否定する人々として非難し続ける。

また、国の指導的地位にカトリックを送り込むことにも努めた。一九一八年にはシャルル・ライス・デ・ベーレンブルックがカトリックで初の首相に就任している。以後カトリックの大臣はどの内閣でも欠けることはなかった。一九二六年には、ローマ・カトリック議員団から「ローマ・カトリック国家党」（RKSP）が誕生する。教育面では、一九二三年創立のネイメーヘン大学と、二七年創立のティルブルヒュ大学という二つのカトリック大学を獲得した。

では、社会民主主義者はどうであったか。彼らもまた、『デ・バーンブレーケル』（先駆け）という独自の新聞や自前の放送局「労働者ラジオ愛好協会」（VARA）などによって、自立した共同体を形づくることに成功していた。男性はノーネクタイで女性は座りやすい服装の着用といった独自のファッション、労働者としての能力開発のための余暇活用などによって他の「柱」との違いを強調した。

教育に関しては、社会民主主義者は自由主義者と同様、公教育を支持し、独自の教育機関を持たなかったが、「労働者青少年センター」のような青少年団体の運営に力を注いでいた。

社会民主主義者の活動の中心は、社会民主労働者党（ＳＤＡＰ）と、オランダ労働組合連合（ＮＶＶ）とにあった。とくに社会民主労働者党は、当初は革命を志向する一面をそなえていたものの、しだいに労働者階級に限定されない幅広い支持を獲得する。二つの世界大戦のあいだの時期（戦間期）には党員数を倍増させ、一九三九年には初めて内閣に閣僚を送り込むまでになった。

自由主義者

最後に自由主義者である。実は、彼ら中立的・自由主義的グループには明確な土台がなかった。先の三つのグループ以外の人々と言ってもよい。一般的・国民的なものを強く志向することによって、逆説的に、自由主義者は自己の存在を主張したのである。

したがって自由主義者のための特別の大学などは存在しない。「一般ラジオ放送協会」（ＡＶＲＯ）は自由主義者の聴取者が多いが、彼らだけの放送局とは言えない。ただし、『アルヘメーン・ハンデルスブラット』（一般商業新聞）や『ニウ・ロッテルダムセ・クラント』（新ロッテルダム新聞）などは明確に自由主義系の新聞と言える。この二つが合同したのが、今日の『ＮＲＣハンデルスブラット』紙である。

政治の舞台では、自由主義者は自由民主同盟（ＶＤＢ）や自由同盟（ＶＢ）などのいくつかの緩やかな議員団に分かれ、第二次世界大戦後になるまで単一の政党とはならなかった。

なお、戦間期の各政党への投票率を見ると、反革命党とキリスト教歴史同盟などは合わせて二五％前後、ローマ・カトリック国家党はつねに約三〇％、社会民主労働者党は二五％弱であったのに対して、自由主義者の合計は約一五から一〇％へとしだいに減少していく。にもかかわらず、自由主義者たちの実際の影響力は、得票率の割にはかなり大きかった。一六～一七世紀のオランダ独立戦争史が専門ながら、二〇世紀オランダ史についても名著を残したJ・J・ウォルチェルによれば、「実業界のトップ、高級官僚、大学教員などのなかに自由主義の支持者が多かった」からである。引き続きウォルチェルの言葉を借りて以上を要約すると、次のようになる。

オランダ社会のなかに四つの「柱」があると言うとき、これは半分しか真実でない。唯一本物の完全な「柱」を構成したのはカトリック教徒たちである。正統カルヴァン派の場合は、反革命主義者たちが同様に本物の「柱」を作ろうとしたが、キリスト教歴史同盟に足並みを乱された。社会主義者らはたしかに独自の性格、独自の目標設定を強調したが、宗派勢力の二つの「柱」の存在を認めなかったし、とくに宗派政党や宗派別組合を否認した。自由主義者たちは柱状社会化のいっさいを認めなかった。

(J. J. Woltjer, *Recent verleden*)

一九一八年の総選挙で自由主義者が大敗すると、戦間期はカトリックのシャルル・ライス・デ・ベーレンブルック、反革命党のヘンドリクス・コレイン、キリスト教歴史同盟のディルク・ヤン・デ・ヘールの三人が交互に宗派連立内閣の首相となる。

しかしこれらの連立政権は結局のところ「投票箱同盟」にとどまった。宗派勢力は政権の座にありながら、彼らの宗派的価値観に基づいて国と社会を作り変えるには至らなかった。それゆえ、オランダ政治の戦間期は、「自由主義者の遺産を宗派勢力が管理・運営」した時代（ウォルチェル）と評することができる。

五輪開催をめぐる論争

さて、第一次、第二次世界大戦間の時代は、前半の一〇年間は軍縮と国際協調の時代であり、後半の一〇年は深刻な経済危機と新たな戦争の予兆の時代であった。

まず、前半の一〇年を象徴する出来事の一つとして、一九二八年の近代オリンピック第九回アムステルダム大会がある。開催までの過程のなかには、当時のオランダ政治の縮図が表れており、その意味でも注目に値する。

フランス人のピエール・ド・クーベルタン男爵の尽力によって、近代オリンピック第一回アテネ大会が開かれたのが一八九六年。その二年後、友人のオランダ人貴族フレデリック・ファン・タイル・ファン・セロースケルケン（一八五一〜一九二四）が国際オリンピック委員会のメンバーになり、一九二〇年にオランダでオリンピックを開くことをめざして準備を始めた。

しかし第一次世界大戦後の一九二〇年の開催地は、戦争被害が甚大だったベルギーのアントウェルペン（アントワープ）が、戦後復興の象徴として選ばれ、さらに二四年の大会はオリンピック復興宣言三〇周年の記念大会ゆえ、ド・クーベルタンのたっての要請で彼の母国フランスのパリで開かれることになった。オランダの譲歩に感謝したド・クーベルタンは、早々と、次の二八年大会の開催地をオランダのアムステルダムとする決定を行った。

しかし実はそこからの道のりが多難であった。一九二四年にそれまで熱心な推進者だったファン・タイルが死去したうえに、実際にオリンピック開催が現実味を帯びてくると、それに反対する声が政府、議会内から湧き起こり、開催資金の調達が難航したためである。

まず容易に開催資金を得るため、一九一二年のストックホルム大会にならって宝くじの販売が企画されたが、ライス・デ・ベーレンブルック内閣は、明確な理由を示さず、何らかの「原則的な理由で」これを認めなかった。しかし、その代わりに、一九二五年二月には、キリスト教歴史同盟の教育・文化・科学相J・Th・デ・フィッセルが、オランダ・オリンピック委員会に毎年二五万グルデンずつ補助金を賦与する法案を提出した。

これに対し、宗派政党の教義に忠実な議員らから一斉に反対の声が上がる。「異教的な」競技会に補助金を出す必要はない、「オリンピックは野蛮な力の表出、虚栄の市である」、聖書の言葉「体の鍛錬はほとんど役に立たない」（テモテ〈一〉、四章八節）と完全に衝突する、というのである。とくにカトリック議員らは、オリンピックの世俗的な性格と競技にともなう「狂乱」や「偶像崇拝」を批判し、それでも開くなら費用は組織者が自弁せよと主張した。反革命党の指導者で当時蔵相のコレインは、財布のひもが固いことで有名だったが、元軍人としてスポーツによる体の鍛錬には異存がなく、オリンピックへの補助金に関してデ・フィッセル文相を支持した。しかし、オリンピックは世俗化を加速化し、日曜日の休息を妨げ、異教を復活させるといった反革命党内多数派の見方を変えさせることはできなかった。また、同党の議員たちのあいだには、女性が手足をむき出しにして競技することへの反感も根強く存在していた。

まったく異なる世界観に立脚するマルクス主義者たちも、オリンピックを「遊惰《ゆうだ》な連中のブルジョワ的気晴らし」と見なし、勝利を競う点に資本主義や帝国主義の悪しき精神が表れていると批判した。

社会民主労働者党はと言えば、これに同調する少数派もいたものの、一九二五年まで党首であったトルールストラはオリンピックに賛成で、オランダの国際的地位の向上にも繋がるので、政府が補助金を出すのは当然だと述べていた。党内多数派も、労働者の身体的発展にスポーツは有益であるとの立場からオリンピックに賛成した。

自由主義者たちはもちろんオリンピックに大賛成であった。日曜日に競技を行うことに反対を唱える宗派系議員たちには、「日曜日こそ多数の観客が訪れる」とし、それをやめれば入場料収入が激減すると反論した。

アムステルダム五輪の成功

一九二五年四月、デ・フィッセル文相は、ドイツがロカルノ条約に調印し国際連盟にも加盟し、一九二八年大会にはドイツも参加するので、このオリンピックは世界平和にも大いに寄与すると強調した。

しかしそれでも、反革命党員もローマ・カトリック議員団も、その大半が補助金に反対した。少数党の政治的カルヴィニスト党の議員で牧師のG・H・ケルステンに至っては、選手が身に着ける半ズボンは悪魔の発明であり、女性選手が走ったり泳いだり跳んだりするのは永遠の罰に値するとまで言い切っていた。

一九二五年五月、第二院で投票が行われ、アムステルダム・オリンピックへの国の補助は、反対四八票、賛成三六票で否決される。

その後オランダ・オリンピック委員会は、新聞での募金の呼びかけ、アムステルダムの商店主たちの寄付、郵便電信電話局による寄付金付き記念切手の発売、一九二四年パリ五輪の短編映画の全国映画館での上映とそれに合わせた募金集めなど、あらゆる手段を尽くして、どうにかオリンピック開催にこぎつけた。

第九回オリンピック・アムステルダム大会は、一九二八年五月一七日から一部競技が始まり、七月二八日の正式の開会式を経て、八月一二日の閉会式まで続いた。開会中「聖火」が燃やし続けられた最初の大会であり、女性選手の参加も少数ながら初めて正式に認められた。この大会で、演劇のような「文化競技」も含む、金メダル獲得数一位はアメリカ（二二個）、二位はドイツ（一一個）だったが、オランダも金八個、銀一〇個、銅五個を獲得して、参加四六ヵ国中、金メダルだけで三位、メダル総数で六位であった。

心配された「狂乱」は起こらず、オランダ市民の寄付と入場料収入のおかげで赤字も出さず、組織・運営の点で「簡素で魅力ある」大会だった。アメリカ・オリンピック委員会の会長だったダグラス・マッカーサーは、帰国後の公式コメントで、アムステルダム・オリンピックはまさに「未来のための模範」（a model for the future）であったと称賛した。

ついでに言えば、このオリンピックは、陸上三段跳び金メダルの織田幹雄、二〇〇メートル平泳ぎ金メダルの鶴田義行、陸上女子八〇〇メートル銀メダルの人見絹枝、水泳男子自由形四×二〇〇メートルリレー銀メダルの日本チームなど、日本のスポーツ選手の実力が国際レベルに達したことを証明する、記念すべき大会でもあった。

なお、ちょうど一〇〇年後の二〇二八年に再度五輪を開催しようとする計画は、財政的リスクを恐れる現政権が立候補を支持しなかったため、実現には至らなかった。

大恐慌とコレイン首相

しかし、この戦間期の平穏な時代の掉尾《ちょうび》を飾ったアムステルダム・オリンピックの翌年、世界恐慌が発生した。一九二九年一〇月二四日、いわゆる「暗黒の木曜日」に、ニューヨークのウォール街で株価大暴落が発生し、前例のない大恐慌に発展した。多数の企業が倒産に追い込まれ、失業者が激増し、世界経済に衝撃を与えた。

オランダ経済はもともと国際経済と分かち難く結びついていたので、この大恐慌の影響は避けられなかった。当時、総人口約八五〇万人のオランダでも、失業者数は一九三〇年には約一〇万人、三二年には三〇万人、三五年には五〇万人と急速に増大した。これは、失業率で表すと一五・五%になる。それでも、イギリスの二二%、アメリカの二七%、ドイツの三七%と比べれば、低いほうではあった。

ところで、一九二八年から水力工学技師コルネーリス・レーリ（一八五四〜一九二九）の計画に基づく大土木工事が始まっていた。ザイデルゼー干拓計画である。つまり、北海と繋がるザイデルゼー（南の海）を、ノールト・ホラント州とフリスラント州を結ぶ全長三〇キロの「締切大堤防《アフスライトデイク》」を建設することによって淡水化し、順次干拓を進めようとするものである。現在、かつてのザイデルゼーは、エイセルメール（「エイセル川の湖」）といくつかの巨大な干拓地になり、そこは一九八六年に最も新しい州フレーフォラント州となっている。

この締切大堤防の建設には、失業者救済のための公共工事という一面もないわけではなかった。しかし、この工事自体は一九三二年には竣工《しゅんこう》している。

この困難な時期にオランダ政治の舵取りをしたのが、反革命党党首ヘンドリクス・コレイン（一八六九～一九四四）である。軍人として東インド植民地に赴いてアチェ戦争で手柄を立て、帰国後は陸相として非常時の防衛体制を強化する軍制改革に手腕を発揮して女王を喜ばせ、バターフ石油会社の取締役として蓄財にも成功していたコレインは、一九三三年から始まる第二次コレイン内閣以降三九年まで、首相として深刻な経済問題に取り組んでいく。

彼は収支の均衡を第一と考え、通貨グルデンの信用を守るべく金本位制を堅持し、徹底的な緊縮財政によって危機を乗り切ろうとした。これは、イギリスのマクドナルド首相が一九三一年以降の挙国一致内閣で採った方針と同じである。

コレイン（1869～1944）　第２次世界大戦前夜の危機の時代，民主主義のルールと憲法で保障された自由を堅持しようとする彼の基本姿勢は揺るがなかった．オランダ・ナチスと言うべき国民社会主義運動にも終始反対姿勢をとった

この政策は後からみれば誤りだった。市中に多くの金《かね》が出回ったほうが景気が刺激され、雇用創出にも繋がったはずだからである。一九三六年九月下旬に、スイスが金本位制を離脱。オランダが金本位制をとる世界最後の国になったとき、ようやくコレインは管理通貨制への移行を決断した。オランダ人はこの間、不必要に長く苦境に耐えねばならなかった。一九三七年のある風刺画は、国立銀行の前に

たたずむ失業者に「あそこにある金《きん》もみな、結局のところ俺と同じで失業中ってことか」と語らせている。

オランダのファシズム運動――柱状社会とコレイン首相

恐慌期のヨーロッパでは、イギリスが閉鎖的なブロック経済に進む一方で、イタリアやドイツでは、極端な自民族中心主義を特徴とする反民主主義的なファシズムへの傾斜が進んでいた。オランダでも、その影響を受けた元河川工事技師アントーン・ムッセルトに率いられた、「国民社会主義運動」(NSB)という新しい政党が一九三一年に結成される。第二院の総選挙に劣らず重要な一九三五年の統一州議会選挙で、同党は全体で八%という、小党分立のオランダでは無視できない得票率を得て注目を集めた。

しかしこの政党は、時とともに親ドイツ的、反ユダヤ主義的傾向を強め、足並をそろえて示威行進しながらhoezee《フゼー》(万歳!)と唱和する、まさにオランダ・ファシズムの運動と化していく。結局この政党は、先の選挙以上の支持を集めることはなかった。彼ら自身の過激化が得票率減少の一因だが、理由はそれだけではない。

戦間期オランダで柱状社会化が進んだのは、豊かとは言えないこの国の経済社会環境のなかで、同一の世界観(宗教観)で結ばれた人々が互いに助け合うためだったが、この牢固《ろうこ》とした縦割り社会が、国民社会主義運動のような新参勢力の割り込みを許さなかったのである。

さらに、この危機の時代、コレイン首相が国民から絶大なる支持を得ていたからである。緊縮財政への固執、不十分な失業対策などにもかかわらず、このたたき上げの「強い男」に対する人気は衰えず、政界でも抜きん出た権威を保持していた。

だからこそ、彼の内閣の閣僚たちは閣議でも首相を敬称のuで呼び、決して親称のjij（je）を用いなかった。コレインと肩を並べられる者などいなかったのである。一九三七年の第二院総選挙は、コレイン率いる政府与党側の圧勝に終わり、他方、国民社会主義運動は得票数を減らした。

この総選挙の三年前の一九三四年一月、コレインは咽喉《いんこう》の炎症で体調を崩し、ドイツのヴィースバーデンで二週間静養したことがある。彼は一日に二五本も葉巻を吸い、糖尿病も患っていた。医者はなるべく多く散歩するよう助言していたが、コレインはその代わりに、好きでもない映画を観るために一七回も現地の映画館に通い、映画を通してナチズムの研究に努めた。彼はナチスのメッセージにはさほど魅力を覚えなかった。ただ、経済的結びつきの強いドイツとの関係はあくまでも維持していく必要があると結論づけたという。

コレインは生涯カルヴィニズムの信奉者であり続け、大の読書家であり、心の広い政治家でもあった。一九三五年八月二日のラジオ演説で語った言葉、「休息がなければ自己コントロールはできないし、自己コントロールがなければ不屈の行動もとり得ない」が信条であった。

コレインが最終的に首相を退いたのが一九三九年八月、翌月にはヨーロッパは第二次世界大戦という新たな奈落の淵《ふち》に立たされる。

4　ナチス・ドイツの支配——五年間の占領と抵抗

一九四〇年五月の降伏

フランスのナポレオン帝国に編入されてから一三〇年後、オランダは、今度はドイツのヒトラーの第三帝国に呑《の》み込まれることになる。

ヒトラーは、ヴェルサイユ体制への復讐心とユダヤ人に対する人種的偏見に突き動かされ、議会選挙での多数派獲得という一応は正当な手段により、一九三三年一月、ついに政権を掌握する。その直後の二月、オランダのレイデン生まれの元共産党員マリヌス・ファン・デル・ルッベの仕業とされるベルリンのドイツ国会議事堂放火炎上事件が起こると、ヒトラーらはこの事件を共産党弾圧の口実に使う。

この国会議事堂炎上はタイミングも燃え方もよすぎたので、かつてはナチ党員たちこそが真犯人で、「知能が低い」オランダ人青年が犯人に仕立て上げられたとの説が有力であった。しかし今日では、国会議事堂内で最も燃えやすい議場の後ろの大きな幕に、ファン・デル・ルッベが単独で火をつけたという説が優勢である。また知能は劣っておらず、ただひどく過激な行動に走りやすい青年だったことが友人たちの証言からわかっている。彼は、自らの行為によって、全プロレタリアートを反ナチス運動に立ち上がらせようと夢想していたらしい。

ヒトラーは政権に就くと、ユダヤ系市民の組織的排斥に着手する。それは、一九三八年一一月の大規模なユダヤ人迫害、いわゆる「水晶の夜」以降いっそう激化する。先見の明があり資力もある少数のユダヤ人たちだけが、いち早くドイツを脱出した。そのなかにはフランクフルト・アム・マインに住んでいたユダヤ人銀行家オットー・フランクの姿もあった。彼は、オランダのアムステルダムで新しい事業を起こすことに決め、一九三四年、次女アンネ・フランク（一九二九〜四五）を含む他の家族をこの街に呼び寄せた。

ヒトラーは一九三九年以降、築き上げた体制を維持するため、ヨーロッパ制覇という野望を実現するため、侵略戦争を始め、ユダヤ人迫害を新たな征服地にも押し拡げていく。一九三九年九月一日、ドイツ軍はポーランドに侵攻し、これに対してイギリス、フランスがドイツに宣戦した結果、第二次世界大戦が始まる。翌一九四〇年四月のデンマーク、ノルウェーへの侵攻を経て、五月一〇日、オランダとベルギーにもドイツ軍は宣戦布告なしに複数の地点から侵入した。

ドイツ軍侵入後の五月一三日、ウィルヘルミナ女王とその家族、そして内閣の閣僚たちはロンドンに亡命した。オランダ軍は暫時抵抗を試みたが、一四日にロッテルダム中心部がドイツ空軍の爆撃によって徹底的に破壊された後、他都市を同様の運命から救うためには抵抗を中止するしかなく、翌一五日、オランダはドイツに降伏する。

「二月ストライキ」――占領と抵抗

オランダを支配下に置いたドイツ占領機関の最高責任者は、ヒトラーによるオーストリア併合に率先して協力したオーストリア・ナチ運動の指導者アルトゥーア・ザイス・インクヴァルト。警察組織を統括したのは同じくオーストリア人のハンス・ラウターであった。

ほどなく、オランダ国民に影響力を持つ政治家、知識人たちはドイツ側の監視下に置かれた。たとえば前首相のコレインは妻だけ同行を認められてドイツ、テューリンゲン地方のイルメナウへ送られた。『中世の秋』、『ホモ・ルーデンス』などの名著がある歴史家ホイジンガ(一八七二～一九四五)は、レイデン大学学長時代に、あるドイツ青年団体に対しスピーチの際の知的不誠実さを理由に学内立ち入りを禁じたことがあり、おそらくそれも一因になって一九四二年、ノールト・ブラーバント州、デン・ボス南のシント・ミヒルスヘステル収容所に監禁された。両者とも、第二次世界大戦終了前に、自宅に戻ることなく病死している。

オランダ占領後の最初の数ヵ月間、ドイツ兵たちは意外にも規律正しく行動していたが、それも長くは続かなかった。ほとんどの政党が禁止されたなかで唯一存続が認められた国民社会主義運動のメンバーらが、一九四一年二月、訓練と称してアムステルダム市内に繰り出し、ユダヤ人居住区でドイツの「水晶の夜」を模倣しようとしたとき、あるアイスクリーム店で事件が起きた。国民社会主義運動に所属するヘンドリック・コートが、ユダヤ人たちから暴行を受けて落命したのである。ドイツ占領機関はこれを機に介入に踏み切り、警察隊を投入して界隈のユダヤ人四〇〇人余りを強制連行し、国外に移送した。のちに生還したのは二人だけだったという。

このオランダで初の乱暴な「手入れ《ラッツィア》」に対し、二月二五日、共産党員で市職員のピート・ナック（一九〇六～九六）らの呼びかけで、抗議のための大規模ストライキが実行され、輸送機関や造船所、工場などの操業が停止した。「二月ストライキ」と呼ばれるものである。ユダヤ人迫害に反対するこの抗議運動は、たちまち周辺諸都市にも波及したが、翌日以降ドイツ軍が弾圧に乗り出し、さらに多くの逮捕者を出して終わった。

結果的にユダヤ人保護にはほとんど役立たなかったが、この例外的な出来事を記念して、今日アムステルダムのポルトガル・シナゴーグ脇のヨナス・ダニエル・メイエルプレイン（広場）には、ユダヤ人擁護に立ち上がった労働者の記念碑「デ・ドックウェルケル」が設置されている。

オランダ占領の目的とユダヤ人迫害――一〇万人の移送

そもそも、ドイツのオランダ占領の目的は何だったのだろうか。

第一の目的は、自国の戦争遂行のためにオランダ経済を可能な限り利用することであった。第二の目的は、ドイツ人と同じゲルマン系であるオランダ人に国民社会主義（ナチズム）

を受け入れさせ、ナチズム原理に従ってオランダ社会を改造することであった。それには必然的に住民の「浄化」がともなう。つまりユダヤ人の隔離と国外移送である。

ドイツ占領機関は、まずオランダ人を味方につけるため、ユダヤ人迫害に性急にはとりかからなかった。その対ユダヤ人政策は周到かつ緻密《ちみつ》なものだった。一九四一年二月に、ドイツ占領機関は、アムステルダムのユダヤ人たちに「ユダヤ人評議会」を作らせた。議長はユダヤ教会の指導者の一人で著名なダイヤモンド商のアブラハム・アッセル（アッシャー）と、古代史とくにパピルス学が専門の大学教授ダーフィット・コーヘンであった。

ユダヤ人評議会は、ユダヤ人に自治を認めるように見せかけて、その実、ナチスのユダヤ人一掃政策をより効率的に行うための巧みな仕掛けであった。ドイツ占領機関はこの「隔離と自治の混合物」というべき評議会に対して、要求を段階的に吊り上げていったのである。すでに一九四〇年一一月にユダヤ人の公務員が解任され、四一年一月には、ユダヤ人は自ら名乗り出て登録することを求められていたが、その後ユダヤ人たちはしだいに行動の自由を奪われていく。一九四一年七月、身分証明書のなかにユダヤ人であることを示すJの文字を付加することが義務づけられ、さらには四二年五月、上着の胸の部分にjood（ユダヤ人）と記された黄色の星形の布を縫いつけることを強制された。

一九四二年七月、「労働奉仕」という名目でのユダヤ人のドイツへの移送が始まる。ユダヤ人評議会のメンバーとその家族および評議会のために働く事務職員などや、特定職種の人々は、例外として移送を免除されたが、その例外の幅も徐々に狭められていき、移送される人の選別は、ユダヤ人評議会自身の手でなされねばならなかった。

このようにしてオランダでは、ナチスがもくろむ「ユダヤ人狩り」がヨーロッパのどの国よりも効率的に実施された。

ドイツ占領機関がオランダのユダヤ人として把握したのは一四万人余り。このうち圧倒的多数の一〇万七〇〇〇人が、一九四二年七月一五日から四四年九月一七日までのあいだに、国内の中継地点であるドレンテ州のウェステルボルクを経て、ヨーロッパ東部の絶滅収容所へと移送され、生還できたのは約五二〇〇人であった。移送を免れたのは、国外への亡命に成功した者、国内で身を隠し通せた者、ユダヤ人評議会関係者などであった。

したがって、この戦争中のホロコーストを生き延びられたオランダのユダヤ人は約二七%にすぎない。ベルギーは六〇%、フランスは七五%、ノルウェーは六〇%、デンマークは九八%のユダヤ人が難を逃れているなか、オランダ・ユダヤ人の生存率の低さは際立っている。

建国以来、ヨーロッパで最もユダヤ人来住者に寛大だったオランダで、ドイツ、ポーランドに匹敵するほど徹底的にユダヤ人が抹殺されてしまったのはいったいなぜか。

それは、ザイス・インクヴァルトを中心とするドイツ占領機関それ自体の行政能力の高さ、そのドイツ占領機関と日々交渉を持っているオランダ側の各省の官僚組織がドイツ側の言い分をなるべく聞き入れて相手を刺激しないようにし、占領者たちの姿勢が軟化するのを期待したこと、オランダに限らずユダヤ人たちは長い歴史を通じてどこでも「お上」の言うことには素直に従って生きてきたこと、こうした複数の要因が重なった結果であろう。

アンネ・フランク

容赦ない「ユダヤ人狩り」を免れる最後の手段は、信頼できるオランダ人協力者に隠れ家を提供してもらい、そこに身を潜めることであった。オットー・フランクの一家もこの道を選んだ。一九四二年七月六日のことである。事が発覚した場合には匿《かくま》ったオランダ人も厳罰に処せられるため、支援する側も命がけであった。

一方、多くのオランダ人は、ドイツ占領機関に積極的に協力もせず、命がけの抵抗運動とも関わらず、ただ息をひそめ目立たぬようにして、苦難の時をやりすごそうとしていた。ところがドイツにとって戦況が悪化し労働力不足に陥ると、ドイツ占領機関はユダヤ人だけでなく、一般オランダ人男性の強制動員も始める。「強制雇用《アルバイツアインザッツ》」と呼ばれるものである。また、オランダ経済社会に対する「搾取」も、しだいに「略奪」へと変わっていく。

これに応じて、オランダ人の抵抗運動も活発化した。すでに早い時期から行われていた地下新聞の発行に加えて、匿われている人々のための食糧配給券の奪取・偽造、武器の収集・隠匿《いんとく》、ユダヤ人の移送を止めるための戸籍登記所の襲撃などが行われた。この最後の事件については、有名な『アンネ・フランクの日記』のなかにも関連の記述がある。

たったひとつ、ささやかながらいいニュースがあります。ドイツ軍の設けた市内の職業斡旋《あっせん》所が、破壊活動グループの手で放火されたことです。さらに二、三日後には、戸籍登記所がおなじ運命をたどりました。ドイツの警官の制服で偽装した人たちが侵入し、守衛に猿轡《さるぐつわ》をかませておいて、まんまと重要書類を灰にしたんだそうです。

（深町眞理子訳『アンネの日記』、一九四三年三月二七日）

この戸籍登記所の襲撃は、すでに多くのユダヤ人移送後のことで、遅きに失した感は否めないが、急進的運動の典型例として注目に値する。首謀者のヘリット・ファン・デル・フェーン（一九〇二～四四）は彫刻家で、元来臆病な質であったが、占領中に抵抗運動の中心人

アンネ・フランク（1929～45）
1947年の『アンネの日記』初版では，父オットーの判断で，性や母親批判に関わる箇所が削除されていた．現在は，オットー死後の学術調査に基づく完全版がアンネ・フランク財団により出版されている

ファン・デル・フェーン（1902～44）　彫刻家としての代表作はウィルヘルミナ・ドルッケル記念像（1939），群像彫刻「国の団結」（1940）など．娘の一人は写真家ファン・デル・エルスケンと結婚

物となり、多くの襲撃事件を起こした後、捕えられ銃殺されている。ちなみに、一九八六年のオランダ映画『勝利の影で』(In de schaduw van de overwinning) は、この戸籍登記所襲撃事件を織り込んで制作された娯楽映画である。

飢餓の冬

アンネは、イギリスからのラジオ放送や身近な協力者の話を通じて戦況も把握していた。日記のなかには「〈本日はDデーなり〉きょう十二時、このような声明がイギリスのラジオを通じて出されました」(一九四四年六月六日)とか、「すばらしいニュース！　ヒトラー暗殺が計画されました」(同年七月二一日)といった記述も見える。

ノルマンジー上陸作戦の成功後、連合軍によってドイツ占領地が次々に解放されると、アンネら隠れ家の住人たちの救出への期待も高まった。しかし一九四四年八月四日、何者かの密告によって、あるいは別件捜査の際偶然に、この隠れ家が突き止められ、アンネとその家族を含む八人のユダヤ人たちは官憲によって連行されてしまう。

オットー・フランクが経営する会社の女性社員で支援者の一人ミープ・ヒース(一九〇九〜二〇一〇)の回想記によれば、アンネたちが連れ去られた直後、隠れ家に入ってみると室内は「めちゃめちゃに荒らされて」おり、アンネの両親の寝室の床では「乱雑にほうりだされた書物の山のなかに、赤とオレンジ色の格子縞《こうしじま》の、布表紙の日記帳が落ちているのが目にとまった」という。

隠れ家が露見し、せきたてられて部屋を出ていく際、アンネの日記帳やその続きのメモ類は、混乱に紛れて偶然置き去りにされたものと考えられる。証拠隠滅と取られかねない危険な行為であったが、ミープらはこれら日記類を拾い集め、戦後、八人のなかでただ一人生き残ったオットー・フランクに渡したのである。

占領から解放される寸前に、運命から見放されてしまったのは、アンネたちだけではなかった。北フランスから始まった連合軍の進撃は、フランスとベルギーの解放を経て、一九四四年九月にはオランダ南部まで、一〇月にはゼーラントまで達したが、意外にもライン川、ワール川などが障壁となっていた。奇しくも一六世紀にはこの同じ大河川が、誕生しつつあるオランダ共和国を、北上するスペイン国王軍から守ったのだったが。

イギリスのモンゴメリー将軍率いる連合軍は、ライン川に架かるいくつかの橋の奪取をめざしていた。ドイツの防衛線を一気に突破しようとする、いわゆる「マーケット・ガーデン作戦」である。だが九月一七日、最北端の目標であったアルネムで敗北を喫し、連合軍の攻勢にブレーキがかかってしまう。こうして、オランダ全土が解放されるまでにはもう一冬待たねばならなくなったのである。

この連合軍の進撃を側面から支援する目的で、アルネムの敗戦と同日、つまり九月一七日にロンドン亡命政府は、ラジオ放送を通じてオランダ全土に鉄道ストライキを呼びかけていた。しかし、実際にストライキが決行された一方で連合軍が足踏みしたことによって、ストによる影響は占領下のオランダ人自身をも苦しめる結果になる。スト自体はドイツ占領軍によって短期間で終息させられたが、報復としてザイス・インクヴァルトが内陸水運を禁止したうえに、一九四四年から四五年にかけての恐ろしく寒い冬が追い打ちをかけた。水路が氷結して水上交通が完全に止まってしまったからである。

深刻な食糧難と燃料不足と酷寒とが不幸にも重なったこの「飢餓の冬」のあいだに、平時の死亡者数を上回る約二万人のオランダ人が、最終的解放を待たず命を落とした。通例成人が必要とする一日の摂取カロリーは二〇〇〇キロカロリー前後と考えられるが、一九四五年二月のドイツ占領下のオランダには一人当たり二七一キロカロリー分しか食糧がなかったからである。死者数が多いうえに、必要な木棺の一部が暖をとるため燃やされていたので、アムステルダムでは犠牲者の埋葬ができなくなった。臨時の遺体安置所であるザイデルケルク（教会）の床には多くの遺骸《いがい》が横たえられたままになっていた。

オランダの解放

一九四五年三月、連合軍がついに大河川の渡河に成功し、東北部へ勢いよく進軍すると、ドイツ軍は降伏直前に各地で堤防や港湾施設を破壊するなど、オランダの国土に最後のダメージを与える。飢餓に苦しむオランダ人を救うため、四月二九日から連合軍は低空飛行する空軍機から食料の包みを投下する緊急措置をとった。「パンは空から降ってきた」——多くのオランダ人が一九四五年春のこの予想外の支援をそう記憶している。実は、投下されたのは小麦粉、乾燥野菜、ベーコン、菓子類などで、パンは含まれていなかったのだが。

さて、マルテン・トーンデル（一九一二〜二〇〇五）といえば、オランダでは知らぬ人のいない漫画家で、動物を擬人化した作中のキャラクターたち、なかでも熊の姿をした城主ボンメル（de heer Olivier B. Bommel）とその若き友である白猫のトム・プース（Tom Poes）は、まさに国民的文化遺産となっている。そのトーンデルが終戦時、アムステルダム市の南部から王宮へと至る道筋にあるフェイゼルストラートに妻とともに住んでいて、市内に連合軍部隊が初めて入場してきた五月八日の様子を、自伝のなかで次のように書き残している。

連合軍による食料の投下　オランダ解放記念切手（1980年）

道路の脇に多くの人が並んでいたが、通行するものはなかった。期待に満ちた静寂がそこにはあった。すると、はるか遠くから何か音が聞こえてきた。風変わりな、この世ならぬ音がだんだんと近づいてきた。それはある種の音楽だったが、快活で雄々しいものではなく、少しメランコリックなものだった。

〔中略〕

それはバグパイプで、入ってきたのはスコットランド人からなる軍隊だった。タータン・チェックのキルトを身にまとったスコットランド兵の列が、いわゆる「スロー・マーチ」に合わせて厳《おごそ》かに近づいてきた。彼らは車道一杯に広がり、きらめく杖《つえ》を持った堂々たる軍楽隊長に先導されていた。彼らの音楽はしだいに大きな音になり、ついには〔中略〕部屋中が哀愁を含んだバグパイプと太鼓の響きで満たされた。

私たちは感情を抑えきれなくなり、〔妻の〕フィニはすすり泣き始め、私は涙が頬を伝わるのを感じた。戦争中の全時期を通じて、これほど予期せぬ衝撃はなかった。私たち夫婦にとってその衝撃が大きすぎたおかげで、長く恐ろしい時代に対する心理的防壁は打ち破られ、私たちの心に生気が蘇ったのだった。(M. Toonder, *Autobiografie*)

この、連合軍で最初にアムステルダムに入ってきた部隊は、正しくはスコットランド軍ではなく、カナダ軍の正規部隊でバンクーバーから来たシーフォース・ハイランダーズであった。

その三日前の五月五日、ヘルデルラント州ワーヘニンゲンのデ・ウェーレルト・ホテルで、ドイツ軍のブラスコヴィッツ将軍と、カナダ軍のフォアークス将軍およびユリアナ王女の夫ベルンハルト公とが会見し、降伏条件について話し合う。ドイツ側は二四時間の猶予を求め、翌日、正式に降伏文書に署名する。これによって、東インド植民地を除いてオランダの戦争は終わった。

最終的にこの第二次世界大戦で命を奪われたオランダ人の数は、約三〇万人にのぼった。一九四〇年五月一〇日から四五年五月五日まで、ちょうど五年間の戦いであった。以来、この五月五日がオランダの「解放記念日」となっている。

第7章

オランダ再生へ——1945年〜21世紀

1　インドネシア独立問題——植民地帝国の終焉

一九四五年の東インド

オランダ本国の戦争は一九四五年五月五日に終わったが、オランダ領東インドではなお戦争状態が続いていた。

ウィルヘルミナ女王は、この東インド問題、戦後復興への着手、総選挙の準備などの緊急課題に対応すべく、自由主義左派のウィレム・スヘルメルホルンと社会民主主義者のウィレム・ドレースに組閣を命じる。スヘルメルホルンを首相とするこの内閣は、総選挙によらない、女王の指名によって成立した内閣であった。

一方、戦後初の総選挙に備えて、各政党も面目を一新する。ローマ・カトリック国家党は一九四五年に「カトリック国民党」（KVP）と名称変更し、社会民主労働者党は一九四六年二月に、新しい同志も受け入れて「労働党」（ＰｖｄＡ）となり、幅広い有権者の支持を得ようとする。

一九四六年五月一七日に実施された戦後最初の総選挙の結果、七月にカトリック国民党のルイス・ベールを首相とし、労働党のウィレム・ドレースを副首相兼社会相とする連立内閣が成立する。いわゆる「ローマ・赤」（rooms-rode）連立内閣である。そして一九四八年八月には、ここまでの二つの政権の閣僚をつとめたドレースが初の労働党の首相となり、オランダ領東インドの独立運動に対する最終的な決着をめざすことになる。

独立運動の発端から振り返ってみよう。一九四二年三月九日、オランダ植民地軍は日本に降伏した。その後、約一〇万人のオランダ人が鉄条網で囲まれた強制収容所に入れられ、さらに約一万七〇〇〇人が捕虜としてビルマや日本などへ移送された。

日本軍は、オランダ人市民の強制収容を暫定的な措置ととらえていたが、実際には三年半以上にも及び、その結果、食糧の欠乏、病気の蔓延《まんえん》、医薬品の不足などのため、一万六〇〇〇人もの人々がこの過酷な環境を生き延びることができなかった。

他方、インドネシア民族主義運動の指導者スカルノは、この日本軍政時代に、日本との協調を図りながら独立に向けた準備を進めていた。彼は一九三〇年代の大半をオランダの植民地刑務所か、遠く離れた島での亡命生活で過ごしたが、日本人はスカルノをオランダ人よりも敬意をもって遇した。したがって彼の選択には無理からぬものがあった。そして日本の指導のもとで初めて現地住民の武装化が進められ、軍事訓練が行われる。

一九四五年八月一五日、日本が降伏すると、その直後の一七日、スカルノはバタフィア（ジャカルタ）の自邸の前庭で、タイプ打ちした短い宣言をわずかな人々に向かって読み上げた。

> 私たちインドネシア民族は、ここにインドネシアの独立を宣言する。権力委譲その他に関する事項は、十分な配慮をもって迅速におこなう。ジャカルタにおいて。
>
> （後藤乾一、山﨑功『スカルノ』）

これは、スカルノとその同志ハッタが、急進派の青年指導者たちの突き上げを受けた結果である。青年グループは、日本から与えられた独立ではなく、日本とは無関係に自ら独立を勝ち取った形にするためにも、一刻も早い独立宣言が必要と考えていた。こうしてスカルノは新インドネシア共和国の大統領に、またハッタは副大統領の地位に就く。

しかし彼ら指導者層は、国中に充満するさまざまな暴力衝動を抑制できる状態にはなかった。九月以降、植民地体制の忠実な協力者だったキリスト教徒のアンボン人や、多様な民族からなるメダンの人々などを含むオランダ植民地軍兵士たちの威嚇《いかく》・示威行動が発生する。

ついで、植民地支配の再確立をめざす英・蘭の要員到着に強く反発する過激派の若者らによるテロ活動が続発。若い民族主義者たちは、必要な武器を日本軍将校から譲り受け、または購入し、さらには日本軍補給廠《しょう》から盗み出す。こうしてジャワとスマトラの全域で、旧体制の存続を望む勢力と民族の独立を勝ち取ろうとする勢力との戦闘が始まり、解放後のオランダ人にとって最も安全な場所は日本兵がなお持ち場についている収容所だけとなった。

オランダ本国も甚大な戦災を被っていたなか、現地で当面治安維持の肩代わりをしたのは一〇月下旬に到着したイギリス軍である。ほとんどインド人だったが、実は扮装《ふんそう》したオランダ人だとの噂も流れている。その数、約四〇〇〇人だったが、この規模では広大な担当区域すべてに目配りできるはずもなかった。また、連合国側の指示により治安維持を分担する残留日本軍の役割も限定的だった。結果的に権力の空白が生じ、無政府状態が生まれていく。

「インディエがなくなると災難が生まれる」

オランダ軍がようやく東インドに到着したのは翌一九四六年三月であった。オランダ政府は東インド植民地を手放すつもりなど毛頭なかった。一九三〇年代の国庫収入の一三%強が植民地によるものだったからである。そこから「インディエ（蘭領東インド）がなくなると災難が生まれる」（Indië verloren, rampspoed geboren）とのスローガンがいつしか広く使われるようになっていた。ウィルヘルミナ女王も東インド植民地の回復を強く望んでいた。

オランダは、日本降伏直後のインドネシア共和国独立宣言に対して、スカルノは日本の傀《かい》儡《らい》、「半日本人」であり、交渉相手とは見なさないという立場をとった。つまり、独立宣言は、オランダ領東インドにファシスト体制を存続させようとする日本の企《たくら》みにすぎないという見立てである。オランダは、スカルノの影響下にあったジャワ、スマトラのインドネシア共和国領域を包囲する形で、親オランダ勢力をまとめ上げ、東スマトラ国やパスンダン国といった傀儡的な国家、地域を作り上げていく。

一方、これに対応すべきインドネシア共和国側の指導体制は依然不安定だった。治安が悪化したジャカルタを離れ、ジョクジャカルタを拠点（首都）とするスカルノは、卓越した指導者として民衆の熱烈な支持を集めていたが、彼とオランダとの回路は初めから断たれていた。反対に、オランダ留学体験を持ち徹頭徹尾オランダとの協調路線をとったのが、ジャカルタにとどまる初代首相スタン・シャフリルであった。彼は日本とは一度も協力したことがなかった。この両者の中間に立つのが、スカルノを長く支えたハッタであり、シャフリルと同様オランダで学んだ穏健派インテリでもあった。

首相のシャフリルがインドネシア共和国を代表してオランダ王国とのあいだでまとめあげたのが、一九四六年一一月一五日、西ジャワのリンガルジャティで結ばれた「リンガルジャティ協定」である。そこでは、インドネシア共和国はオランダによって事実上承認されるが、その周囲の親オランダ国家群とともに連邦を形成し、オランダ女王を首長とするオランダ－インドネシア連合が樹立されることとなっていた。スカルノはのちにこれについて「リンガルジャティ協定は革命の炎に対する冷水のシャワーであった」と述べている。

「警察行動」という名の軍事進攻

オランダ側はこの協定を都合のよいように解釈し、実質的な植民地再建を着々と進めた。一九四七年六月下旬、オランダへの対応をめぐって意見が分裂し、シャフリル政権が倒れる。その直後、一九四七年七月二〇日から八月五日にかけて、オランダは第一次「警察行動」に踏み切る。事実上の軍事進攻である。約一〇万人のオランダ軍は、ジャワ、スマトラの共和国領域をさらに狭い範囲に押し込むことに成功する。

これに対して国連が仲裁に入ったが、一九四八年一月一七日、アメリカの軍艦レンヴィル号上で新たにインドネシア共和国とオランダ王国のあいだで結ばれた「レンヴィル協定」も、先のリンガルジャティ協定の原則を確認するものでしかなかった。

オランダとの外交交渉が難航する一方で、九月には、ソ連と繋がる新共産党がオランダに対する武装闘争の継続を主張して東ジャワの主要都市マディウン市の支配権を奪い取り、人民政府樹立を宣言した。これを「マディウン蜂起」という。スカルノとハッタは、東西いずれの陣営に与するか、旗色を明らかにする必要に迫られた。スカルノらはアメリカを選び、共和国軍を投入して、二ヵ月余りかけてマディウン市の共産党勢力を排除・掃討。その際共産党側には数千人とも数万人とも言われる犠牲者が出た。

国軍が共産党員排除に力を使い果たしたまさにそのタイミングをとらえるかのように、一九四八年一二月一九日、オランダによる第二次「警察行動」が行われた（〜四九年一月五日）。インドネシア領内に進攻した約一四万人のオランダ軍は、ジョクジャカルタを占領し、スカルノ、ハッタの正副大統領を逮捕・幽閉する。ドレースに首相の座を譲ったばかりのベールは、これでインドネシア共和国の息の根を止められたと考えたが、インドネシア側はスマトラ島に臨時政府を樹立して粘り強いゲリラ戦で対抗した。

ドイツ軍による占領で本国が疲弊しているのに軍事介入を続けたオランダは、元植民地を「ファシスト」から解放して安寧と繁栄を再構築できると自己の力を過大評価し、反対に、日本軍政期に戦闘能力を高めていたインドネシアの民族主義者らを過小評価していた。彼らを悪しきテロリストと見る先入観と、不安・未熟・興奮などがオランダ兵の過度の暴力を助長していく。「警察行動」に当たったオランダ軍は、ナチス・ドイツがオランダ人に行ったことを、今度はインドネシア人に行ったのである。

インドネシアの独立——アメリカの圧力と外相スティッケル

二〇世紀オランダ屈指の歴史家の一人、故E・H・コスマンは、第二次世界大戦直後のオランダの植民地支配への執着に最も責任があったのはカトリック国民党であるとし、彼らを「非植民地化というドタバタ劇の少々世間知らずな演出家たち」と形容した。そして政権参加の代償として、これに我慢して従わざるを得なかったのが労働党であったという。

紛争解決の鍵を握っていたのはアメリカだった。米ソの東西対立が深まるなかで、アメリカは西側諸国が旧来の植民地支配を続けることは共産主義の蔓延を招くと懸念していた。その点でアメリカは、共産党勢力のマディウン蜂起に対するスカルノの対応を好意的に見ていた。さらに、東側に対抗すべく打ち出された、西ヨーロッパ諸国への経済復興援助「マーシャル・プラン」に大幅に依存していたのがほかならぬオランダであった。アメリカは、オランダがインドネシアでの軍事行動をやめないなら、援助の廃止もあると示唆したのである。

一方、オランダ政府のなかにも、軍事力では問題が解決しないことを明察していた人々がいた。その一人が、一九四八年から五二年までドレース内閣で外相をつとめたディルク・スティッケル（一八九七～一九七九）である。

スティッケルは、グローニンゲン大学で法学を学び、ビジネス界に身を置いた後、戦時中の労使の連携組織から生まれた「労働協会」の議長を一九四五年から四八年までつとめた。戦後復興の困難な時期に、ストや労働争議がオランダであまり起こらなかったのは彼の指導力のおかげと言われる。

一九四六年に第一院議員になると、四八年にはピーテル・ヤコーブス・アウトとともに「自由民主国民党」（ＶＶＤ）を結成して、自由主義に新たな生気を吹き込んだ。のちには、アメリカのケネディ政権と重なる時期に「北大西洋条約機構」（ＮＡＴＯ）の事務総長をつ

インドネシア独立　アムステルダム王宮，1949年12月27日．中央で一段高い椅子に腰掛けているユリアナ新女王と，その向こう側に座るインドネシア共和国代表ハッタとが署名し，オランダはインドネシア独立を正式に承認した

とめることにもなる。ドレースによれば、「めったにない才能と際立って純粋な性格の持ち主」であった。

スティッケルは、東インドの問題を、連立を組むカトリック国民党の大臣たちの反対を押し切って、国内の植民地問題から国同士の外交問題へと変えることに成功した。たとえ植民地帝国の終焉に繋がろうとも、オランダにとっていちばん重要なのはアメリカとの緊密な関係を維持することだというのが彼の信念であった。

こうして、一九四九年八～一一月にハーグで円卓会議が開かれ、一二月二七日、アムステルダム王宮の調印式で、オランダは東インド植民地の主権を放棄し、インドネシア共和国の独立を正式に承認した。四〇〇年以上に及ぶオランダの「植民地帝国」としての歴史に、ついに、事実上幕が下ろされたのである。

植民地放棄の余波

インドネシア独立までの過程に関しては、作家のW・F・ヘルマンス（一九二一～九五）が、小説『私はつねに正しい』（一九五一年）のなかで、一九四九年にインドネシアからオランダに帰り、友人二人とともに「ヨーロッパ統一党」なる政党を結成する主人公ローデウェイク・ステヒュマンに次のように語らせている。

次の戦争が起こったら、俺らはまるで馬糞《ばふん》のように踏みつぶされてしまうだろう。だってオランダは腐った小国にすぎないからだ。〔中略〕自分を守れない国、いや国なんかじゃない、大口をたたく資格なんてないんだ。安寧と秩序を守るためと称して地球の反対側まで軍隊なんか送るべきじゃなかったんだ。〔中略〕もうこの国に未来なんかないよ。

（W. F. Hermans, *ik heb altijd gelijk*）

もちろんこれは作中人物の考えにすぎない。とはいえ、当時の一定数のオランダ人の気分を代弁していたのではなかろうか。事実、オランダの将来を悲観して、外国に移住するオランダ人の数は増大した。一九四五年から六〇年までの時期の外国への移住者は、三五万人以上と概算されている。移住先として最も人気があったのはオーストラリア、カナダであり、その次がアメリカ、ニュージーランド、南アフリカであった。

国を出ていく人がいる一方で、新たに移入してくる人々もいた。東インドの政体が変わって職を失うか、新しい国家に希望を持てなかったオランダ人たち、つまり「本国帰還者」の群れがオランダに押し寄せたからだ。その数は一九五五年までで二〇万人以上にのぼった。東インド生まれの混血の「オランダ人」にとっては、実は帰還ではなく移住であったが。

さらにオランダ植民地軍兵士であったアンボン人を中心とし、その周辺の島々の出身者をも含む「モルッカ人」たちが、アンボン島に独自の部分国家を建てる試みに失敗し、報復も恐れて、やむなくオランダを避難所に選ぶ。一九五一年三月、家族をともなってオランダに来住した彼らの数は約一万二〇〇〇人だった。

インドネシアの独立で東インド問題が完全に終わったわけではなかった。ニューギニア島西半部つまり西イリアンの帰属問題はなお棚上げになったままであり、のちにはこの問題がこじれてインドネシアによるオランダとの断交、両国の海上での交戦にまで発展する。しかしアメリカの仲介を経て、一九六三年には西イリアンの施政権も最終的にインドネシアに移管される。

ついでに言えば、南アメリカのスリナムも一九七五年には独立し、現在もオランダの施政下にとどまるのは、カリブ海のアルーバ、キュラソー、ボネールなどの島嶼《とうしょ》のみとなっている。

2　ドレース首相による福祉国家建設

ドレース緊急法

第二次世界大戦が終わり、ドイツ軍の占領から解放されたばかりのオランダでは、八家族のうち一家族が住む家を持たなかった。都市の貧民街では、子どもの半数以上が裸足で歩いていた。終戦直後のアンケートによると、オランダ人の過半数が、近い将来、第三次世界大戦が起こると回答している。心配と不安が人々の心を占領し続けていた。生産設備やインフラも、その四分の一が破壊されるかドイツに持ち去られていた。

戦後のオランダ政府がまず取り組んだのは、産業を復興させ、健全な経済基盤としてのインフラを再建することであった。そして次に課題となったのが、福祉国家を作り上げるための法整備であった。他の西欧諸国と同様、オランダの政治家たちも、第二次世界大戦の遠因になった失業や貧困を克服し、自立できない、またはその能力がない人々を社会が支える仕組みを作ろうとしたのである。

戦後すぐにこれらの仕事に着手し、とくに一九四八年から一〇年間にわたり首相として采配を振ったのが、建国の父オランイェ公ウィレムと同じ「お父ちゃん《ファーデルチェ》」のあだ名を持つ政治家ウィレム・ドレース（一八八六〜一九八八）であった。

五歳で父と死別したドレースは、速記術を習得することによって身を立てる。市議会、州議会、国会第二院などで速記の仕事に従事し、その速さ・正確さで信頼された。とくに、議員が口にした言葉の不足を補い、冗長な部分を削り、実際の発言よりも立派な文章に仕上げる技術が高く評価され、二一歳で国会の専従速記者になった。この仕事を通してドレースは政治の要諦をつかみ、自ら政治家になる自信を得る。

彼はすでに一八歳で社会民主労働者党員になっていたが、革命を志向するマルクス主義者ではなく、民主主義的な国家制度のなかで他党と協調しながら労働者の生活を改善しようとする穏健な社会民主主義者であった。二七歳でハーグ市議会議員、三三歳でザイト・ホラント州議会議員、四七歳で国会の第二院議員となる。第二次世界大戦中は対ドイツ抵抗運動に加わり、ブーヘンヴァルト強制収容所に一年間閉じ込められていた。終戦直後のスヘルメルホルン内閣、続くベール内閣に入閣したことはすでに述べた通り。

ドレース（1886〜1988）　ドレース政権期の労働党員数はいまより数倍多かった．2013年の『NRC ハンデルスブラット』紙の調査でも，20世紀オランダ首相ランキングの第１位はドレースだった．国民から最も信頼された首相

このベール内閣のもとで一九四七年、ドレースは自ら起草した、六五歳以上への老齢年金支給のための法律、いわゆる「ドレース緊急法」を成立させ、全国の老齢者の生活不安を和らげた。法案の議会通過にはドレース自

身も非常に満足した。そしてこの日ばかりは特別の贅沢を自らに許し、「このご褒美《ほうび》をもらう資格が私にはあると思うよ」と言って、葉巻に火をつけて一服したという。彼は、平生はタバコも酒も慎んでいた。ドレースの私的な文書庫にはいまなお感動的な感謝の手紙が多数保管されているが、その一つにはこんな文章が認められていた。

閣下、明日の聖アントニウスの祭日に際し、私はあなたのためにロウソクに火を灯します。なぜなら、母はあなたのことをこれからずっと感謝し続けるでしょうから。あなたが母やその他の今日の老齢者のために、老いの日々を明るく照らしてくださったおかげです。毎晩、母は讃美歌を唱えて、あなたに敬意を表しています。あの良い方にはそうするだけの価値があるわ、と母は申しております。

(G. Mak e.a., *Verleden van Nederland*)

マーシャル・プランによる巨額の援助

一九四八年七月七日の総選挙の結果、カトリック国民党と労働党の協力を軸とする「ローマ・赤」連立が継続し、八月、第一次ドレース内閣が成立する。この間、首相はひきつづき国家の再建と社会保障制度の充実に取り組んだ。それが結実したのが一九五六年の「一般老齢年金法」(AOW)である。これにより、勤労者に保険料の支払いを義務づけ、六五歳以上の全員に毎月給付金が支払われる制度が確立した。そのため、老齢年金を受給することを当時のオランダ人はよく「ドレースから引き出す」(van Drees trekken) と言ったのである。

では、そもそもオランダ政府は、東インド喪失による歳入不足をいかにして乗り越えたのか。それには二本の重要な支柱があった。一つはいわゆるマーシャル・プランによる援助であり、もう一つは他のヨーロッパ諸国との連携強化である。

戦後のオランダの国家再建に非常に大きな意義を持っていたのが、アメリカの国務長官ジョージ・マーシャルが一九四七年六月に提唱した「ヨーロッパ復興計画」、通称マーシャル・プランによる経済復興援助である。オランダが翌一九四八年から五二年までに受け取った戦災補償の金額は約一〇億ドル。これはイギリス、フランス、西ドイツ、イタリアに次ぐ額であり、対GNP比ではオーストリアに次いで二番目に多い額であった。

このうちオランダが初年度に受け取った援助金は四億ドル余りと考えられ、これを当時のレートでグルデンに換算すると約一一億グルデンとなる。オランダの一九四八年の国家予算が約三九億グルデンであるから、国家予算の三分の一近い金額であった。なお援助金は、食糧の購入、繊維産業・造船業などの再建、工場の設備投資などにふんだんに使用された。

オランダが手厚い支援を受けられた理由として、次のような逸話が伝えられている。マーシャル国務長官が支援準備のため欧州各国を歴訪していたとき、どの国でも十分すぎるほどの歓待を受けたが、オランダではドレース首相によってハーグ市内ベークラーンの彼の自宅

(一般市民用の住宅)に招き入れられ、そこで一杯の紅茶と一切れのビスケットだけでもてなされた。マーシャルは、オランダはたしかに貧しい、これは援助が必要だ、これほど質素な首相ならきっと上手に使ってくれるだろうと考え、多額の支援に繋がったというのである。

全五巻からなる決定版のドレース伝を書いたH・ダールデル（および最終巻のみ執筆協力したJ・ハーメルス）は、この逸話の出所を詳しく調べ上げた。その結論として、ドレース宅への訪問者がいたのは事実だが、マーシャル本人ではなくアメリカ大使W・A・ハリマンであり、話の核心部分は、ドレース内閣の一員であったヨセフ・ルンス外相（スティッケルの後任）の創作だろうと推測している。

いずれにせよ、マーシャル・プランの金額が示しているのは、第二次世界大戦でオランダが西欧諸国のなかで最も物質的被害の大きかった国の一つだということである。一九五二年四月、アメリカを公式訪問したユリアナ女王は、感謝の印として組鐘《カリヨン》と鐘楼《しょうろう》を贈った。それは、マーシャルも眠るアーリントン国立墓地にいまも設置されている。

進む西欧諸国の協調と遅れる洪水対策

戦後のオランダは、着実に進展するヨーロッパ諸国間の協力関係の構築に積極的に参加した。すでに、戦時中の一九四四年九月にベルギー、オランダ（ネーデルラント）、ルクセンブルク三国のロンドン亡命政府は、「ベネルクス関税同盟」を結び、域内関税の撤廃と対外共通関税の設定を約束していた。将来の経済統合へと向かう長い道のりの第一歩である。

前にも述べたように、一八三九年以来、オランダ外交の原則は中立主義であった。しかし一九四九年、オランダはこの伝統的外交政策を捨て、NATOの加盟国になり、東側に対抗する軍隊の一翼を担った。一九五一年には、国を超えて石炭と鉄鋼を管理する「ヨーロッパ石炭鉄鋼共同体」(ECSC)に加わった。天然資源の乏しいオランダとしては、これも当然の選択だった。オランダはひきつづき、一九五八年発足の「ヨーロッパ経済共同体」(EEC)、六七年の「ヨーロッパ共同体」(EC)の構成国となる。

ところで、戦後の政府は一貫して社会の「豊かさ」を追求したが、それを脅かす最大の敵の一つが、自然災害わけても洪水であった。オランダの全面積の約四分の一は海面以下の「低地」であり、さらに四分の一余りは河川洪水の危機につねに晒されている土地である。

一九五三年には、想定外の大洪水でゼーラント州、ザイト・ホラント州、ノールト・ブラーバント州に広がる約二〇〇〇平方キロメートルが水につかり、壊滅的な被害が発生する。オランダ語でしばしばDe Ramp つまり「あの災害」と呼ばれているものである。

古来オランダは、通常は食卓の上に並ぶはずの魚がまれに玄関からゲストとして飛びこんでくる、そういう国柄であった。一九一六年にザイデルゼー方面の六八七平方キロメートルを覆った大洪水のあと、通常を越えたレベルの脅威には堤防が耐えきれないことがすでに認識されていた。一九三〇年代にも堤防施設の欠陥が専門家によって指摘されたが、十分な対策はとられていなかった。まもなく第二次世界大戦となり、ドイツ軍の破壊行為の結果、戦後は海水に浸かった農地の脱塩作業が優先された。

戦後すぐに東西の冷戦が始まり防衛費が増大すると、堤防施設の改善はまたもや後回しにされた。一九五二年、NATOに二一億五三〇〇万グルデンが支払われていたが、堤防の維持・管理の予算は一一〇〇万グルデンしかなかった。一二月には、担当大臣は「堤防はまずまずの整備状況にある」と語っていた。

一九五三年の大洪水

こうして運命の一九五三年一月三一日から二月一日にかけての夜を迎える。北西からの暴風雨と大潮とが重なり水は未補強の堤防を激しく叩きつけ、午前一時半頃から早朝にかけて、ゼーラント州北部、ザイト・ホラント州南部、ノールト・ブラーバント州西部の数百ヵ所で堤防が決壊した。被害は甚大で、一八三六人が溺死し、約七万二〇〇〇人が家を失い、無数の家畜が流された。

この大規模災害に対して、政府や関係者らは数多くのまちがいを犯した。

三一日昼からの暴風雨の到来はラジオを通じて警告されていたが、各地域で防災対策の責任を負っている堤防監督官や市長らは平生通り帰宅して就寝していた。さらに、万が一災害が発生した場合に備えた対応マニュアルもまったく準備されていなかった。

翌一日早朝、ベッドから跳ね起きた市長や堤防監督官らは、何をなすべきか互いに言い争うばかりであった。オランダ政府が最初に行ったのは、諸外国にヘリコプターの提供を要請することだった。そのとき国内にはたった一機しかなかったからである。

必要な人に救援の手はまったく届かなかった。赤十字も軍隊もまだ動き出さない最初期の段階で、人命救助に最も手柄があったのは漁師たちである。ゼーラント州の被災を免れた漁村イールセケの船長ヒューブレヒト・コステルは、勇敢にも堤防にできた裂け目に自分の船を突っ込ませて被災地区に入り、そこに取り残されていた少なくとも一六〇人を助け出した。

ザイト・ホラント州デン・ボンメルでの堤防決壊．1953年２月１日

ハーグ郊外のスヘーフェニンゲンの漁師たちは、屋根裏部屋や樹木などから七〇〇人以上もの生存者を救い出した。

この大災害の折、犬養毅元首相の孫、のちに評論家として活躍する犬養道子（当時三一歳）がオランダに滞在していた。ある小さな村で世界三〇ヵ国から来たカトリックの若い女性たちが、共同生活をしながら自己研鑽《けんさん》に努めていて、犬養もこれに参加していたのである。

犬養はドイツやアメリカの若い女性たちの救援活動への貢献を紹介したのち、ユリアナ女王の災害直後からの慈愛あふれる行動にも触れ、およそヨーロッパの王室には興味のない自分だが、この女王にだけは会ってみたくなったと記している（『お嬢さん放浪記』）。事実、女王は、災害発生後ただちに被災地を訪ね歩いた。ザイト・ホラント州の被災地の一つニューマンスドルプの住人ミミ・ファン・デル・ヒッセン・バルデの証言を聴いてみよう。

月曜日の朝、わたしたちのカフェはおよそ二〇〇人の避難者であふれかえり、石炭ストーブの脇に干してある濡れた衣類の鼻をつく臭いが充満していました。そこへ女王が突然入ってこられたのです。まったく予告なしに。長靴を履いてスカーフをかぶって。その瞬間、もの音一つしなくなったことを私は決して忘れないでしょう。だれも一言も言いませんでした。まったくだれも。万歳の声さえまったく挙がりませんでした。〔中略〕本当のことを言えば、わたしたちは唖然としていたのです。だってだれが予想したでしょう。災害からたった一日で、ユリアナ女王が入ってこられるなんて。

（K. Slager, *De ramp*）

このあと女王は、家族を失った人々のもとに歩み寄り、言葉をかけて慰《なぐさ》めた。それから一週間後の女王のラジオ演説のなかには「戦時中からの一致団結が突如としてよみがえった」という趣旨の表現が見えるが、なお戦後復興の途上にあったオランダでは、国を挙げて被害者の救済と被災地の再建に取り組む機運がおのずから生じたのである。

ユリアナは、一九三七年にドイツ人のベルンハルト公と結婚し、夫妻のあいだには四人の娘が生まれていた。第二次世界大戦中はカナダで家族ともども亡命生活を送り、終戦とともにオランダに帰国した。ドレースが政権を獲得したのと同じ一九四八年、母ウィルヘルミナ女王が親政五〇周年を機に六八歳で退位したことにより、その一人娘であったユリアナが後を継いで女王となっていた。

デルタ計画始動

一九五三年の大災害から四年後に、新たな洪水対策の大計画が決定された。「デルタ計画」の議会による承認である。戦後政府がめざした豊かな社会づくりには、こうした防災への取り組みも含まれていた。

のちに追加された修正案も含めると、いわゆるデルタ計画とは、ゼーラント州を構成する島々を互いに繋ぎ合わせ、海への出口を堤防で閉じて背後の水域を淡水湖とすること、漁業資源を守る必要がある場合は可動堰《せき》を築いて、水害の恐れが生じたときのみ閉鎖すること、アントウェルペンとの水運を確保する必要があるウェステルスヘルデでは河口を閉め切ることはせず、川に沿って特別に頑丈な堤防を構築すること、といったものである。

これらの工事が完了したのは一九八六年であった。大土木工事はゼーラント州の人々に仕事を与え、また工事完成後は交通の便が飛躍的に向上し、ロッテルダムをはじめとする商工業中心地への通勤が便利になった。

3 経済成長の果実と60年代の騒乱

消費社会の到来

一九五八年一二月、増税案をめぐるカトリック国民党と労働党との決裂によるドレース退陣後は、労働党を排したカトリック国民党中心の宗派連立内閣が続いていく。「ローマvs赤」と言われる時代である。

幸運なことに、一九五九年七月二二日、グローニンゲン州東部のスロホテレンで天然ガスが掘り当てられた。この発見がその後の経済発展を大いに刺激し、オランダ人の日常生活をも快適にした。

一九五一年から七三年まで、マーシャル・プランによる援助、工業化政策の推進、労使の協調、周辺国とくに西ドイツの経済成長との相乗効果などによって好況期が続き、この間の経済成長率は毎年平均五%であり、失業者数は減少し所得は増加した。こうしてオランダにも消費社会が訪れた。一九五七年に冷蔵庫を所有していた家庭は全体の三％にすぎなかったが、一九七二年には八八％に達する。またテレビ受像機は一九五七年では八％だったが、七〇年には八三％になり、そのうち六％の家庭はカラーテレビを所有していた。

ビールの消費量は一九五〇年では国民一人当たり〇・九リットルだったが、二〇年後には五七・四リットルに増えた。オランダのビールとして日本で最も有名なのはハイネケンだろう。しかし、**Heerlijk, Helder, Heineken**（うまい、すっきり、ヘイネケン）という有名な広告文からわかるように、「ヘイネケン」が標準オランダ語の発音である。この広告文を用いたのも、ビール名の三つのeの文字を一杯飲んでご機嫌な人の横顔（e）に見えるよう調整したのも、宣伝マンの資質に富む社長のフレディ・ヘイネケン（一九二三～二〇〇二）だったと言われる。彼は第二次世界大戦後に社長に就任し、アメリカへの輸出促進を図って同社を世界的ビール会社に成長させた。

ついでに言えば、著しい経済成長のおかげで、若者たちが独自のファッションやお気に入りの音楽のために支出できるお金も増えた。ビートルズ、ローリング・ストーンズ、ボブ・ディラン、そしてバウデウェイン・デ・グロートらの音楽が若い感性をとらえた。

バウデウェイン・デ・グロートは一九四四年、バタフィア生まれ。オランダを代表するシンガーソングライターである。オランダの人気歌手たちの多くは英語で歌うが、彼は標準的な発音のオランダ語で歌う。一九世紀の漫画の主人公に題材をとった「プリッケベーン」、反戦歌の「おやすみ、大統領さん」などのヒット曲がある。

一九六四年六月には、オランダにもビートルズがやって来てコンサートを開いている。彼らがアムステルダムの運河をボートで移動したとき、船上にはドラマーのリンゴ・スターの姿がなかった。体調不良で入院中のため、もともと同行せず代役がたてられていたからである。ほどなくビートルズはライブ演奏をやめスタジオ録音に専念するようになったので、オランダでは四人全員がそろったビートルズをついに見ることができなかった。

教育制度の大改革

さて、当時の出来事で最も注目すべきは、一九六三年に新しい中等教育制度改革案、通称「マンムット法」が議会を通過し、六八年にすべての中等学校に導入されたことである。旧来の教育制度は、大まかにいえば一一〜一二歳という早い段階で将来の進路を決めてしまうもので、後からの変更がきかなかった。これをもっと柔軟な、進路変更がより容易な制度に大幅に組み直そうとしたのがこの法である。改革の規模があまりにも巨大だったため、まるでマンモス（オランダ語ではマンムット mammoet）のようだと評され、この通称になった。

新しく設けられることになった「中等一般継続教育」（mavo）、「高等一般継続教育」（havo）、ギムナジウムとアテネウムからなり大学進学をめざす「予備的学問的教育」（vwo）といった学校形態がどのように編成されていたかは図を参照していただきたい。図のように、進路選

新しい教育制度（1968年〜）

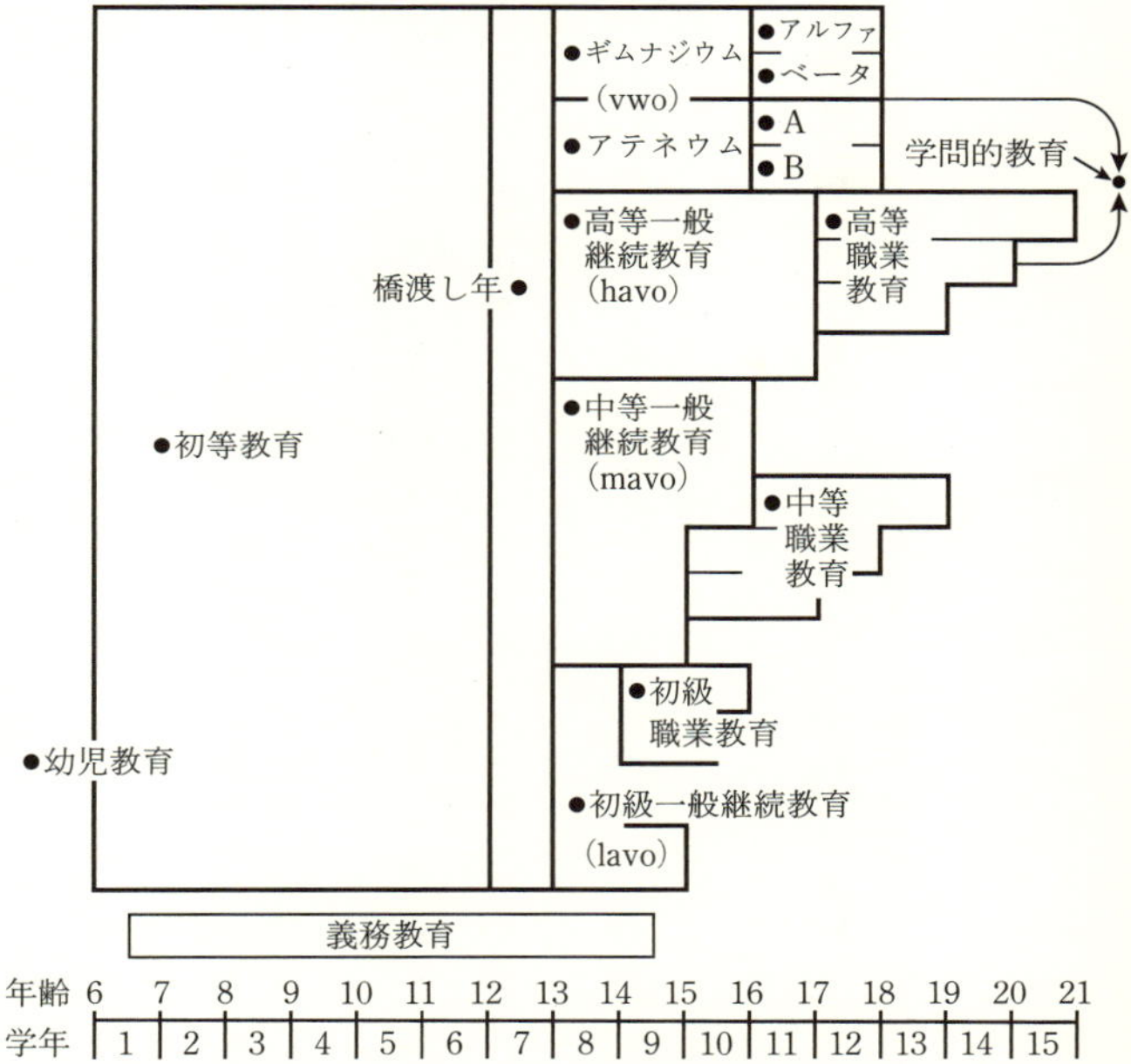

出典：*Grote Winkler Prins Encyclopedie*, 7e druk, Amsterdam, deel 14, 1972, p. 498 を基に筆者作成

択に猶予《ゆうよ》を与えるための「橋渡し年」も設定されている。これも含めた義務教育期間は八年である。

この大改革を主導したのが、ネイメーヘン大学で法学博士号を取得し、一九四八年にカトリック国民党第二院議員、五二年から教育・芸術・科学相となっていたヨー・カルス（一九一四〜七一）である。党内では左派急進派に属し、精力的に教育関係立法に努め、その数は七〇件に及んだ。

彼が国民の教育機会の

拡大に心を砕いたのは、一九五〇年代の急速な工業化にともなう社会的要請と同時に、人は皆もっと長い自己形成期間を持つ権利があるという彼の考えにも拠っている。一九六一年夏に先の法案が第二院に提出されて以降、カルスはその政治キャリアのなかでいちばん輝きを放った。彼は反対派の議員たちの意見を、持ち前の強固な信念、ユーモア、機転、闘争心などで斥け、法案をほぼ無修正のまま成立させる。

その後カルスは、一九六五年四月に労働党をパートナーに迎えて連立内閣首相に就任し、「われわれは西暦二〇〇〇年のために働く」という野心的な綱領を掲げた。

しかし、急進改革主義の度合いを強める労働党との連立に危惧と不快感を抱くカトリック国民党主流派の代表ノルベルト・シュメルツァーが、予算に関わる動議を第二院に提出してブレーキをかけようとしたとき、カルス首相はこれを不信任と受けとり即座に辞任した。一九六六年一〇月一三日から一四日にかけての夜に起こったので「シュメルツァーの夜」事件と呼ばれる。

所属政党から梯子《はしご》を外されたショックで政治の表舞台から退いたカルスは、それでも公益のために身を捧げ、一九六八年以降は大阪万国博覧会への出展を指揮する委員長になった。一九七〇年の万博会期中にオランダ館を訪れた昭和天皇を出迎えたのも彼である。翌年、カルスは不治の病のため五七歳で亡くなった。

最も騒々しい一九六六年

ところで、そもそも一九六六年という年は、「騒々しい六〇年代」のなかでもとくに騒がしい年であった。まず、三月のベアトリクス王女と、ドイツ人外交官のクラウス・フォン・アムスベルクとの結婚式が、根強い反ドイツ感情から、アムステルダムの街頭でさまざまな妨害を受けた。反対運動の主体になったのは前年この街で生まれた「プロフォ」(Provo)と呼ばれる無政府主義的、左翼的な若者たちの団体である。

穏健な無政府主義者でのちに市議会議員になるルル・ファン・ダイン、政治意識に目覚めた街の不良ロプ・ストルク、元フェミニストのイレーネ・ファン・デ・ウェーテリング、カリスマ的権威を持つアムステルダムの「魔術師」ロベルト・ヤスペル・グロートフェルトなどが主な顔ぶれである。彼らは、消費社会とそれに「隷従《れいじゅう》」する大衆に対する反逆者を自認し、権威に挑戦すべく、彼らの言うところの「ハプニング」をたびたび起こした。

六月には同じくアムステルダムの街頭で、建築労働者たちの反乱が発生する。ある小競り合いで一人の労働者が急死したことがきっかけになり、それが警察の暴力によるものと信じる仲間たちが、死因は本人の心臓発作だと「偏《かたよ》った」報道をした――実はその通り病死だったのだが――『テレグラーフ』紙本社前に押しかけ、新聞配達車をひっくり返したり、その車や新聞紙に火をつけたりして大暴れしたのである。

政界では、一〇月に、元ジャーナリストのハンス・ファン・ミールロー(一九三一～二〇一〇）を主たる発起人とする政党「民主主義者一九六六年党」（D66、以下、民主66年党）が誕生する。首相公選制、第一院廃止などによる「オランダ社会の徹底的な民主主義化」を求めるこの党は、翌年の第二院選挙でいきなり七議席を得た。

ついでに補足しておくと、オランダ国会の第一院と第二院の定数は、一八八七年から一九五六年までは五〇名と一〇〇名であったが、それ以降は七五名、一五〇名に増員され、現在に至っている。第一院は州議会議員による間接選挙、第二院は一八歳以上（一九七二年〜）の有権者による直接選挙で完全比例代表制である。第二院を通過した法案は、第一院でも承認されねばならないが、優先されるのは第二院の決定である。

新党の躍進を助けたのは浮動票の増大だった。この頃、オランダの脱柱状社会化が進行していた。経済成長によって生活が豊かになるにつれ、またその恩恵を受けて成長した新しい心性をそなえた若者たちが登場すると、「柱」の凝集力が緩み始めたのである。

一九六〇年代に、脱柱状社会化が最も劇的に起こったのがカトリックであった。これを象徴的に物語るのが、カトリック新聞の『デ・フォルクスクラント』紙の紙名の一部変更である。一九六五年九月二四日までは、第一面の新聞名 de Volkskrant のすぐ下に KATHOLIEK DAGBLAD VOOR NEDERLAND（オランダのカトリック日刊紙）とサブタイトルが入っていたが、翌二五日からはそれが削除されたのである。

「店主」デ・ヨング首相の舵取り

さて、カルス内閣崩壊後、選挙管理内閣と第二院選挙を経て、一九六七年に次の内閣が誕生した。首相に選ばれたのは歴代内閣で防衛相をつとめてきたカトリック国民党のピート・デ・ヨング（一九一五～二〇一六）であった。本命候補の相次ぐ辞退の結果誕生した新内閣は、ほとんど期待されない船出となった。

デ・ヨング内閣はまず、前年のアムステルダム市内の大混乱の後始末に当たり、市長の辞職で一件落着させた。ついで環境保護の分野や、新しい離婚法、避妊薬販売の合法化などの家族・結婚・倫理などの分野で一定の成果をあげた。さらに、政府は物事をもっと国民に公開すべきだという要求に応え、毎週の閣議後、首相が記者会見を行うようになる。

当時、学生運動が活発化するなか、一九六九年五月には、ティルブルヒュ大学とアムステルダム大学で学生たちが建物を占拠して、大学運営の民主化を求めた。この要求に応える形で、一九七〇年、「大学運営改革法」によって大学の最高運営機関として大学評議会を設け、ここに学生代表を送り込めるようにした。

他方で、この時代、同じく大学生それも女子学生たちのあいだから新たな女性解放運動が始まった。一九六九年にアムステルダムに誕生し、それからまもなく一九世紀の女性運動家ウィルヘルミナ・ドルッケルの名にちなんで命名された「ドレ・ミナ」である（Dolle Mina 形容詞のdolは「気が違った」、「夢中の」などの意）。彼女らは少々奇《き》矯《きょう》な示威行動にも訴えて、

デ・ヨング（1915〜2016）
外国首脳のうちイギリス保守党党首・首相（任1970〜74）のE・R・G・ヒースと最も親しかった．イギリスのEEC加盟で協力関係にあったし，デ・ヨングもヒースも大のヨット好きだったからである

社会のあらゆる領域で行われている女性差別を批判した。だが、この運動は早くも一九七二年には、主要メンバーの大半が政党活動に吸収される形で終息する。

デ・ヨング内閣は、外交面では、一九七〇年にインドネシアのスハルト大統領のオランダ公式訪問を実現し、厳戒下の訪問とはいえ、オランダ－インドネシア両国の友好関係を一歩前進させた。また、西欧諸国の協力関係強化についても政府は重要な寄与をした。

このヨーロッパ外交については比較的最近、デ・ヨング自身が語った言葉がある。二〇一一年春のあるインタビューで「あなたは首相在任中うまくやったと思いますか。いちばん誇りに思っているのは何ですか」と問われると、当時九六歳の元首相は次のように答えている。

全般的に言って、私たちはまずい仕事はしなかったよ。とても誇りに思っているのは、私がとりしきって、イギリスをヨーロッパ経済共同体に参加させたことだね。だってイギリスなしのヨーロッパ統合なんて考えられないもの。

（A. G. van Weezel, *De smaak van de macht*）

話に出ているのは一九六九年にハーグで開かれたEEC首脳会議のことである。デ・ヨングはこのとき議長であった。イギリスの参加に反対していたド・ゴール仏大統領の引退後に開かれた同会議で、イギリスのEEC（またはEC）加盟の可能性が強まったのである。

当初「短命内閣」と囁《ささや》かれながら、第二次世界大戦後の内閣の多くが任期を全《まっと》うできなかったのに対して、あの騒がしい時代に一九七一年まで任期いっぱいつとめたこと自体が功績だろう。オランダ人にしては身長一六二センチという珍しく短軀《たんく》のデ・ヨング首相は、元潜水艦艦長だった。チームワークを重んじるバランス感覚の持ち主だったのである。

退任直後は、四年間「店番」をしただけの内閣とみられていたが、現在ではとてもよい「店主」だったと高く評価されている。二〇一六年七月二七日、ピート・デ・ヨング元首相は、ごく短い期間、病床についたのち永眠した。ドレース元首相が亡くなったときと同じ一〇一歳であった。

最も進歩的なデン・アイル内閣

一九七〇年代に入ると、長期の経済好況に初めてブレーキがかかる。第四次中東戦争に端を発する一九七三年一〇月以降の第一次石油危機が主な原因である。アラブ石油輸出国機構は、オランダを米国とともにイスラエル寄りと見なして原油輸出を停止した。当然国内の石

デン・アイル（1919～87）
ベルンハルト公がノースロップ社からも収賄していた事実を首相は隠し通した．秘密排除という自身の原則に背いてでも，ユリアナ女王の地位とベアトリクス王女による王位継承を守ろうとしたからだ

油価格は高騰し、物価上昇により国際競争力を失った工業部門で失業が急増した。

その直前の一九七三年五月、一五年ぶりに労働党が政権の中心に返り咲いていた。二〇世紀オランダ史上最も進歩的な内閣と呼ばれたデン・アイル内閣である。閣僚の顔ぶれは、軸となる三つの左翼政党から一〇人、保守のカトリック国民党と反革命党から六人となっていた。

アムステルダム大学で経済学を学び、労働党学術局の局長を長くつとめたヨープ・デン・アイル（一九一九～八七）首相は、「ライ麦パンとチーズとコップ一杯の牛乳だけでやっていけた」（ファン・アハト次期首相）と評されるほど、エネルギッシュな人物であった。デン・アイル内閣の大目標は、「知識と権力と収入を〔公正・平等に〕分けること」であった。そして秘密排除・公開の原則が重視され、収入格差の縮小、一般老齢年金の給付金や若者の最低賃金の引き上げなどが行われた。また雇用機会拡大を狙った政府部局の地方分散・移転や、地方都市の発展促進なども図られた。

他方でこの政権の足かせになったのが先にも述べた困難な経済情勢であった。なかでも石油危機は深刻な問題だった。豊富な天然ガス産出量のおかげで、ある程度までその衝撃は緩和されたものの、ガソリン配給制や「車なしの日曜日」など前例のない措置も試された。

余談になるが、石油危機と格闘するデン・アイル首相をネタにした流行歌が一九七四年にオランダで大ヒットした。曲名は「デン・アイルは酔っぱらっている」（Den Uyl is in den olie）というもので、歌詞は「デン・アイルは油（デン・オリー）のなかにいる〔つまり酔っぱらっている〕。ヨープは窮《きゅう》地《ち》に立っている。ヨープは尻を叩かれている。彼はアラブ人たちのところで、ハーレムの娘たちのようにブロンドのかつらをかぶり、踊ってウィンクして媚《こび》を売っている。それでもだめだったら……これからは〔石油の代わりに〕うまそうに泡立つビールで車を運転しよう」といった他愛のないものである。

この歌を作ったのはファーデル・アブラハム（芸名）という歌手・作詞作曲家だったが、一緒に歌ったのが農民党の代表ヘンドリック・クークーク（Koekoek）。クークークは六一歳の政治家にしてポップス・チャートの第一位に輝くという記録を打ち立てている。この歌は日本人に、オランダ語の発音で最も難しい ui（uy）という二重母音の発音——口のなかは「エイ」、しかし唇は「オ」の形で発音——をくりかえし確かめられるという功徳《くどく》がある。

デン・アイル首相の苦闘

ところで、デン・アイル政権の野心的な企ての足かせとなったものがもう一つある。それは、予期せぬ事件に再三遭遇し、その対応に追われたことである。なかでも解決困難だった

クライフ，1974年

のが、インドネシア独立後オランダに移住し、いずれは帰還して自分たちの国を立てようと念願するモルッカ人たちによる事件だった。彼らは一九七五年、七七年に相次いで列車乗っ取り、小学校占拠事件などを起こし、暴力を忌み嫌うデン・アイル首相を苦しめた。

さらに重荷になったのが、ユリアナ女王の夫君ベルンハルト公に、アメリカの航空機会社ロッキード社からの収賄《しゅうわい》の嫌疑が生じたことである。一九七六年、政府は調査委員会を設け、ベルンハルト公が重大な過ちを犯したことを確認し、いくつかの公職からの退任と公の場での軍服不着用などを決定した。首相のこのような処理の仕方について世論は高く評価した。

一九七七年の第二院選挙では、労働党は全一五〇議席中五三議席という過去最高の議席を得て第一党になった。だが、その後の連立交渉で判断ミスを犯し政権を失う。すでにデン・アイル連立内閣の内部で左翼革新政党の閣僚と保守キリスト教政党の閣僚とのあいだには深刻な対立が生じていた。キリスト教政党側の閣僚の一人は、デン・アイル首相について「一九四五年以降のどの前任者よりも人を疲れさせる男」と評した。異なる立場から見れば、これもまたデン・アイルの一面だった。ほかでもない、この評者が次の首相となる。キリスト教政党全体を代表するファン・アハトである。

最後に、デン・アイル内閣時代の慶事に触れておこう。一九七四年夏のサッカー・ワールドカップ西ドイツ大会で、ヨハン・クライフ（一九四七～二〇一六）を中心とするオランダ・チームは、惜しくも開催国の西ドイツに決勝戦で敗れはしたものの、その神出鬼没、縦横無尽の試合運びで世界のサッカーファンに鮮烈な印象を残した。サッカーの王様ペレも、「オランダには一一人のディフェンダーと一〇人のフォワードがいた」と語ったほどである。

帰国後、選手たちには騎士の称号が授与され、デン・アイル首相もこれを大いに祝福した。その後のクライフの経歴は紆余曲折が多すぎて、とても一言では語れないが、特筆すべきは、スペインのFCバルセロナの監督を長くつとめ、最強チームに育て上げたことだろうか。長いあいだ最も有名なオランダ人だったクライフは、二〇一六年三月二四日、肺がんのため亡くなった。直前まで、自分は病気との試合にいま二対〇でリードしているところだと語っていたというのに。六八歳であった。

4　ベアトリクス女王と「寛容」の国

キリスト教政党の結集

一九七三年六月、選挙のたびに得票数を減らし続けていたカトリック国民党、反革命党、キリスト教歴史同盟の三つのキリスト教政党が緩やかに連合して「キリスト教民主アッペル」を結成した。アッペル（appel）はアクセントが前だと「リンゴ」の意だが、後ろに来ると「点呼のために太鼓やラッパによって軍隊を集合させること」という意味になる。この三党が、一九八〇年には最終的に一つの政党となる。当座の名称だったキリスト教民主アッペル（CDA《セー・デー・アー》）がそのまま党名になった。

一九七七年、先に述べたデン・アイル率いる労働党が連立交渉の過程でミスを犯し、いわば漁夫の利を得る形で新しい政権の担い手になったのがこのCDAである。その党首をつとめ、一九六〇年代後半のデ・ヨング元首相を理想のリーダーと仰ぐドリス・ファン・アハト（一九三一〜）が、自らも首相の任に就くことになった。

さて、ファン・アハト首相が現職として初の訪日を果たした直後、一九八〇年四月三〇日にユリアナ女王が三二年間の治世を経て七一歳で退位し、長女ベアトリクスが新しい女王に即位する。一九六六年の成婚時と同様、王政廃止論者や若者たちが、またもアムステルダムで騒動を起こし、市内各所で警察機動隊と衝突した。このとき反対勢力は見物人も含めて二〇人が負傷し、四〇人が逮捕されたが、他方、機動隊側では主に投石によって九二人が負傷した。

一九八二年の第二院選挙の結果、一一月四日にCDAのルート・ルッベルス（一九三九〜二〇一八）を首相とする新内閣が発足する。カトリック教徒のルッベルスは、ロッテルダムのオランダ経済大学を卒業後、家族経営の機械製造会社で働くとともに、種々の経営者団体にも所属した。デン・アイル内閣の経済相を経て、CDAの次期首相候補になっていた。

ルッベルス首相の長期政権――ワッセナール協定

ルッベルス首相は、夜の会議を厭《いと》わなかったデン・アイル元首相と異なり朝型で、自ら認めるワーカホリックでもあった。彼の内閣は「ノー・ナンセンス政策」を合言葉とした。つまり戯言《たわごと》抜きの政策である。こうして新首相は、デン・アイル労働党政権以降、悪化の一途をたどっていた政府財政の立て直しと、社会保障制度の簡素化、つまり社会保障費の削減に乗り出していく。

政権発足から間を置かず、ルッベルス首相は使用者側と労働者側双方に強い圧力をかけ、一九八二年一一月二四日には、長期間にわたる賃金の抑制、それに対する雇用の確保と労働時間の短縮、より柔軟な労働形態の容認などを、労使双方に合意させることに成功した。

交渉の中心になったのは、オランダ企業連合会長クリス・ファン・フェーンと、オランダ労働組合運動連盟議長のウィム・コック（のちの首相）であり、ハーグとレイデンのあいだのワッセナールにあるファン・フェーンの自邸が主な協議の場所になったので、この取り決めを「ワッセナール協定」と呼ぶ。これが財政健全化と経済回復の基礎になった。

一九八一年と八三年には、アムステルダムとハーグでアメリカの中距離核ミサイル（巡航ミサイル）の配備に反対する大規模デモが行われた。発端は、一九七九年にNATO理事会がソ連に対抗するため米国製核ミサイル五七二基を西ドイツ、イギリス、オランダなど五ヵ国に配備すると決めたことである。オランダは四八基の分担を求められていた。

オランダ政府は決定の延期を続けた。一九八二年春に訪米したベアトリクス女王はアメリカ議会で、二度の世界大戦の戦場になった欧州の立場を代弁して核軍縮を強く訴えた。一九八三年一〇月二九日、ハーグで開かれた約五五万人の反核集会は、西欧の反核運動のなかで最大のものだった。女王の妹イレーネ王女もマイクをとって参加者たちへの連帯を表明した。

一九八四年六月一日、ルッベルス内閣は次のような結論を出す。予定の四八基をすぐには配備しない、翌八五年一一月一日時点で米ソ軍縮交渉がまとまらずソ連が核兵器を増強していれば、八六～八八年に配備するというものだ。つまりアメリカやNATOの圧力に抵抗しつつ、最終決定のゲタはソ連に預けて軍縮交渉の場に引き出そうとしたのである。

一九八五年一一月、ルッベルス政権は西側諸国と足並みをそろえることを優先させ、配備を最終的に決定した。

しかしその直後に、ソ連ではゴルバチョフ書記長による体制「立て直し《ペレストロイカ》」が始まり、対外的には緊張緩和の方針がとられたために、オランダに核ミサイルが配備されることはなかった。

チェルノブイリ原発事故の影響

一九八六年、八九年の第二院選挙でCDAは多数を制し、ルッベルスは一九九四年まで、連立相手を自由民主国民党から労働党へ変えながらも、計一二年間首相の座にあった。これはオランダの歴代首相のなかで最長である。

このルッベルス時代の出来事としてぜひ触れておきたいのが、ソ連のチェルノブイリ原子力発電所の大事故とそのヨーロッパ諸国、わけてもオランダへの影響である。

一九八六年四月二六日に、ソ連（現ウクライナ）のチェルノブイリ原子力発電所で発生した大事故は、当初ソ連側からはまったく公表されず、大量の放射能が流れ込んだスウェーデンのある調査機関の観測機器が初めて異常を感知したのである。北西方向に吹いていた風はその後西向き、そして西南西に変わり、西欧諸国でも西ドイツ南部、オーストリア、スイス、北イタリア方面に放射性物質を含んだ空気が流れ、雨が降ったところに汚染地帯が点在する結果になった。この風と雨雲はさらに北北西に向きを変えてオランダに向かってくる。

オランダでは、大気中の放射性物質の量は通常の三倍以上、ヨーロッパ中央部の雨水を集めて流れ下ってきたライン川の放射性物質の量は通常の二〇数倍ほどになった。オランダ政府は国民に、ホウレン草は当面控えるように、子どもには牛乳を飲ませないように、また乳牛は牛舎に入れて屋外の草を食べさせないようにと警告した。

上水道にも放射性物質が混入する恐れがあったので、スーパーマーケットではミネラルウ

ヨーロッパに拡散した放射能

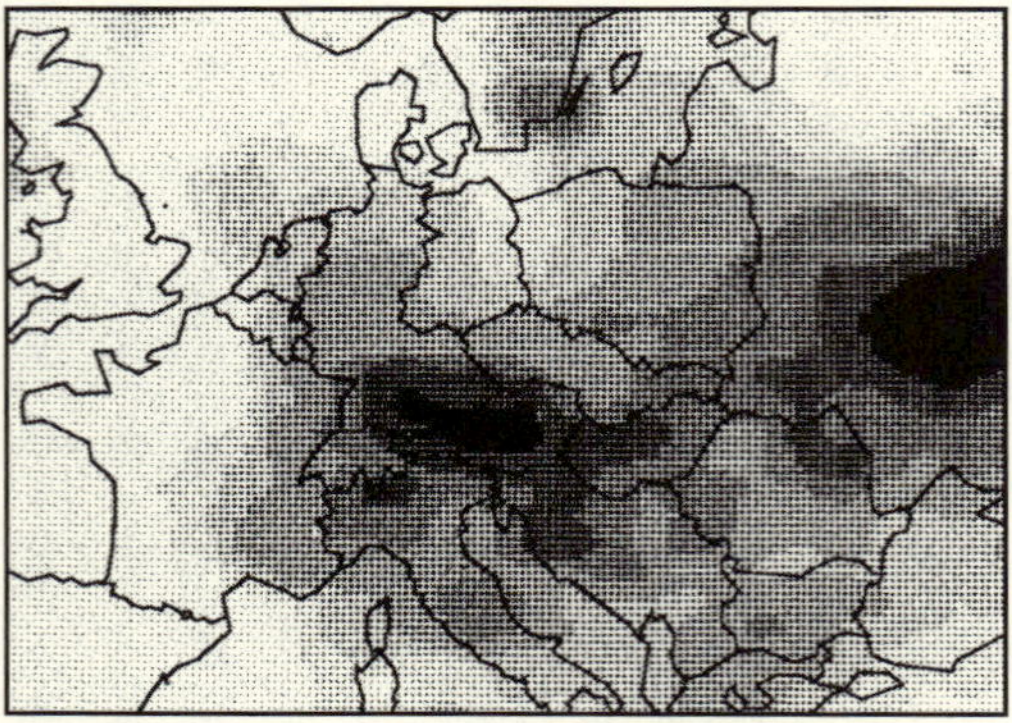

出典：『NRC ハンデルスブラット』紙，1986年6月28日付

ォーターのボトルがまとめ買いされた。野菜棚からはホウレン草やサラダ菜などの葉菜類が一掃され、代わりに瓶《びん》詰めの根菜類が並んだ。新鮮な緑の野菜が食べられない期間はかなり長く続いた。

　このチェルノブイリの大惨事の結果、オランダは原子力政策を変える。

　まず、前年に与党間で合意していた二基の原子力発電所新設計画が凍結された。さらに事故から九年後の一九九五年、最終的に新規の原発建設が断念され、九七年には既存の二基のうち一つが閉鎖された。その結果、二〇一七年現在、オランダの原子力発電所はゼーラント州のボルセレ原発のみとなっている。一九七三年に運転を開始したこの原発は、二〇一五年には設備の老朽化が原因で事故が多発したため、一一月には時期を早めて二年間の定期点検期間に入っている。

　オランダの原発政策がどうなるかは、グローニンゲン州の天然ガス田の今後と関わる。現在の予測では、この天然ガス田は二〇五〇年頃掘り尽くされる見通しだからである。

紫連立内閣

さて、政治の流れに話を戻す。一九九四年の第二院選挙では、ルッベルスの勇退にともない新党首を立てたＣＤＡが大敗。労働党が第一党になり、デン・アイルの後継者だった党首ウィム・コック（一九三八～二〇一八）が新しい首相になった。彼は元組合活動家で、どの宗教にも属さない社会民主主義者。第三次ルッベルス内閣では蔵相兼副首相をつとめていた。

新しい連立政権ではＣＤＡが抜け、労働党、自由民主国民党、民主66年党が連立を形成。労働党を表す赤と自由民主国民党を表す青との組み合わせから「紫連立」と呼ばれる。宗教政党が政権与党に入らないのは第一次世界大戦期以来のことであった。そのため、コック政権は安楽死や同性結婚のような「倫理的」諸問題への解決策を打ち出していく。

コック首相はドレースとデン・アイルをお手本にしながらも、古い社会主義とは訣別し、財政の健全化、就業機会の拡大、平均三・二％の経済成長率などを実現した。一九八二年のワッセナール協定以降のコンセンサスと調和をめざす協議形式は、いまや大きな成功を収め、一九九〇年代には新たに「ポルダーモデル」と命名されて、国際的にも注目を集めた。

一説によれば、前にも触れた労使の私的な協議組織である「労働協会」の発足五〇周年に際して開かれた一九九五年末のシンポジウムで、ＣＤＡのエーフェルト・ロンゲンが初めてポルダーモデルという言葉を使ったのだという。この言葉は、一九九七年からは各新聞紙上でも爆発的に使われるようになる。

昔からオランダ人はポルダー（干拓地）を作る際には協議を重ね、皆で協力して事に当たってきた。そうしなければ水に呑まれてしまうからである。同様に、一九七〇年代末からの経済苦境から抜け出すには政労使の協議と協力が欠かせなかったのである。

天皇・皇后訪蘭とオラニィェ家の慶事

コック政権期の、日蘭交流四〇〇周年にあたる二〇〇〇年五月には、天皇・皇后のオランダ公式訪問が行われた。かつて一九七一年に、昭和天皇が非公式にオランダを訪問した折には、激しい抗議デモが発生した。第二次世界大戦中にオランダ領東インドを占領した日本軍に対する恨みからである。

これに対して、二〇〇〇年の天皇・皇后訪蘭にはオランダの世論はどう反応したか。五月二三日のベアトリクス女王夫妻主催の晩餐会で、天皇陛下は両国の戦争によるオランダ人犠牲者やいまなお戦争の傷を負い続けている人々について「深い心の痛みを覚えます」と語られ、「戦争による心の痛みを持ちつつ、両国の将来に心を寄せておられる貴国の人々のあることを私どもはこれからも決して忘れることはありません」とも述べられた。

一連の行事での、ベアトリクス女王や二月に前もって訪日したコック首相らの入念な地ならし・根回し・気配りと、天皇陛下のこのお言葉などにより、第二次世界大戦期の対日歴史問題にはいちおうの区切りがつけられた。当時の『NRCハンデルスブラット』紙には、「ミッションは果たされ、ベアトリクスは満足した」との見出しが躍っていた。

両陛下が二五日にレイデン市内のラーペンブルヒュを散策された折には、五一番の建物の一階の部屋の窓から三人の女子学生が身を乗り出し、両陛下と親しく言葉を交わすという一幕があった。この場面は当時オランダと日本の新聞や雑誌でも大きく紹介されたが、その八年後、この出来事をとらえたモノクロ写真を焼き付けた小さな記念プレートが五一番の建物の壁に設置された。日本人観光客が迷わぬようにするための配慮だという。

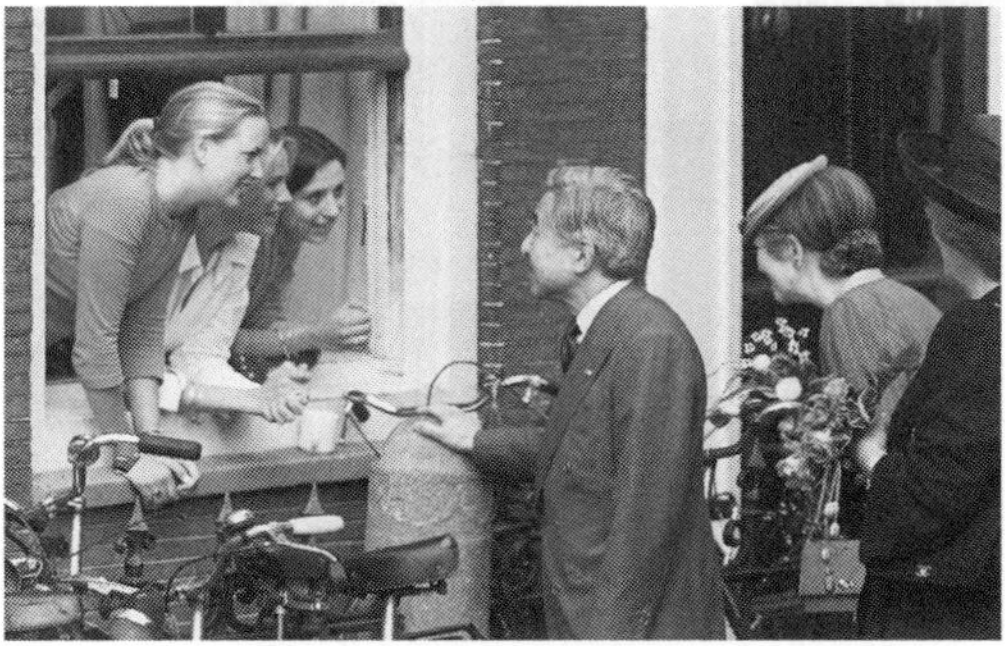

レイデン市内で女子学生と談笑する天皇・皇后　右端はベアトリクス女王．2000年５月25日

一方、オランダ王室では、ベアトリクス女王の長男ウィレム・アレクサンデル（一九六七〜）と、アルゼンチン人のマクスィマ・ソレギエタ（一九七一〜）との結婚交渉が進行していた。二人は一九九九年春、スペインのセビーリャで初めて出会い、すぐに秘密の交際へと発展し、双方の両親の同意も得られていた。

しかし、この結婚計画には重大な障害があった。マクスィマの父親が非民主的な軍事独裁政権の農業相であったためである。コック首相は、ラテン・アメリカ研究の専門家でアムステルダム大学教授のミヒール・バウトに詳細な調査を依頼するなど、細心の注意を払って事を進め、この結婚を無事に実現へと導いた。

二〇〇二年二月二日の結婚式は、三六年前のベアトリクスのときとは異なり、歓迎ムード一色のものだった。ただ、アムステルダムのニウェ・ケルク（教会）での結婚式には、コック首相の判断によってマクスィマの父は招待されず、母も出席を控えた。

結婚指輪の交換後、ピアソラ作曲のアルゼンチン・タンゴの名曲「さようなら、お父さん」（Adiós Nonino）が、バンドネオン奏者カーレル・クラーイエンホフおよび王立コンセルトヘバウ（コンセルトヘボー）管弦楽団によって演奏されると、マクスィマ妃は涙をおさえることができなかった。のちにマクスィマ妃は、あの涙は何か特定の悲しみのせいではなく、自分のなかのアルゼンチン人気質がそうさせたのだと語っている。

ピム・フォルタイン登場

さて、ほぼ八年間続いたコック政権の最後の二年間には、それまでの成果に影をさすような出来事が続いて起こる。政権発足翌年の一九九五年七月、ボスニアへ国連保護軍として赴いていたオランダ軍が失態を演じていた。イスラーム教徒の飛び地で国連により安全地域に指定されていたスレブレニツァをセルビア軍が侵攻・占領し、約七〇〇〇人の男性住民を処刑するのを、オランダ軍が止めることができなかったのである。

国連事務総長がスレブレニツァを守るために大規模な兵力増員を求めたのに、意見が分裂する安保理がこれを認めず、そこへ権限も武器も人員も与えられていないオランダ人部隊六〇〇人が投入された結果生じた悲劇であった。とはいえ犠牲者の遺族からみれば、オランダ軍の行動は許しがたい責任放棄と映った。二〇〇二年にこの事件の詳細な調査報告書が発表されたとき、コック首相はその責任追及に直面することになった。

さらに紫連立内閣を容赦なく批判するピム・フォルタイン（一九四八～二〇〇二）が巻き起こした旋風がある。フォルタインは一九九〇年から五年間、エラスムス大学教授として社会学を講じ、コラムニストとして著名で、政治活動にも関わっていた。彼の主著『紫連立政権八年の廃墟』（二〇〇二年）では、国家と市民とのあいだに大きな隔たりが生まれているとし、その原因は「われわれにとって何が最善であるかを、われわれにきちんと尋ねることなしに、それを十分わかっていると思い込んでいる内向きの〔閉鎖的な〕専門家組織」にあるとする。

ピム・フォルタイン

わが国の政治は、そのことをかなり自慢している。それどころか、その範例はポルダーモデルという分母のも

> とに世界中に宣伝されてさえいる。商工会議所の役員会は選挙なしで成立し、会長は互選で決められる。雇用者と労働者の協議会が単独執行権を持っており、なんぴとに対しても責任をとる必要がない。〔中略〕
>
> 政党のエリートたちが、何が善であるか、何が政治綱領となるか、候補者リストはどうなるのか〔中略〕などを自分たちだけで決めている。はっきり言ってそれは恥ずべきものであり、それゆえ民主主義とは何の関係もないものなのだ。
>
> (P. Fortuyn, *De puinhopen*)

当初、多くの新聞論説委員やジャーナリストらはフォルタインの言動を正面からは論評せず、二〇〇一年末になっても正統カルヴァン派系の全国紙『トラウ』紙の社説は、彼のことを「ばかもの《キップ・ゾンデル・コップ》」と呼んで見下していた。

しかしコック首相は一〇年後に述懐している。フォルタインは、「さまざまな不満を表明することによって紫連立内閣を戯画化することに成功し」、この政権が「オランダを深淵《しんえん》のきわまで追いやった」と決めつけたと。

支持者から求められて自身の党「候補者リスト《レイスト》・ピム・フォルタイン」(LPF、以下フォルタイン党)を作ったフォルタインは、テレビ討論では弁舌の才を発揮して主要政党の幹部たちをなで切りにした。彼の対イスラーム観、移民政策批判、歯に衣着せぬ物言いなどから、反対の立場に立つ人々は彼をポピュリストと見なした。

フォルタイン党の浮き沈み

コック首相は二〇〇一年八月、熟慮の末に、新しい世代に道を譲るため翌年の引退を表明するが、後からみれば、これがフォルタインの台頭を助長したと言える。直後の九月一一日、ニューヨークで同時多発テロが発生し、フォルタインは従来の主張をエスカレートさせた。

フォルタインは二〇〇二年五月の第二院選挙に向け有利な戦いを展開していたが、投票日の一週間あまり前の五月六日に、ヒルフェルスムの放送局の駐車場で、三二歳の白人男性の環境保護活動家に射殺される。これは、デ・ウィット兄弟以来、オランダでは実に三三〇年ぶりの政治家殺害事件であった。

コック首相は深い哀悼《あいとう》の意を表明する一方で、その夜のうちにフォルタイン党のメンバーに面会し、怒りを抑え冷静に行動するよう諭《さと》すことを忘れなかった。第二院選挙の延期を求める声もあったが、首相は予定通り実施することを指示した。

五月一五日の総選挙の結果、フォルタイン党は国政選挙初挑戦で二六議席となり、第二党の地位を獲得。第一党に返り咲いたCDA、第三党の自由民主国民党と連立を組むことになる。ハリー・ポッター似のCDA党首ヤン・ペーテル・バルケネンデ（一九五六〜）が新しい首相になり、新内閣が発足した。アムステルダム自由大学の教授を九年間つとめた正統カルヴァン派のバルケネンデは、初代首相カイペルを、首相としてではなく宗教的指導者、アムステルダム自由大学創設者として、ガンジー、キング牧師、マンデラ大統領と並んで尊敬していた。

突如として国政の舞台に登場したフォルタイン党の議員たちは皆政治の素人であった。独立した実業家が多かったので、議会駐車場にはこれまで見られなかったメルセデス、ポルシェ、アルファロメオといった高級車がズラリと並ぶことになる。このフォルタイン党のメンバーを政府内にとり込み、彼らに共同責任を負わせ、彼らを無害化する——これがバルケネンデ首相と自由民主国民党党首（リット・サルム（姓のみならザルム））の戦術だった。これはあの騒々しい一九六〇年代にデ・ヨング元首相が用いた手法に近いものである。

ほどなく、フォルタイン党の大臣たちは仲間割れをくりかえし、結局この連立政権は成立から三ヵ月ももたず瓦解《がかい》する。二〇〇三年に行われた新たな第二院選挙では、フォルタイン党は大幅に議席を減らして八議席となり、バルケネンデは、この機をとらえてフォルタイン党を連立から外し、自由民主国民党、民主66年党と連立を組んだ。

バルケネンデ内閣からルッテ内閣へ

翌二〇〇四年、映画制作者テオ・ファン・ゴッホ（一九五七〜二〇〇四）がイスラーム教徒青年にアムステルダム市内で殺害されるという大事件が発生する。彼は画家ファン・ゴッホの弟のひ孫にあたる。前年、イスラームを批判し続けるソマリア出身の自由民主国民党議員アヤーン・ヒルシ・アリを応援し、彼女と意気投合して制作した、イスラームの女性観を批判する短編映画『サブミッション』（服従）が事件の引き金になった。

これをきっかけに、オランダ国内ではイスラームをめぐる激論が交わされ、宗教施設に対する襲撃の応酬も相次いだ。

政権内部で争い事が絶えなかったにもかかわらず、広汎な大衆の不満に注意を払いつつ、フォルタイン党の退場後も一貫して受け入れ条件の厳しい移民政策を推し進めたバルケネンデ内閣は、二〇〇六年の第二院選挙でも第一党の座を守り、通算八年間続いた。

しかし二〇一〇年の総選挙では与党が敗北し、僅差で第一党になった自由民主国民党を中心に新しい連立内閣が形成される。首相の座に就いたのは自由民主国民党党首マルク・ルッテ（一九六七〜）であった。実に、コルト・ファン・デル・リンデン以来九二年ぶりの自由主義者の内閣の誕生であった。あるコラムニストが言うところの「武装を解かせる愛想の良さで敵を包み込む」ルッテ首相は、すでに前任者たちの在任期間に迫りつつある。

このルッテ内閣までの比較的長続きした四つの政権は、カトリック教徒のルッベルス、無宗教の社会民主主義者コック、正統カルヴァン派のバルケネンデ、自由主義者のルッテと、かつての四本の「柱」から一人ずつ首相を出しているようにも見える。

ルッテ政権は当初、「オランダのイスラーム化阻止」を掲げるヘールト・ウィルデルス党首の極右「自由党」（PVV）の閣外協力を得ていたため、政権の先行きを不安視する向きもあった。しかし二〇一二年の第二院選挙の結果、連立の組み替えが行われ、ルッテ首相の自由民主国民党（第一党）とディデリック・サムソム党首の労働党（第二党）が、ほぼ対等の関係で連立を組んだ。

この第二次ルッテ内閣発足当初の閣僚の構成を記しておこう。括弧内のvは女性（vrouw）、mは男性（man）を表している。

自由民主国民党からは、総務相を兼ねる首相（m）、経済相（m）、防衛相（v）、国民健康・福祉・スポーツ相（v）、居住・国家公務員組織相（m）、インフラ・環境相（v）、安全・司法相（m）の七名である。労働党からは、副首相を兼ねる社会・雇用相（m）、財務相（m）、教育・文化・科学相（v）、外相（m）、外国貿易・開発協力相（v）、内務・王国関係相（m）の六名である。計一三名中、女性は五名、男性は八名となっている。

ベアトリクス女王の退位

二〇一三年、オランダが王国として独立を果たしてからちょうど二〇〇年という節目の年に、ベアトリクス女王が七五歳で退位し、新国王ウィレム・アレクサンデルが即位した。女王が果たしてきた役割のいくぶんかは、王妃マクスィマによっても引き継がれた。

ベアトリクス女王の在位は、母ユリアナとほぼ同期間の三三年に及んだ。庶民的なユリア

ベアトリクス女王の退位，2013年４月30日　女王が退位文書に署名．左から女王，息子で新国王ウィレム・アレクサンデル，新王妃マクスィマ

ナが温かさを漂わせる「母」のような存在だったとすれば、ベアトリクスは自分の仕事に真剣に向き合う「ＣＥＯ（最高経営責任者）」のようだ、と評したのは労働党の元環境相ヤン・プロンクである。

在位期間を通じて、精力的に計五四回もの外国訪問をこなし、一九九一年には訪日も果たしている。オランダ国民への定期的なスピーチの折には、他者に対する「寛容」をキーワードとして最も高い頻度で取り上げ、異文化間の共生・共存を一貫して訴え続けた。

二〇一二年末、ベアトリクス女王のテレビを通じての最後のクリスマス・メッセージのなかで、女王は「信頼を勝ち得ること」の大切さを説きつつ、こう述べる。

開放性と寛容（tolerantie）のなかに、信頼の重要な基礎があります。何世紀ものあいだ、私たちの社会は、さまざまな文化的・人生観的背景を持つ人々の存在から力を引き出してきました。寛容（verdraagzaamheid）は私たちの国を強くしました。各人の尊厳と対等を認めることは、平和で公正な社会の本質的要素です。相互の信頼を勝ち得ること、それが私たちの永続的な課題なのです。〔個人間の〕ささやかなものも、そして〔国家間の〕大きなものも。

（*NRC De Week*, 31 dec. 2012）

フォルタイン殺害事件の折は、女王はいっさいの声明を控え、事件を知らせる電話をかけてきたコック首相に対し、犯人が外国出身者でないことを願いますとだけ伝えた。

他方、二〇一二年にアラブ首長国連邦を訪問した際、女王が頭部にヴェールをまとったのを極右政治家ウィルデルスが、ヴェールは女性の抑圧を象徴するものだと批判すると、女王は公の場でジャーナリストの質問に直接応答し、「まったくナンセンスです」と一蹴《いっしゅう》した。

とはいえ、寛容や自由を守り、欧州統合を支持し、極右の台頭に不快感を示す女王の姿勢は、オランダ社会の比較的上層を代表したものであり、庶民が抱く種々の不安感とは少々隔たりがあるのも事実である。

かつて経済成長期の一九六〇年代、周辺国と同様にオランダも積極的に外国人労働者を受け入れたが、そのなかにイスラーム教徒のトルコ人やモロッコ人も多数含まれていた。このイスラーム移民問題が、とくに二〇〇一年の「九・一一」を境に大きな争点となっていた。バルケネンデ政権が誕生した二〇〇二年以降、長らく称揚されてきた多文化主義から一定の距離を置き、移住希望者にはオランダ語の習得と、オランダの社会や歴史についての正しい理解を義務づけ、試験によって審査する厳しい移民政策が進められる。難民政策もまた厳格化の方向に舵が切られた。

二〇一七年の総選挙

ルッテ政権もこの移民・難民政策を踏襲するが、ベアトリクス女王退位から二年後の二〇一五年、ヨーロッパ諸国への移民・難民流入の急増がこの問題を先鋭化させた。その結果、時の人となったのがウィルデルスであった。彼はアメリカのトランプ大統領を礼讃し、ヨーロッパ各国のポピュリスト政党とも連携しつつ、二〇一七年三月の第二院総選挙では第一党の座をうかがう勢いを見せていた。

しかし、三月一五日に投開票された議会選挙で、ルッテ首相の自由民主国民党は第一党にとどまり、移民排斥とEU離脱を唱えるウィルデルスの自由党は予想ほど躍進しなかった。その理由は、①英国のEU離脱および米国のトランプ政権誕生が及ぼした反面教師的影響、②ウィルデルスの党首討論会への不参加、③ルッテ首相による移民排斥論者たちの主張の部分的先取り、④直前の対トルコ関係の険悪化と首相の毅然たる態度、⑤選挙二日前のウィルデルス対ルッテ討論で見えた現役首相の安定感、⑥この国が「まちがったポピュリズム」に対する防波堤になるという首相の決意表明などであろう。

自由民主国民党、民主66年党、CDAの三党で定員の半数に迫るので、真の勝利者は穏健な中道勢力であった。当夜、あるオランダ人は友人のジャーナリストへのメールで、オランダは「まともな、まずまず幸せな国」だと記していたという。

コック元首相の述懐

とはいえ、フォルタインやウィルデルスの主張への根強い支持があることは確かであるし、中道諸政党の対移民・難民政策もこうした「極右」の主張にいくぶん接近しつつあるようだ。バルケネンデ政権以降のオランダは、「寛容」政策の見直しにともない、かつて分権的共和国から中央集権的君主国に移行したときのように、後戻りすることのない決定的な変化を経験したと見るべきだろうか。それとも、それは単に、従来必要性が認識されつつも後回しにされてきた課題にやっと本腰を入れて取り組み始めたものと解すべきだろうか。

話を少し前に戻そう。

あの九・一一から一〇年経った二〇一一年九月の『NRCハンデルスブラット』紙に、一九九四年から紫連立内閣で首相をつとめたウィム・コックへのインタビュー記事が掲載された。その末尾でコック元首相はこう語っている。

いま、希望というものが私の考えの本源であるかどうかはわかりません。でもね、変化は来ると思いますよ。皆わかり始めているんです。ここで一緒に暮らすことに成功するかどうかに、相当程度、私たちの繁栄がかかっているということを。

（*NRC De Week*, 12 sept. 2011）

元首相はそれに続けて、現に多数の外国出身者が国内にいるのだからそれを受け入れていくしかない、統合のプロセスが必要なことは当然だが、オランダ人と比べてトルコ人やモロッコ人の勤労意欲も負けてはいない、私は憂鬱になんかなっていませんよ、と結んでいる。

このような、どの教会にも属さない宗教的相対主義者ならではの見通しは、本書を締め括ろうとしている二〇一七年三月の現時点で見ると、少々楽観主義に過ぎた感がするのも事実である。まるで往昔《おうせき》のヒット曲を聴かされているようだと取る人もいるだろう。

しかしすべては現在進行中である以上、「嵐」のただ中では判断を控えるほかはない。より客観的な判断が可能になる一定の時間的距離を置いたのちに、この二一世紀初頭のオランダ史を振り返ったとき、事の本質が初めて見えてくるだろう。

おわりに

いま筆者の手元には、オランダ外務省が近年制作したPR冊子の日本語版がある。取り上げられているのは、率直で開放的な国民性、公と民間を合わせた先進的な混合医療制度、国際的に有名な建築デザイン、抜きん出た貨物取扱量を誇るロッテルダム港、健康的で安全な食品の開発、世界有数の農産物および花卉《かき》の輸出国、世界トップレベルの多国籍企業、国際司法の中心ハーグ、卓越した「水」管理技術とそれによる世界への貢献などである。

冊子冒頭の「ごあいさつ」にあるように、オランダは大国ではないが、その過去も現在も、さらに詳しく探究してみたくなる国であることはまちがいない。

西村由美氏が精力的に翻訳・紹介されているオランダ児童文学、日本で大人気の「うさこちゃん」（ミッフィー）やその背景の一つである「デ・スティル」の芸術運動、「オランダ流ワーク・ライフ・バランス」（中谷文美氏の書名）など、本書では触れられなかった興味深いテーマがほかにもたくさんある。

ともあれ、現時点での筆者自身のオランダ史探究の結果は、ひとまず以上の通りである。

本書を読み、オランダの歴史・文化・社会に少しでも興味を持たれた方は、ぜひオランダ語の学習にも挑戦していただきたい。幸い、昨今は各社から良質のオランダ語文法書も出版されているし、何より『［講談社］オランダ語辞典』という、まことに簡便な辞書が一九九四年に出版されている。この辞書は蘭英辞典 *Kramers Nederlands-Engels Woordenboek* の英語部分を邦訳する形で編まれたもので、筆者もいまではまずこの辞書を引く習慣になった。で、より正確を期したい、多様な成句なども突き止めたいという方には、次の蘭英辞典をお勧めする。

K. ten Bruggencate e.a., *Koenen Woordenboek Nederlands Engels* (Utrecht, 2006)

これは第二二版だが、この辞書の一九七四年の第一七版は、筆者のオランダ語修行の最大の支えであり、豊富な文例が難文攻略をいつも助けてくれた。すでにページも黄変し、崩壊寸前になっているが、いまでも時々お世話になっている。

なお、最近とても重宝していて、しかも読んでいて楽しいのが、改訂第一五版が出たばかりの次のオランダ語大辞典（蘭蘭辞典）、全三巻である。

T. den Boon & R. Hendrickx, *Van Dale Groot woordenboek van de Nederlandse taal* (3 dln., Utrecht / Antwerpen, 2015)

収録語の圧倒的な多さ、読みやすいフォント、手触りの心地よさ、百科事典的な機能もそなわっていることなど、良いことずくめである。

さて、本書ができあがるまでには、実に多くの方々から恩恵を受けている。ご労作を参照させていただいた多数のオランダ研究者の方々、さらに今日までいろいろな形で助力をいただいた恩師の先生方、研究仲間、職場の同僚の皆さん、家族などに、心から感謝の意を表したい。本来ならもっと言葉を尽くすべきところ、もはや紙幅がなく、このような形ばかりの謝辞となってしまったことをどうかお許しいただきたい。

最後に、本書を執筆するよう声を掛けてくださり、原稿の完成まで本当に長いあいだ、辛抱強く待ち続けてくださった中央公論新社の白戸直人氏には、深甚《しんじん》なる最大限の感謝の気持ちを表さねばならない。筆者の原稿の配慮不足の箇所を適切に指摘していただき、また脇道に深入りしかけたときには正しい筋道に引き戻してもいただいた。どうにかここまでたどり着けたのは、白戸氏の真に細やかな気遣いや励ましと「寛容」のおかげであったと、いまあらためて身にしみて感じている。重ねて、お礼を申し上げたい。

二〇一七年三月一七日

桜田美津夫

J.-C. ter Brugge, H. van Gelder, L. Ligtenberg, P. Schreuders, *The Beatles in Holland*, Zutphen, 2014.
Grote Winkler Prins Encyclopedie, 7e druk, Amsterdam, dl. 14 (1972).
A. G. van Weezel, *De smaak van de macht. Gesprekken met oud-premiers*, Schoorl, 2011.
A. Bleich, *Joop den Uyl. Dromer en doordouwer*, Amsterdam, 2008.
C. van Baalen e.a. (red.), *Koningin Beatrix aan het woord*, Den Haag, 2005.
H. Wansink, *Het land van Beatrix*, Amsterdam, 2014.
P. Fortuyn, *De puinhopen van acht jaar Paars*, Rotterdam, 2002.
F. J. Lammers, *Het aanzien van het huwelijk Willem-Alexander & Máxima*, Houten, 2002.
Y. Hoebe, *Nog steeds verliefd. Willem-Alexander & Maxima 10 jaar getrouwd*, London, 2011.
イアン・ブルマ（三浦元博，軍司泰史 訳）『廃墟の零年 1945』白水社，2015.
後藤乾一，山﨑功『スカルノ』吉川弘文館，2001.
小林寧子『インドネシア　展開するイスラーム』名古屋大学出版会，2008.
犬養道子『犬養道子自選集１』岩波書店，1998.
リヒテルズ直子『オランダの個別教育はなぜ成功したのか』平凡社，2006.
光成耕司，本多誠ほか 編『ワールドカップ伝説④ '70年代編』ベースボール・マガジン社，2010.
田口晃「文化変容と政治変動」（犬童一男，山口定，馬場康雄，高橋進 編『戦後デモクラシーの安定』岩波書店，1989）.
朝日新聞 社説「核に立ちはだかるオランダ」（1984年４月８日），「核配備延ばすオランダの知恵」（1984年６月３日）.
水島治郎『戦後オランダの政治構造』東京大学出版会，2001.
水島治郎『反転する福祉国家』岩波書店，2012.
水島治郎『ポピュリズムとは何か』中公新書，2016.
長坂寿久『オランダモデル』日本経済新聞社，2000.
廣瀬真理子「ポルダーモデルと福祉国家改革」（『日蘭学会会誌』第29巻第１号，2004）.
長有紀枝『スレブレニツァ』東信堂，2009.
明石康，インタビュー・解説木村元彦『「独裁者」との交渉術』集英社新書，2010.
毎日新聞 記事「オランダ　民主主義と共存 課題　庶民的新国王に期待」（2013年５月１日）.

インターネット・サイト
金獅子亭 〈https://orange-white.blue/〉
とちぎの文化財 〈http://www.tochigi-edu.ed.jp/center/bunkazai/〉
ハフィントンポスト日本版 〈http://www.huffingtonpost.jp/〉
Parlement & Politiek 〈http://www.parlement.com/〉
Nationaal Archief 〈http://www.gahetna.nl/〉
digitale bibliotheek voor de Nederlandse letteren 〈http://www.dbnl.org/〉
vrede van utrecht 300 jaar 〈http://www.vredevanutrecht2013.nl/〉
Verzetsmuseum Amsterdam 〈https://www.verzetsmuseum.org/〉
Delpher 〈http://www.delpher.nl/〉
Burgemeester Marc Witteman 〈http://marcwitteman.blogspot.jp/2008/05/japan.html〉
nrc.nl 〈https://www.nrc.nl/〉
Zeeburg Nieuws 〈http://www.zeeburgnieuws.nl/〉
Historical Currency Converter 〈http://www.historicalstatistics.org/〉

主要図版出典一覧

野村浩司 p.38　Beeldarchief, Rijkswaterstaat p.265
Rob Mieremet / Nationaal Archief p.280
ANP Photo/ アフロ p.255　共同通信 p.289　AP/ アフロ pp.291, 297

福沢諭吉（昆野和七 校訂）『新版 福翁自伝』角川ソフィア文庫，2008.
宮永孝『幕末オランダ留学生の研究』日本経済評論社，1990.
渡辺與五郎「シモン・フィッセリングについて」（『日蘭学会通信』通巻30号，1985）.
津田真道・西周顕彰委員会 編集・発行『波濤を越えて』（非売品）1998.

†第5章
N. Japikse, *De Geschiedenis van het Huis van Oranje-Nassau*, dl. II, Den Haag, 1938.
F. Rovers, *'Dan liever de lucht in!' Jan van Speijk en de Belgische Opstand*, Hilversum, 2000.
Reize naar Surinamen. Dagboek van John Gabriël Stedman 1772-1777, Zutphen, 2014.
G. Hooykaas, *Thorbecke. Een leven in brieven*, Den Haag, 2005.
E. Kloek (red.), *1001 vrouwen uit de Nederlandse geschiedenis*, Nijmegen, 2013.
M. Bosch, *Een onwrikbaar geloof in rechtvaardigheid. Aletta Jacobs 1854-1929*, Amsterdam, 2005.
石坂昭雄「ベルギー金融資本の成立と発展（Ⅰ）」（『經濟學研究』19-3，北海道大学，1969）.
クリスティアン・ウォルマー（安原和見，須川綾子 訳）『世界鉄道史』河出書房新社，2012.
松尾秀哉『物語 ベルギーの歴史』中公新書，2014.
村岡晢『フリードリヒ大王　啓蒙専制君主とドイツ』清水書院，1984.
ランケ（村岡晢 訳）「列強論」（林健太郎 編『世界の名著 続11　ランケ』中央公論社，1974）.
永積昭『世界の歴史13　アジアの多島海』講談社，1977.
ムルタトゥーリ（佐藤弘幸 訳）『マックス・ハーフェラール』めこん，2003.
岸本由子「オランダにおける議院内閣制の成立」（『日蘭学会会誌』第33巻第1号，2008）.

†第6章
J. van Eijnatten, F. van Lieburg, *Nederlandse Religiegeschiedenis*, Hilversum, 2005.
G. Puchinger, *Nederlandse minister presidenten van de twintigste eeuw*, Amsterdam, 1984.
P. J. Oud, *Honderd jaren, 1840-1940*, Assen, 1967.
Wilhelmina, *Eenzaam maar niet alleen*, Utrecht, 2012[14].
A. Lijphart, *The Politics of Accommodation. Pluralism and Democracy in the Netherlands*, Berkeley, 1968.
A. Lijphart, *Verzuiling, pacificatie en kentering in de Nederlandse politiek*, Amsterdam, 1982[4].
J. J. Woltjer, *Recent verleden*, Amsterdam, 1992.
R. Paauw, J. Visser, *Model voor de toekomst. Amsterdam Olympische Spelen 1928*, Rotterdam, 2008.
B. Hiddema, *De Olympische spelen Amsterdam 1928*, Amsterdam, 2008.
L. de Jong, *Het Koninkrijk der Nederlanden in de Tweede Wereldoorlog*, dl. 10 b, het laatste jaar II, tweede helft, 's-Gravenhage, 1982.
J. Pollmann, *Herdenken, herinneren, vergeten. Het beleg en ontzet van Leiden in de Gouden Eeuw*, Leiden, 2008.
M. Toonder, *Autobiografie*, Amsterdam, 2010.
P. S. ヘスラム（稲垣久和，豊川愼 訳）『近代主義とキリスト教　アブラハム・カイパーの思想』教文館，2002.
田口晃「多極共存型デモクラシーの可能性」（『思想』No.632，1977）.
ラウル・ヒルバーグ（望田幸男，原田一美，井上茂子 訳）『ヨーロッパ・ユダヤ人の絶滅（上）』柏書房，1997.
アンネ・フランク（深町眞理子 訳）『アンネの日記　増補新訂版』文藝春秋，2003.
ミープ・ヒース（深町眞理子 訳）『思い出のアンネ・フランク』文藝春秋，1987.
小川洋子『100分 de 名著　アンネの日記』NHKテレビテキスト，2014年8月.

†第7章
W. F. Hermans, *ik heb altijd gelijk*, Amsterdam, 2014[24].
E. H. Kossmann, *De Lage Landen 1780-1980*, 2 dln., Amsterdam, 1978.
H. Daalder, J. Gaemers, *Premier en elder statesman. Willem Drees 1886-1988. De jaren 1948-1988*, Amsterdam, 2014.
K. Slager, *De ramp. Een reconstructie van de watersnood van 1953*, Amsterdam, 2009[9].

H. Bots, G. H. M. Posthumus Meyjes, F. Wieringa, *Vlucht naar de vrijheid. De Hugenoten en de Nederlanden*, Amsterdam / Dieren, 1985.
Joan Derk Baron van der Capellen tot den Pol, *Aan het Volk van Nederland*, Amsterdam, 1966.
J. Rosendaal, *De Nederlandse Revolutie*, Nijmegen, 2005.
D. E. H. de Boer, R. E. O. Ekkart, J. F. Heijbroek, H. Kleibrink, R. C. J. van Maanen（red.）, *Hutspot, Haring en Wittebrood*［13dln., Zwolle 1981/82］, *dl. 4. Tien eeuwen Leiden, Leienaars en hun rampen*.
今井宏 編『世界歴史大系 イギリス史２』山川出版社，1990.
サミュエル・ピープス（臼田昭，岡照雄，海保眞夫 訳）『サミュエル・ピープスの日記』第８巻，国文社，1999.
友清理士『イギリス革命史（上）』研究社，2004.
安平弦司「宗派間関係と寛容の機能 ― 1670年代ユトレヒトにおける信仰実践を巡る闘争」『史林』98巻２号（2015）.
Ｊ・フロイデンタール（工藤喜作 訳）『スピノザの生涯』哲書房，1982.
安斎和雄「イザーク・ド・ピントのセファルディム擁護論」（『社会科学討究』88号，早稲田大学，1985）.
吉田信「諸外国の憲法事情　オランダ」国立国会図書館調査及び立法考査局，2002.
見原礼子『オランダとベルギーのイスラーム教育』明石書店，2009.

†第４章

Museum voor Volkenkunde Rotterdam, *In het spoor van de Liefde*, Amsterdam, 1986.
F. S. Gaastra, *De geschiedenis van de VOC*, Zutphen, 1991.
H. den Heijer, *De geschiedenis van de WIC*, Zutphen, 1994.
J. W. IJzerman, *Dirck Gerritsz Pomp alias Dirck Gerritsz China*, 's-Gravenhage, 1915.
L. Blussé, W. Remmelink, I. Smits（red.）, *Bewogen Betrekkingen. 400 jaar Nederland-Japan*, Hilversum, 2000.（日本語版：『日蘭交流400年の歴史と展望』財団法人 日蘭学会，2000.）
A. Kouwenhoven, M. Forrer, *Siebold en Japan. Zijn leven en werk*, Leiden, 2000.（邦訳　アルレッテ・カウヴェンホーフェン，マティ・フォラー 著，フォラーくに子 訳『シーボルトと日本　その生涯と仕事』Hotei 出版，2000.）
J. de Hond, M. Fitski, *De smalle brug. Japan en Nederland sinds 1600*, Amsterdam / Nijmegen, 2016.
リンスホーテン『東方案内記』大航海時代叢書第Ｉ期８，岩波書店，1968.
ハウトマン，ファン・ネック『東インド諸島への航海』大航海時代叢書第II期10，岩波書店，1981.
ジョン・ゴス（小林章夫 監訳）『ブラウの世界地図』同朋舎出版，1992.
布野修司 編著『近代世界システムと植民都市』京都大学学術出版会，2005.
鈴木恒之「17世紀スマトラ島におけるオランダの貿易独占体制」（日蘭学会 編，栗原福也，永積昭 監修『オランダとインドネシア』山川出版社，1986）.
岡田章雄『三浦按針』創元社，1948.（『岡田章雄著作集Ｖ』思文閣出版，1984に再録）
Ｐ・Ｇ・ロジャーズ（幸田礼雅 訳）『日本に来た最初のイギリス人』新評論，1993.
永積昭『オランダ東インド会社』講談社学術文庫，2000.
永積洋子『平戸オランダ商館日記』講談社学術文庫，2000.
松方冬子『オランダ風説書』中公新書，2010.
八百啓介『近世オランダ貿易と鎖国』吉川弘文館，1998.
日蘭学会 編『洋学史事典』雄松堂出版，1984.
沼田次郎『洋学』吉川弘文館，1989.
吉村昭『冬の鷹』新潮文庫，1976.
鳥井裕美子『前野良沢』思文閣出版，2015.
W・ミヒェル，鳥井裕美子，川嶌眞人 共編『九州の蘭学』思文閣出版，2009.
KLMオランダ航空 ウィンドミル編集部 編『日蘭交流の歴史を歩く』NTT出版，1994.
酒井シヅ『すらすら読める蘭学事始』講談社，2004.
松井洋子『ケンペルとシーボルト』山川出版社，2010.
大橋敦夫「蘭学資料が語ってくれること」（『日蘭学会通信』通巻129号，2009）.

主要参考文献

J. Israel, *The Dutch Republic. Its Rise, Greatness, and Fall 1477-1806*, Oxford, 1995.
B. Haak, *Hollandse schilders in de Gouden Eeuw*, Zwolle, 2003².
J. Turner (ed.), *From Rembrandt to Vermeer*, New York, 2000.
W. Liedtke, *Vermeer. The Complete Paintings*, New York / London, 2008.
A. Elkins, *A Glancing Light*, New York, 1991.（邦訳　アーロン・エルキンズ 著，秋津知子 訳『一瞬の光』ハヤカワ文庫，1993.）
K. van Berkel, *In het voetspoor van Stevin. Geschiedenis van de natuurwetenschap in Nederland, 1580-1940*, Amsterdam, 1985.（邦訳　K・ファン・ベルケル 著，塚原東吾 訳『オランダ科学史』朝倉書店，2000.）
J. T. Devreese, G. vanden Berghe, *'Wonder en is gheen wonder'. De geniale wereld van Simon Stevin, 1548-1620*, Leuven, 2003.
C. Dobell, *Antony van Leeuwenhoek and his "Little animals"*, New York, 1932.（邦訳　クリフォード・ドーベル 著，天児和暢 訳『レーベンフックの手紙』九州大学出版会，2004.）
J. de Vries, A. van der Woude, *Nederland 1500-1815*, Amsterdam, 1995.（邦訳　J・ド・フリース，A・ファン・デァ・ワウデ 著，大西吉之，杉浦未樹 訳『最初の近代経済』名古屋大学出版会，2009.）
W. Frijhoff, M. Spies, *1650. Bevochten eendracht*, Den Haag, 1999.
P. G. Hoftijzer, *Pieter van der Aa (1659-1733)*, Hilversum, 1999.
A. Bouwman, B. Dongelmans, P. Hoftijzer, E. van der Vlist, Ch. Vogelaar, *Stad van boeken. Handschrift en druk in Leiden 1260-2000*, Leiden, 2008.
J. G. C. A. Briels, *Zuidnederlandse boekdrukkers en boekverkopers in de Republiek der Verenigde Nederlanden omstreeks 1570-1630*, Nieuwkoop, 1974.
S. Groenveld, "The Mecca of Authors? States Assemblies and Censorship in the Seventeenth-Century Dutch Republic", in: A. C. Duke, C. A. Tamse (eds.), *Too mighty to be free,* Zutphen, 1987.
小倉欣一 編『近世ヨーロッパの東と西』山川出版社，2004.
タキトゥス（國原吉之助 訳）『同時代史』筑摩書房，1996.
C・ウィルスン（堀越孝一 訳）『オランダ共和国』平凡社，1971.
ヨハン・ホイジンガ（栗原福也 訳）『レンブラントの世紀』創文社，1968.
栗原福也「オランダ経済の興亡」（角山栄，川北稔 編『講座 西洋経済史 I 工業化の始動』同文舘，1979).
石坂昭雄「オランダ共和国の経済的興隆と17世紀のヨーロッパ経済」（『經濟學研究』24-4，北海道大学，1974).
佐藤弘幸『西欧低地諸邦毛織物工業史』日本経済評論社，2007.
里見元一郎 翻訳・解説『ホイジンガ歴史画集　祖国の歴史より』河出書房新社，1972.
H・R・トレヴァー＝ローパー（小川晃一，石坂昭雄，荒木俊夫 訳）『宗教改革と社会変動』未来社，1978.
仲手川良雄 編著『ヨーロッパ的自由の歴史』南窓社，1992.
ノルベルト・ミデルコープ「解説」（パレス・ハウステンボス美術館 編『絵画の黄金期』長崎オランダ村，1992).
高橋達史，高橋裕子 編『名画への旅14　市民たちの画廊』講談社，1992.
クリスティアン・テュンペル（高橋達史 訳）『レンブラント』中央公論社，1994.
森洋子『シャボン玉の図像学』未来社，1999.
ツヴェタン・トドロフ（塚本昌則 訳）『日常礼讃』白水社，2002.
小林頼子『フェルメール論』八坂書房，増補新装版，2008.
小林頼子『フェルメールの世界』日本放送出版協会，1999.

†第3章
S. Groenveld, "The English Civil Wars as a Cause of the First Anglo-Dutch War, 1640-1652", *Historical Journal*, 30, 3 (1987).
H. H. Rowen, *Johan de Witt. Staatsman van de 'ware vrijheid'*, Leiden, 1985.
K. O. Meinsma, *Spinoza en zijn Kring*, Utrecht, 1980² ['s-Gravenhage, 1896].
H. Brand, J. Brand (red.), *De Hollandse Waterlinie*, Utrecht / Antwerpen, 1986.

M. Mees-Verwey (red.), *Apologie ofte verantwoordinge van den prince van Orangien*, Santpoort, 1942[2].
A. A. van Schelven, *Willem van Oranje*, Haarlem, 1933.
E. H. Kossmann, A. F. Mellink (eds.), *Texts concerning the Revolt of the Netherlands*, London, 1974.
A. van der Lem, *De Opstand in de Nederlanden*, Utrecht / Antwerpen, 1995.
G. Parker, *Philip II*, Boston / Toronto, 1978.
J. Scheerder, *De Beeldenstorm*, Bussum, 1974.
H. R. Guggisberg, *Religiöse Toleranz*, Stuttgart / Bad Cannstatt, 1984.
De correspondentie van Desiderius Erasmus, dl. 9, Rotterdam, 2011.
K. W. Swart, "Wat bewoog Willem van Oranje de strijd tegen de Spaanse overheersing aan te binden?", *Bijdragen en mededelingen betreffende de geschiedenis der Nederlanden*, dl. 99, afl. 4 (1984).
K. W. Swart, *Willem van Oranje en de Nederlandse Opstand 1572-1584*, Den Haag, 1994.
J. C. A. de Meij, *De watergeuzen en de Nederlanden 1568-1572*, Amsterdam, 1972.
J. Klok, *In naam van Oranje. Den Briel 1572-1972*, Nijkerk, 1972.
C. Wilson, "Den Briel 1572", *Spiegel Historiael*, 7de jg., nr. 4 (1972).
Jaarboekje voor geschiedenis en oudheidkunde van Leiden en omstreken, dl. 66 (1974).
R. Putnam, *Willem de Zwijger. Prins van Oranje*, Alkmaar, 1910.
S. Groenveld, H. L. Ph. Leeuwenberg (red.), *De Unie van Utrecht*, Den Haag, 1979.
M. E. H. N. Mout (red.), *Plakkaat van Verlatinge 1581*, 's-Gravenhage, 1979.
P. J. Blok, *Willem de Eerste. Prins van Oranje*, dl. 2, Amsterdam, 1920.
M. W. Jurriaanse, C. Serrurier (red.), *Prins Willem van Oranje. Brieven*, Middelburg, 1933.
J. F. Grosfeld, W. Klinkert, J. P. Meeuwissen (red.), *Het Turfschip van Breda*, Breda, 1990.
川口博『身分制国家とネーデルランドの反乱』彩流社，1995.
フェルナン・ブローデル（浜名優美 訳）『地中海Ⅳ』藤原書店，1994.
渡辺信夫『神と魂と世界と　宗教改革小史』白水社，1980.
エラスムス（片山英男 訳）「キリスト者の君主の教育」（『宗教改革著作集２』教文館，1989）.
ジェフリ・パーカー（大久保桂子 訳）『長篠合戦の世界史』同文舘，1995.
小山哲，上垣豊，山田史郎，杉本淑彦 編著『大学で学ぶ西洋史［近現代］』ミネルヴァ書房，2011.
中野隆生，中嶋毅 共編『文献解説 西洋近現代史１　近世ヨーロッパの拡大』南窓社，2012.

†第２章

K. W. Swart, "Oranje en de opkomst van het Statenbewind", *Spiegel Historiael*, 19de jg., nr. 4 (1984).
H. F. K. van Nierop, *Van ridders tot regenten*, Amsterdam, 1984.
S. J. Fockema Andreae, *De Nederlandse Staat onder de Republiek*, Amsterdam, 1982[9].
S. Groenveld, H. L. Ph. Leeuwenberg, *De bruid in de schuit*, Zutphen, 1985.
M. E. H. N. Mout, "Van arm vaderland tot eendrachtige republiek", *Bijdragen en mededelingen betreffende de geschiedenis der Nederlanden*, dl. 101, afl. 3 (1986).
I. Schöffer, *Veelvormig verleden*, Amsterdam, 1987.
F. Rachfahl, *Wilhelm von Oranien und der niederländische Aufstand*, Bd. II, Haag, 1907.
J. A. van Houtte, *Economische geschiedenis van de Lage Landen 800-1800*, Bussum, 1979.
W. Dobber, C. Paul (red.), *Cornelis Corneliszoon van Uitgeest*, Zutphen, 2002.
P. J. Barnouw, *Philippus van Limborch*, Den Haag, 1963.
R. Po-Chia Hsia, H. van Nierop (eds.), *Calvinism and Religious Toleration in the Dutch Golden Age*, Cambridge, 2002.
R. G. Fuks-Mansfeld, *De Sefardim in Amsterdam tot 1795*, Hilversum, 1989.
H. van Nierop e.a. (red.), *Romeyn de Hooghe. De verbeelding van de late Gouden Eeuw*, Zwolle, 2008.
A. Chua, *Day of Empire*, New York, 2007.（邦訳　エイミー・チュア 著，徳川家広 訳『最強国の条件』講談社，2011.）

主要参考文献

本書全体および各章で使用した主な文献を，それぞれ欧文献を先に，邦語文献をそのあとに列挙している．記載順は，おおむね本文で触れた順序に従っている．

†全体および多数の章に関わるもの

G. Mak, J. Bank, G. van Es, P. de Rooy, R. van Stipriaan, *Verleden van Nederland*, Amsterdam / Antwerpen, 2008.

G. G. Hellinga, *Geschiedenis van Nederland*, Zutphen, 2007.

W. Velema (red.), *Oog in oog met het verleden*, Utrecht, 2005.

P. J. Rietbergen, *Geschiedenis van Nederland in vogelvlucht*, Amersfoort, 2015[9].

J. C. H. Blom, E. Lamberts (red.), *Geschiedenis van de Nederlanden*, Amsterdam, 1994.

S. Groenveld, G. J. Schutte, *Nederlands verleden in vogelvlucht, DELTA 2, De nieuwe tijd: 1500 tot 1813*, Leiden / Antwerpen, 1992.

J. Th. M. Bank, J. J. Huizinga, J. T. Minderaa, *Nederlands verleden in vogelvlucht, DELTA 3, De nieuwste tijd: 1813 tot heden*, Groningen, 1993.

Jan & Annie Romein, *Erflaters van onze beschaving*, Amsterdam, 1979[13].

G. J. Pos (red.), *De Grootste Nederlander*, Amsterdam, 2004.

Nieuw Nederlandsch Biografisch Woordenboek, 10 dln., Leiden, 1911-37.
※現在はインターネットでも閲覧可能〈http://www.dbnl.org/〉

Biografisch Woordenboek van Nederland, 6 dln., dl. 1, 3-6, 's-Gravenhage, 1979-2008 / dl. 2, Amsterdam, 1985.

NRC De Week. Internationale editie NRC Handelsblad.

H. W. J. Volmuller (red.), *Nijhoffs Geschiedenislexicon. Nederland en België*, 's-Gravenhage / Antwerpen, 1981.

L. Mulder (red.), *Lexicon geschiedenis van Nederland & België*, Utrecht / Antwerpen, 1994.

Prisma Kalendarium. Geschiedenis van de Lage Landen in jaartallen, Utrecht, 1995[8].

B. Blokker, G. van Es, H. Spiering, *Nederland van alle tijden. De vaderlandse geschiedenis in jaartallen*, Amsterdam, 2015.

C. A. Tamse (red.), *Nassau en Oranje in de Nederlandse geschiedenis*, Alphen aan den Rijn, 1979.

J. C. H. Blom, R. G. Fuks-Mansfeld, I. Schöffer (red.), *Geschiedenis van de joden in Nederland*, Amsterdam, 1995.

Nederlandsche Vereeniging van Postzegelhandelaren (red.), *Speciale Catalogus 2015. Postzegels van Nederland en overzeese rijksdelen*, 's-Gravenhage, 2014.

岩波書店辞典編集部 編『岩波　世界人名大辞典』全2冊，岩波書店，2013.

歴史学研究会 編『世界史史料』第5巻および第6巻，岩波書店，2007.

栗原福也『世界現代史21　ベネルクス現代史』山川出版社，1982.

佐藤弘幸「オランダ」(森田安一 編『新編 世界各国史14　スイス・ベネルクス史』山川出版社，1998).

佐藤弘幸『図説　オランダの歴史』河出書房新社，改訂新版，2019.

長坂寿久『オランダを知るための60章』明石書店，2007.

†第1章

S. Groenveld, H. L. Ph. Leeuwenberg, M. E. H. N. Mout, W. M. Zappey, *De kogel door de kerk?*, Zutphen, 1983[2].

J. J. Woltjer, "Der niederländische Bürgerkrieg und die Gründung der Republik der Vereinigten Niederlande (1555-1648)", in: F. Petri, I. Schöffer, J. J. Woltjer, *Geschichte der Niederlande*, München, 1991.

J. J. Woltjer, *Tussen vrijheidsstrijd en burgeroorlog*, Amsterdam, 1994.

A. Alberts, J. E. Verlaan, *Apologie of Verantwoording van de prins van Oranje*, Nieuwkoop, 1980.

かず

1977〜82　ドリス・ファン・アハト（キリスト教民主アッペル）▸① CDA＋VVD　② CDA＋PvdA＋D66　③ CDA＋D66 ▸▸独特の多彩な言葉遣いで知られる．現職として初めて訪日

1982〜94　ルート・ルッベルス（キリスト教民主アッペル）▸①② CDA＋VVD　③ CDA＋PvdA ▸▸財政再建に尽力．合言葉は「ノー・ナンセンス」．ドレースの次に評価が高い

1994〜2002　ウィム・コック（労働党）▸①② PvdA＋VVD＋D66 ▸▸「紫連立」内閣．高い経済成長率を実現．米英の首脳から高い評価を得る

2002〜10　ヤン・ペーテル・バルケネンデ（キリスト教民主アッペル）▸① CDA＋LPF＋VVD　② CDA＋VVD＋D66　③ CDA＋VVD　④ CDA＋PvdA＋CU ▸▸移民・難民政策を大幅に転換．世界金融危機に賢明に対処

2010〜　マルク・ルッテ（自由民主国民党）▸① VVD＋CDA〔閣外協力：PVV〕② VVD＋PvdA　③ VVD＋D66＋CDA＋CU ▸▸第 2 次内閣は問題解決内閣と言えるが熱い支持は得られず．それでも第 3 次内閣が成立

政党名の略号（結成順に記載）
ARP：反革命党　SDAP：社会民主労働者党（PvdA の前身）
CHU：キリスト教歴史同盟　RKSP：ローマ・カトリック国家党（KVP の前身）
KVP：カトリック国民党　PvdA：労働党　VVD：自由民主国民党　D66：民主主義者1966年党　PPR：急進党　DS '70：民主社会主義者1970年党　CDA：キリスト教民主アッペル　CU：キリスト者同盟　LPF：ピム・フォルタイン党　PVV：自由党

出典：*NRC De Week* 紙（16 sept. 2013号）およびインターネット・サイト Parlement & Politiek 〈http://www.parlement.com/〉を主に参照

権 ▸▸亡命先ロンドンで就任．ウィルヘルミナ女王の熱情を巧みにコントロール

1945〜46　ウィレム・スヘルメルホルン（自由主義左派→労働党）▸SDAP(PvdA)＋CHU＋RKSP＋無所属閣僚 ▸▸女王に任命された内閣．秩序回復，経済再建，総選挙の準備に取り組む

1946〜48，58〜59　ルイス・ベール（カトリック国民党）▸① KVP＋PvdA＋無所属閣僚　② KVP＋ARP＋CHU ▸▸第１次内閣はいわゆる「ローマ・赤」連立．東インド植民地への第１次警察行動を実行

1948〜58　ウィレム・ドレース（労働党）▸①② PvdA＋KVP＋VVD＋CHU ③④ PvdA＋KVP＋ARP＋CHU ▸▸社会保障制度の充実に専心．インドネシア独立承認．史上最も評価が高い

1959〜63　ヤン・デ・クアイ（カトリック国民党）▸KVP＋VVD＋ARP＋CHU ▸▸「ローマ vs 赤」の時代へ．元大学教授で，心ならずも首相に

1963〜65　フィクトル・マレイネン（カトリック国民党）▸KVP＋VVD＋ARP＋CHU ▸▸親しみやすい人柄だが指導力は不十分．イレーネ王女の結婚問題を解決

1965〜66　ヨー・カルス（カトリック国民党）▸KVP＋PvdA＋ARP ▸▸首相就任前の中等教育制度の大改革で有名．短命内閣に終わる

1966〜67　イェレ・ゼイルストラ（経済学者）▸KVP＋ARP ▸▸暫定内閣として次の内閣成立まで幅広い支持を得て職責を果たす．のちオランダ銀行総裁

1967〜71　ピート・デ・ヨング（カトリック国民党）▸KVP＋ARP＋CHU＋VVD ▸▸元潜水艦艦長．騒々しい1960年代に国政を終始冷静に舵取り

1971〜73　バーレント・ビスヘーフェル（反革命党）▸① KVP＋VVD＋ARP＋CHU＋DS ’70　② KVP＋VVD＋ARP＋CHU ▸▸期待の大きさに反して，ほとんど成果のなかった内閣

1973〜77　ヨープ・デン・アイル（労働党）▸PvdA＋D66＋PPR＋KVP＋ARP ▸▸20世紀オランダで最も進歩的な内閣．総選挙で勝利するも政権は続

オランダ首相一覧（20世紀以降）

凡　例
在任期間，首相名（所属政党または議員グループ）
▸連立内閣の構成（①，②，……は第１次内閣，第２次内閣の意）
▸▸首相と内閣の成果についての短評

1901〜05　アブラハム・カイペル（反革命党）▸ARP＋ローマ・カトリック議員団＋無所属閣僚 ▸▸事実上の初代首相．19世紀末〜20世紀初頭のオランダの指導的人物

1905〜08　テオ・デ・メーステル（自由連合）▸自由主義者中心 ▸▸知名度の低い控えめで人柄のよい官僚が，自由主義者を代表して首相に

1908〜13　テオ・ヘームスケルク（反革命党）▸ARP＋ローマ・カトリック議員団＋無所属閣僚 ▸▸親しみやすい人柄で穏健な政治家．労働者の要求にも耳を傾ける

1913〜18　ピーテル・コルト・ファン・デル・リンデン（無所属）▸自由主義者中心 ▸▸第１次世界大戦で中立を堅持．学校闘争を終わらせ，男性普通選挙も実現

1918〜25　29〜33　シャルル・ライス・デ・ベーレンブルック（ローマ・カトリック議員団→ローマ・カトリック国家党）▸①②ローマ・カトリック議員団＋ARP＋CHU　③ RKSP＋ARP＋CHU ▸▸初のカトリック教徒の首相．ドイツ皇帝の亡命を受け入れる

1925〜26　33〜39　ヘンドリクス・コレイン（反革命党）▸① ARP＋CHU＋ローマ・カトリック議員団　②③ RKSP＋ARP＋CHU＋自由主義者　④ RKSP＋ARP＋CHU　⑤ ARP＋CHU＋自由主義者 ▸▸たたき上げの「強い男」．両大戦間期を代表する政治家

1926〜29　39〜40　ディルク・ヤン・デ・ヘール（キリスト教歴史同盟）▸① CHU＋RKSP＋ARP＋自由主義者　② CHU＋RKSP＋SDAP＋自由主義者 ▸▸２度，コレインの後継内閣となる．１度目は成功，２度目は失敗

1940〜45　ピーテル・シュールツ・ヘルブランディ（反革命党）▸亡命政

第二院の議席数の推移（1946〜2017年）

選挙年／政党名	46	48	52	56	59	63	67	71	72	77	81	82	86	89	94	98	02	03	06	10	12	17
KVP	32	32	30	49	49	50	42	35	27													
ARP	13	13	12	15	14	13	15	13	14													
CHU	8	9	9	13	12	13	12	10	7													
CDA										49	48	45	54	54	34	29	43	44	41	21	13	19
SGP	2	2	2	3	3	3	3	3	3	3	3	3	3	3	2	3	2	2	2	2	3	3
GPV						1	1	2	2	1	1	1	1	2	2	2						
RPF											2	2	1	1	3	3						
Christen Unie																	4	3	6	5	5	5
LPF																	26	8				
PVV																			9	24	15	20
VVD		8	9	13	19	16	17	16	22	28	26	36	27	22	31	38	24	28	22	31	41	33
BP						3	7	1	3	1												
DS'70								8	6	1												
D66							7	11	6	8	17	6	9	12	24	14	7	6	3	10	12	19
PvdA	29	27	30	50	48	43	37	39	43	53	44	47	52	49	37	45	23	42	33	30	38	9
CPN	10	8	6	7	3	4	5	6	7	2	3	3										
PSP					2	4	4	2	2	1	3	3	1									
PPR								2	7	3	3	2	2									
Groen Links														6	5	11	10	8	7	10	4	14
SP															2	5	9	9	25	15	15	14
その他	6	1	2	0	0	0	0	2	1	0	0	2	0	1	10	0	2	0	2	2	4	14

KVP：カトリック国民党（1945）
ARP：反革命党（1879）
CHU：キリスト教歴史同盟（1908）
} CDA：キリスト教民主アッペル（1973/80）
SGP：政治的カルヴィニスト党（1918）
GPV：カルヴァン派政治同盟（1948）
RPF：プロテスタント政治連合（1975）
} Christen Unie：キリスト者同盟（2000）
LPF：ピム・フォルタイン党（2002）　PVV：自由党（2006）
VVD：自由民主国民党（1948）　BP：農民党（1958）
DS '70：民主社会主義者1970年党（1970）　D66：民主主義者1966年党（1966）
PvdA：労働党（1946）
CPN：オランダ共産党（1935）
PSP：平和主義社会党（1957）
PPR：急進党（1968）
} Groen Links：緑・左翼党（1990）
SP：社会党（1972）
註記：（　）内は結党年または現在の党名になった年
出典：Parlement & Politiek 〈http://www.parlement.com/〉

1970	インドネシアのスハルト大統領がオランダを公式訪問
1973	オイル危機．車なしの日曜日の導入
	経済大学と医科大学が合併し，ロッテルダム・エラスムス大学に
1974	クライフを中心とするオランダ・チームがサッカー・ワールドカップで準優勝
1975	スリナム独立
	モルッカ人，ウェイステルで列車乗っ取り，首都のインドネシア領事館占拠
1976	ベルンハルト殿下がアメリカのロッキード社から賄賂を受け取ったことが判明
1977	モルッカ人，デ・プントで列車乗っ取り，ボーフェンスミルデで小学校占拠
1980	ファン・アハト首相が現職首相として初の訪日
	ユリアナ女王が退位し，ベアトリクスが即位
1982	ワッセナール協定
1983	ハーグで巡航ミサイル配備に反対する大規模な反核集会
1986	ソ連のチェルノブイリ原子力発電所の爆発事故の影響がオランダにも及ぶ
1988	フリット，ファン・バステンらのオランダ・チームがサッカー欧州選手権で優勝
1995	スレブレニツァ事件
1998	ダイセンベルヒュが欧州中央銀行の初代総裁に就任
2000	日蘭交流400周年を祝うさまざまなイベント
	天皇・皇后のオランダ公式訪問
2001	同性婚が合法化
2002	グルデンに代わり，ユーロが唯一の通貨に
	ピム・フォルタイン党（LPF）結成
	ウィレム・アレクサンデル王子とマクスィマ・ソレギエタが結婚
	第二院総選挙直前にフォルタインが殺害される
2004	映画監督のテオ・ファン・ゴッホが殺害される
2005	国民投票でヨーロッパ憲法条約を否決
2010	極右政治家ウィルデルス率いる自由党（PVV）が支持拡大
2013	ベアトリクス女王が退位し，ウィレム・アレクサンデルが即位
2014	ウィレム・アレクサンデル国王夫妻が国賓として来日

	ユダヤ人の国外移送が始まる
1943	抵抗運動グループがアムステルダム戸籍登記所を襲撃
1944	ベルギー，オランダ，ルクセンブルクがベネルクス関税同盟締結
	アンネ・フランクらの隠れ家が官憲に発見される（8/4）
	アルネムで連合軍の作戦が失敗に終わる
	鉄道ストライキ．飢餓の冬（～45）
1945	オランダが解放される（5/5）
	東インド植民地でインドネシア独立宣言（8/17）
	ローマ・カトリック国家党がカトリック国民党（KVP）に名称変更
1946	社会民主労働者党を軸に労働党（PvdA）結成
1947	東インドに対する第1次警察行動（7/20～8/5）
	老齢年金支給のためのドレース緊急法成立
1948	ベネルクス関税同盟が発効
	マーシャル・プランによる経済復興援助開始
	ウィルヘルミナ女王が退位し，ユリアナが即位
	自由民主国民党（VVD）結成
	第2次警察行動（12/19～49/1/5）
1949	北大西洋条約機構（NATO）に加盟．中立主義外交の終焉
	インドネシア連邦共和国へ主権を委譲
1951	テレビ放送開始
1952	海外移住者の数が最大になる
1953	ゼーラント州一帯で大洪水が発生（2/1）
1956	一般老齢年金法（AOW）が成立
1957	デルタ計画が決定
1958	ヨーロッパ経済共同体（EEC）の一員に
1959	スロホテレンで天然ガス田を発見
1963	西イリアンの施政権がインドネシアに移管（69，正式に編入）
	カルス文相提案のマンムット法が議会通過（68，全学校に導入）
1964	ビートルズ来蘭
1965	プロフォが活動を開始
1966	ベアトリクス王女がドイツ人のクラウス・フォン・アムスベルクと結婚
	カルス内閣，シュメルツァーの夜により崩壊
	民主主義者1966年党（D66）結成
1967	ヨーロッパ共同体（EC）の一員に
1969	ティルブルヒュ大学とアムステルダム大学で学生による民主化運動が起こる
	ドレ・ミナの運動が始まる

1881	フェミニストらが普通選挙権期成同盟を設立
1885	アムステルダム国立美術館（博物館）が開館
1888	ドメラ・ニウェンハイスが初の社会主義者として第二院議員になる
1890	画家ファン・ゴッホが，パリ近郊のオーヴェール・シュル・オワーズで自殺する
	国王ウィレム3世が死去．ウィルヘルミナが即位し，母エンマが摂政に
1894	社会民主労働者党（SDAP）が結成される
	女性参政権協会が発足（→1903　ヤーコプスが議長になる）
1895	メンゲルベルクがコンセルトヘバウ管弦楽団の常任指揮者に
1903	鉄道ストライキ（初のゼネスト）が一時的に成功を収める
1908	反革命党から反カイペル派が離脱してキリスト教歴史同盟（CHU）を結成
1914	第1次世界大戦勃発．オランダは中立主義を貫く
1917	公立・私立学校の国庫補助の完全平等化（学校闘争終結）．男性普通選挙の導入
	モンドリアンを中心にデ・ステイルの芸術運動が始まる
1918	スペイン・インフルエンザが大流行する
1919	女性普通選挙の導入
	ラジオの放送開始
	王立航空会社（KLM）設立
1923	ネイメーヘン〔・ラドバウト〕大学創立
1926	ローマ・カトリック国家党（RKSP）結成
1927	ティルブルヒュ大学創立
1928	ザイデルゼー干拓計画着工
	アムステルダム五輪が開催
1929	世界大恐慌が始まり，オランダでも失業者が増大
1931	ムッセルトを指導者とする国民社会主義運動（NSB）結成
1932	ザイデルゼー（海）が閉め切られ，エイセルメール（湖）となる
1935	失業率が最大となる（職業人口の15.5%）
1936	金本位制を停止し管理通貨制に移行
1939	ロッテルダムにオランダ経済大学発足
	第2次世界大戦勃発
1940	ドイツ軍侵入（5/10）．女王・閣僚は亡命（5/13）．ロッテルダム爆撃（5/14）
1941	ユダヤ人に対する初の手入れ．それに対する二月ストライキ
	オランダと日本が戦争状態に入る
1942	オランダ植民地軍が日本軍に降伏

	国王になる
1810	オランダがフランス帝国に編入される
1813	ナポレオンがライプツィヒの戦いに敗れ，オランダは独立の回復をめざす
	州総督ウィレム5世の息子がオランダの君主ウィレム1世に
1815	ウィーン会議の結果，現ベルギーを含むネーデルランデン連合王国が成立
1823	シーボルトが来日（～29）
1824	国王ウィレム1世の命で，大ホラント運河が開削される
1825	ジャワ戦争勃発（～30）
1830	強制栽培制度の導入開始
	パリ七月革命後，ブリュッセルでベルギー人が蜂起，独立を宣言
1833	商館長ドゥーフの発案による辞書作りが完成し，『ドゥーフ・ハルマ字書』となる
1839	7ヵ国の協議により，ベルギー王国とオランダ王国の分離が正式に承認される
	オランダ初の鉄道がアムステルダム－ハールレム間に開通
1840	国王ウィレム1世が退位し，ウィレム2世が即位する
1848	パリ二月革命後，ウィレム2世が保守主義から自由主義に転向
	トルベッケが近代的な立憲君主政の憲法を作り上げる
1849	トルベッケが内閣を率いる（①1849～53，②1862～66，③1871～72）
	国王ウィレム2世が急死し，ウィレム3世が後を継ぐ
1853	トルベッケが，ローマ・カトリックの司教区制を復活させる
1859	ムルタトゥーリ（E・D・デッケル）が小説『マックス・ハーフェラール』を発表
1863	奴隷制を廃止する
	津田真道と西周がレイデン大学のフィッセリング教授のもとで西洋法学を学ぶ（～65）
1871	アレッタ・ヤーコプスが初の女子大学生としてグローニンゲン大学に入学
1873	アチェ戦争勃発（～1914）
1874	ファン・ハウテンの子ども法が成立
1878	初等教育法案をきっかけに学校闘争が始まる
1879	国王ウィレム3世がドイツ貴族の娘エンマと再婚
	カイペルが反革命党（ARP，オランダ初の近代的大衆政党）を結成
1880	カイペルがアムステルダム自由大学（オランダ初の私立大学）を創立

ウィレム2世が天然痘で急死．第1次無州総督時代が始まる
1651 全国議会の大会議が開かれ，新体制の骨格が定まる
1652 第1次英蘭戦争（～54）
1653 ヨハン・デ・ウィットがホラント州法律顧問になる
1664 ニウ・アムステルダム（現ニューヨーク），イングランドに奪われる
1665 第2次英蘭戦争（～67）
1672 災厄の年．第3次英蘭戦争（～74）．デ・ウィット兄弟が殺害され，ウィレム3世が権力を掌握する
1673 クリスティアーン・ハイヘンスの主著『振り子時計』出版
ファン・レーウェンフックが微生物の研究報告をロンドン王立協会へ送り始める
1675 セファルディム・ユダヤ人がアムステルダム市内に豪壮なユダヤ教会堂を完成
1677 スピノザの主著『倫理学』が死後出版
1683 啓蒙思想家J・ロックがオランダに亡命（～89）
1685 フランスのユグノーがオランダに来住
1688 オランイェ公ウィレム3世が名誉革命に貢献
1689 ウィレム3世と妻メアリ2世とがイングランドの共同統治者になる
1697 ロシアのピョートル1世（大帝）がオランダを訪問
1702 ウィレム3世死去．第2次無州総督時代が始まる
1713 ユトレヒト条約が結ばれ，スペイン継承戦争終結
1746 オーストリア継承戦争に際し，フランス軍が南部ネーデルランデン（現ベルギー）を占領
1747 ウィレム4世が全州の世襲の州総督および陸海軍の最高司令官に任命される
1748 ドゥリストの政治運動が始まる
1751 ウィレム4世死去．ウィレム5世が幼少のため，摂政が置かれる
1766 成人したウィレム5世が正式に全州の世襲の州総督に就任
1774 杉田玄白らにより『解体新書』出版
1780 第4次英蘭戦争（～84）
1781 匿名で『オランダ国民へ』が配布され，愛国者派運動に弾みがつく
1785 ウィレム5世がハーグを去り，ネイメーヘンに避難する
1787 プロイセン軍がオランダに侵入し，ウィレム5世を復権させる．愛国者派は亡命
1795 フランス革命軍と愛国者派のバターフ軍がオランダに進攻
オランダ連邦共和国が倒れ，新たにバターフ共和国が誕生
1805 スヒンメルペニンクが共和国法律顧問となり，指導力を発揮する
1806 ナポレオンの命令でオランダは王国になり，弟ルイ・ボナパルトが

1588 北部諸州の各州議会が自ら主権を担うことを決意（オランダ連邦共和国の誕生）
1590 マウリッツが泥炭船を用いた計略でブレダーを奪還
1595 デ・ハウトマンが指揮する4隻の艦隊が旅立つ．喜望峰廻りでアジアをめざす
1596 イングランドおよびフランスと三国同盟を結ぶ
バーレンツらの探検隊，ノヴァヤ・ゼムリャで越冬を余儀なくされる（～97）
1598 マヒュ（その死後はデ・コルデス）指揮の5隻の艦隊が出航．マゼラン海峡経由でアジアをめざす
1600 州総督マウリッツがニウポールトの戦いに勝利する
上記5隻のうちリーフデ号がオランダ船として初めて日本に漂着（乗組員／アダムズ，ヨーステン）
1601 ファン・ノールトが世界周航に成功
1602 オランダ連合東インド会社が設立される
1609 アムステルダム振替銀行が設立される
スペインとのあいだに十二年休戦条約が結ばれる
1614 グローニンゲン大学創立
1618 マウリッツがファン・オルデンバルネフェルトを逮捕．ドルドレヒト全国教会会議
1619 ハーグでファン・オルデンバルネフェルトが処刑される
東インド会社総督のクーンがバタフィア建設に着手
1621 オランダ西インド会社が設立される
グロティウスがルフェステイン城からの脱獄に成功
1625 マウリッツが死去し，異母弟のフレデリック・ヘンドリックが軍の指揮権を継承
1629 デカルトがオランダに住み始める（～49）
1630 オランダ領ブラジルが建設される（～54）
1632 アムステルダム大学（アテナエウム・イルストレ）創立
1636 ユトレヒト大学創立
1639 トロンプ提督がダウンズ海戦でスペイン艦隊を撃退
1640 幕府が，平戸オランダ商館倉庫の破壊を命じる
1641 オランダ商館が平戸から長崎の出島に移る
1642 レンブラントが《夜警》を完成させる
1647 フレデリック・ヘンドリックが死去し，ウィレム2世が後を継ぐ
1648 スペインとのミュンスター条約により，八十年戦争が終結
ウェストファリア条約でオランダ独立を列国が正式に承認
1650 ウィレム2世がアムステルダムを急襲し，戦争再開反対派を逮捕

オランダ関連年表

年	主な出来事
1477	ブルゴーニュ家のマリーがハプスブルク家のマクシミリアン王子と結婚
1506	ハプスブルク家のカール（5世）が低地諸州（ネーデルランデン）の君主となる
1536	人文主義者エラスムス死去
1543	カール5世により低地諸州の統一がほぼ完成
1544	ナッサウ家のヴィルヘルムが遺産相続によりオランイェ公ウィレムとなる
1555	ブリュッセルでカール5世の退位式．フェリーペ2世が低地諸州の統治権を継承
1559	カトー・カンブレジ条約．フェリーペ2世が低地諸州を去り，スペインに帰国
1562	上級貴族が反グランヴェル闘争を開始
1565	フェリーペ2世のセゴビア書簡がブリュッセルに届く
1566	下級貴族が執政に請願書を提出．カルヴァン派による聖画像破壊の暴動が発生
1567	アルバ公がスペイン軍を率い到着．執政となり厳しい軍政を布く
1568	ヘイリヘルレーの戦いで反乱側が勝利（八十年戦争の始まり）
1572	海乞食党がデン・ブリルを占拠（4/1）．オランイェ公，ホラントに立てこもる
1574	レイデンがスペイン軍による攻囲から解放される（10/3）
1575	レイデン大学創立
1576	スペイン兵がアントウェルペンを略奪．ヘントの和平締結
1578	アムステルダムが，オランイェ公率いる反乱勢力の側に付く オランイェ公が宗教和平を提案
1579	アラス同盟とユトレヒト同盟が相次いで成立
1580	フェリーペ2世がオランイェ公に法益剥奪宣告．オランイェ公は『弁明』を発表
1581	全国議会がフェリーペ2世に対し国王廃位布告を決議．アンジュー公が新君主に
1584	オランイェ公が，デルフトのプリンセンホフで暗殺される
1585	アントウェルペンがスペイン軍の手に落ちる ディルク・ヘリッツソーン・ポンプが長崎に滞在

桜田美津夫（さくらだ・みつお）

1955（昭和30）年岡山生まれ．早稲田大学第一文学部卒業，同大学大学院文学研究科博士後期課程単位取得．早稲田大学助手を経て，1992年より就実女子大学文学部助教授，教授．現在，就実大学人文科学部名誉教授．専攻は16～17世紀オランダ史．

共著『ヨーロッパ的自由の歴史』（南窓社，1992年）
『近世ヨーロッパの東と西』（山川出版社，2004年）
『世界史史料』第５・６巻（岩波書店，2007年）
『大学で学ぶ西洋史［近現代］』（ミネルヴァ書房，2011年）
『文献解説 西洋近現代史１　近世ヨーロッパの拡大』（南窓社，2012年）
など

物語《ものがたり》 オランダの歴史《れきし》
中公新書 *2434*

2017年５月25日初版
2022年８月30日３版

著　者　桜田美津夫
発行者　安部順一

本文印刷　三晃印刷
カバー印刷　大熊整美堂
製　　本　小泉製本

発行所　中央公論新社
〒100-8152
東京都千代田区大手町 1-7-1
電話　販売 03-5299-1730
　　　編集 03-5299-1830
URL https://www.chuko.co.jp/

Published by CHUOKORON-SHINSHA, INC.
Printed in Japan　ISBN978-4-12-102434-3 C1222

中公新書

世界史

1045 物語 イタリアの歴史 藤沢道郎
1771 物語 イタリアの歴史 II 藤沢道郎
2508 貨幣が語る ローマ帝国史 比佐篤
2595 ビザンツ帝国 中谷功治
2663 物語 イスタンブールの歴史 宮下遼
2152 物語 近現代ギリシャの歴史 村田奈々子
2440 バルカン―「ヨーロッパの火薬庫」の歴史 M・マゾワー 井上廣美訳
1635 物語 スペインの歴史 岩根圀和
1750 物語 スペインの歴史 人物篇 岩根圀和
1564 物語 カタルーニャの歴史（増補版） 田澤耕
2582 百年戦争 佐藤猛
2658 物語 パリの歴史 福井憲彦
1963 物語 フランス革命 安達正勝
2286 マリー・アントワネット 安達正勝
2466 ナポレオン時代 A・ホーン 大久保庸子訳
2529 ナポレオン四代 野村啓介
2318 2319 物語 イギリスの歴史（上下） 君塚直隆
2696 物語 スコットランドの歴史 中村隆文
2167 イギリス帝国の歴史 秋田茂
1916 ヴィクトリア女王 君塚直隆
1215 物語 アイルランドの歴史 波多野裕造
1420 物語 ドイツの歴史 阿部謹也
2304 ビスマルク 飯田洋介
2490 ヴィルヘルム2世 竹中亨
2583 鉄道のドイツ史 鴋澤歩
2546 物語 オーストリアの歴史 山之内克子
2434 物語 オランダの歴史 桜田美津夫
2279 物語 ベルギーの歴史 松尾秀哉
1838 物語 チェコの歴史 薩摩秀登
2445 物語 ポーランドの歴史 渡辺克義
1131 物語 北欧の歴史 武田龍夫
2456 物語 フィンランドの歴史 石野裕子
1758 物語 バルト三国の歴史 志摩園子
1655 物語 ウクライナの歴史 黒川祐次
1042 物語 アメリカの歴史 猿谷要
2209 アメリカ黒人の歴史 上杉忍
2623 古代マヤ文明 鈴木真太郎
1437 物語 ラテン・アメリカの歴史 増田義郎
1935 物語 メキシコの歴史 大垣貴志郎
1547 物語 オーストラリアの歴史 竹田いさみ
2545 物語 ナイジェリアの歴史 島田周平
1644 ハワイの歴史と文化 矢口祐人
2561 キリスト教と死 指昭博
2442 海賊の世界史 桃井治郎
518 刑吏の社会史 阿部謹也